2001 싸이버스페이스 오디쎄이

2001 싸이버스페이스 오디쎄이

초판 1쇄 발행 2001년 3월 5일
초판 5쇄 발행 2004년 1월 10일

엮은이/홍성욱·백욱인
펴낸이/고세현
편집/김정혜·김미정·김민경
펴낸곳/(주)창비
등록/1986년 8월 5일 제85호
주소/경기도 파주시 교하읍 문발리 파주출판도시 42블록 5 우편번호 413-832
전화/031-955-3333
팩시밀리/영업 031-955-3399 편집 031-955-3400
홈페이지 www.changbi.com
전자우편 human@changbi.com

2001
싸이버스페이스 오디쎄이

001 A Cyberspace Odyssey

홍성욱 · 백욱인 엮음

창작과비평사

2001

2001년의 싸이버스페이스: 인터넷 혁명의 열림과 닫힘

　2001년의 싸이버스페이스의 지형도를 그리는 것을 목적으로 하는 이 책은 세 가지 문제의식을 가지고 기획·편집되었다. 그 첫번째는 인터넷혁명과 그 영향에 대한 한권의 좋은 '읽을거리'를 만들어보겠다는 생각이었다. 외국 논문들을 번역해서 편집한 책들은 관점이나 주장이 들쭉날쭉하면서 국내 사정에도 잘 맞지 않는 것들이 많고, 정보사회학이나 커뮤니케이션론과 관련해서 나온 저서들은 특정한 주제만 다루고 있거나 대학교재로 집필된 것들이어서, 다양한 주제를 균형있게 섭렵하면서도 어느정도의 '깊이'를 만족하는 책을 찾기 쉽지 않다는 것이 편자들의 생각이었기 때문이다.

　이 책에 실린 글들은 인터넷혁명의 역사적·사회문화적·정치경제적 측면을 포괄하고 있다. 인터넷의 역사, 정보통신혁명의 정치경제학, 싸이버스페이스의 사회운동, 싸이버법(cyberlaw), 상호의존의 증대와 그 정책적 함의, 인터넷과 성(gender), 싸이버중독, 싸이버 공동체, 정보격차와 같은 주제들이 우리가 선정한 것들이다. 이러한 주제에 대해 국내 전문가나 국내 사정을 잘 아는 재외 학자들에게 집필을 의뢰했고, 적절한 필자를 찾기가 힘든 주제에 대해서만 외국 글을 선정해서 번역했다.

　이 책을 관통하는 두번째 문제의식은 낙관적이고 유토피아적인 인터넷혁명론에 대한 일침이다. 우리는 인터넷혁명이라는 것이 실체가 없고 말뿐인 이데올로기라고는 생각하지 않는다. 이 책 전체를 통해 보이고 있지만, 우리는 지금 진행되는 인터넷혁명이 우리 사회의 지반에 엄청나게 중요한 변화를 일으키고 있다고 확신한다. 그렇지만 이 변화가 사회구성원 모두에게 공평하게 유익한 방향으로 진행되고 있지 않다는 것 또한 우리가 공유한 생각이다. 편자 중 홍성욱은 싸이버스페이스가 더이상 평등한 공간이 아니라는 것을 '싸이버스페이스의 재편'이라는 개념으로 정리했고, 백욱인은 정보주의의 낙관론을 "신화의 소비와 우상의 숭배가 이데올로기로 고착하여 하나의 사회적 현실로 자리잡는 과정"으로 비판했다. 순수한 디지털 정보인 비트(bit)가 물질(matter)을 대체함으로써 새 세상을 열고 있다는 네그로폰테(Nicholas Negroponte)의 디지털신화나, 제3의 물결이 유토피아를 만들 것이라는 앨빈 토플러(Alvin Toffler)의 장밋빛 전망은 현실을 바탕으로 엄밀하게 분석되고 비판되어야 한다는 것이 우리의 인식이다.

편자들은 인터넷혁명의 과정에서 드러나는 정보감시·정보독점이나 디지털격차와 같은 문제가 기술이 더 발전하고 시간이 지나면 자연히 해결될 문제라고 생각하지 않는다. 인터넷이라는 기술은 이와같은 문제를 첨예하게 드러나게 했고, 어떤 경우에는 예상치 못한 기술적 해법을 던져주기도 하지만, 근본적으로 이러한 문제들은 점점 더 중요한 재화로 부상하는 정보와 지식에 대한 자본주의적 소유를 둘러싼 '힘'의 문제이기 때문이다. 이러한 이유 때문에 이 책에서의 우리의 논의는 '네트 속으로' 깊숙이 들어갔다가 '네트 밖으로' 다시 나오는 구조를 취할 것이다.

마지막 세번째 문제의식은, 인터넷혁명에 '열려 있고' '닫혀 있는' 두 가지 측면이 얽혀 있으며, 이제부터의 이론적·실천적 작업은 이를 더욱 '열린' 것으로 만들면서 이것이 수반하는 '닫힘'을 극복하는 작업이어야 한다는 것이었다. 정보기술혁명이 열어주는 권위주의의 붕괴, 지식 생산과 유통의 변화, 새로운 공동체와 사회운동의 가능성, 권력에 대한 효율적인 감시, 지식기반 경제의 활성화를 통한 경제구조의 개혁과 같은 '열린' 측면을 확대하고, 정보격차의 확대, 전자감시의 악용, 개인 프라이버시의 침해, 허울뿐인 닷컴(.com)신화 이데올로기,

인터넷중독, 익명성의 뒤에 숨은 폭력과 같은 '닫힌' 측면을 최소화하기 위해, 지금부터 우리는 인터넷혁명의 무분별한 찬양이나 감정적인 거부를 지양하는 정교한 인식을 개발해야 한다는 생각이었다.

2001년의 싸이버스페이스 오디쎄이. 이제 이 책에 실린 논문들 각각을 조금만 더 자세히 살펴보자.

'프롤로그'에 해당하는 첫 논문 「인터넷은 열린 세상을 만들어낼 것인가?」에서 홍성욱은 정보통신혁명의 역사를 해부하면서 이 과정에 각인되어 있는 '열림'과 '닫힘'의 이념과 철학을 드러낸다. 그는 1950∼60년대 미국군부에 의해 추진된 대형 컴퓨터와 아파넷(ARPANET), 그리고 1970년대 이후 발전한 PC가 서로 상이한 측면에서 각각 '열림'과 '닫힘'의 이념을 구현했음을 보인 뒤, 결국 지금의 네트워크혁명을 '열린' 것으로 만드는 동력이 기술 그 자체가 아니라 우리 자신의 크고 작은 실천임을 강조하고 있다.

역사가 지루하다면 열림과 닫힘이 각인된 네트 속으로 잠수해보자. 현실세계와는 또다른 차원의 자유와 규제가 존재하는 세상으로.

'네트 속으로 1—자유?'의 첫 논문 백욱인의 「네트와 사회운동」은 네트가 사상과 집회의 자유와 이를 달가워하지 않는 권력, 소유와 공유라는 서로 다른 이념, 프라이버시와 정보공개의 두 얼굴이 지금 이 순간에도 부딪치고 있는 각축장임을 보이고, 네트를 통한 진보적 '시민불복종운동'의 가능성을 제시한다. 온라인 연좌시위, 짜릿한 행동주의. 그러나 백욱인은 이에 머물지 말고 싸이버에서 결집된 힘을 현실권력으로 연장하는 방법에 대해 고민할 것을 촉구한다. 이어지는 글은 로렌스 레식(Lawrence Lessig)의 「무엇이 네트를 규제하는가?」이다. 그는 싸이버스페이스에서 개개인의 행동 유형이 결정되는 데 관습, 시장, 법, 기술적 구조의 네 가지 요소가 있음을 지적하고, 이중 이른바 '악법'보다 더 지속적이고 결정적으로 인터넷을 규제할 수 있는 것이

기술적 구조(즉 코드)임을 경고하면서, 공개 소스(open source) 소프트웨어가 자본의 독점은 물론 권력의 전횡을 견제할 수 있는 유효한 방법임을 주장한다. 홍성태의 글 「정보공유운동을 위하여」는 레식의 '선언'을 구체적으로 다루고 있다. 홍성태는 정보기술혁명을 주도하는 자본이 정보와 지식을 사유화하고 있음을 분명하게 지적한다. 그리고 이를 극복할 수 있는 대안으로 '정보공유운동'을 주창한다. 정보공유운동의 두 흐름인 '자유소프트웨어운동'과 '소스 공개운동'은 열린 소프트웨어를 만듦으로써 열린 정보사회를 건설하는 첫걸음이 된다.

소스 공개는 네트에 침윤한 자본의 아킬레스건이자, 네트의 안팎을 이어주는 핵심 고리이다. 그렇지만 네트에는 자본만 있는 것이 아니다. 무엇보다 우리의 경험세계를 새롭게 구성하는 공동체가 있다. 풋풋한 느낌이 묻어나는 싸이버 공동체! 그래서 조금 더 머물러보자. 네트 속에.

'네트 속으로 2—공동체'는 싸이버 공동체에 대한 두 편의 글로 구성되어 있다. 「싸이버스페이스의 열린 공동체」에서 이건은 싸이버 공동체가 '약한 연줄'로 이어진 '열린' 공동체임을 강조한다. 이러한 싸이버 공동체는 혈연·학연·지연이라는 '강한 연줄'의 '닫힌' 공동체밖에 가져보지 못한 우리의 근대화 경험을 극복할 신선한 가능성을 제시한다. 싸이버 공동체를 열린 것으로 만들기 위해서는 지속적인 실천이 뒷받침되어야 한다. 실천의 중요성은 페미니스트 웹진을 만드는 '달나라 딸세포'의 「여성과 싸이버스페이스, 그 열림과 닫힘의 변증법」에 잘 나타나 있다. 이들은 육체의 질곡으로부터 상대적으로 열려 있는 싸이버스페이스에서 여성적 글쓰기를 한다는 것의 의미, 온라인 (성)폭력, 젊은 '딸'들의 쎅슈얼리티에 대한 체험을 톡톡 튀는 언어로 보여준다. 특히 흥미있는 부분은 여성에게 열린 공간을 만들기 위해서 '검열과 같이 일정정도 '닫힌' 제도를 도입해야 했던 실천적 과정이다.

이제 '네트 밖으로' 나올 때가 되었나보다. 네트의 지형을 만드는 정보통신계의 공룡들, 벤처기업들, 그 기업의 CEO들, 코드를 디자인하기 위해 밤을 새는 엔지니어들, 해커와 크래커들, 투자가들, 정책가들, 담배 연기 자욱한 PC방의 백수들, 통침 잘 놓고 말발 좋은 논객들, 이들이 사는 현실세상으로.

'네트 밖으로—유토피아/디스토피아'에서는 네트의 정치경제학에 대한 두 편의 조금 다른 글을 모았다. 주목할 만한 젊은 경영/경제학자 양신규의 「지식정보기반 신경제와 벤처기업」은 비관론을 질타한다. 그의 주장은 분명하고 자신감에 차 있다. 지식과 정보가 경제적 재화로 사용되는 '신경제'는 미국의 지난 20년간 경제발전을 추동한 기본 동력이며, 벤처로 대표되는 지식정보산업은 한국경제의 구조적인 모순을 극복하고 경제적 성장을 이룰 수 있는 '열린' 대안이 될 수 있다는 것이다. 프랭크 웹스터(Frank Webster)는 이에 반만 동의한다. 엄청난 속도의 변화는 존재한다. 그러나 그 변화는 자본주의 '내'의 변화이다. 웹스터의 「정보, 자본주의, 불확실성」은 범지구적 차원에서의 자본주의의 승리로 볼 수 있는 '정보기술혁명'이 자동적으로 '열린' 사회를 낳는 것이 아님을 강조한다. 정보기술은 시민에게 제공되는 정보의 질을 향상시키지 않았으며, 현금의 자본주의에는 지속적인 불안과 불확실성이 만연해 있다. 이것이 웹스터의 핵심 주장이다.

네트가 가져오는 변화의 핵심은 '상호의존'의 증대이다. 제프 멀건(Geoff Mulgan)의 「서로 연결된 세상에서 어떻게 살 것인가?」는 지금의 변화를 파악하는 핵심적인 개념으로 '연계'(connexity)라는 개념을 제시한다. 그는 상호의존의 증대가 '닫힌' 무정부상태로 빠지지 않으려면 사회가 새로운 '열린' 가치를 계발해서 공유하는 것이 중요함을 강조하면서, 이를 위해 정부가 시민을 더 강하고, 책임감있고, 세상을 더 잘 이해할 수 있도록 도와주어야 한다는 점을 역설한다. 고리타분하지 않은 '네트의 윤리학'의 핵심 테제이다.

네트 밖으로 나왔으니 네트의 이면을 직시해보자. '네트사회의 그림자'에는 「인터넷시대의 정보격차」란 강미은의 글과 「싸이버중독과 인터넷 심리」라는 김주한의 글을 묶었다. 강미은은 정보기술이 오래 전부터 정보부자와 정보빈자 사이의 사회경제적 격차를 넓혀왔고 이런 경향이 인터넷시대에도 계속되고 있음을 강조한다. 특히 인터넷을 이용한 정보의 생활화라는 측면에서 이 격차는 더 뚜렷하다. 이를 해결할 수 있을까? 더 많은 공공장소에서 접속이 가능하게 하는 것, 접속장벽을 낮추는 실질적·심리적 교육, 주부 등 여성들이 흥미를 가지고 이용할 수 있는 환경을 만드는 열린 노력이 현실적 대안들이다. 김주한은 싸이버스페이스가 인간관계, 개인의 정체성과 경험을 어떻게 바꾸는가에 초점을 맞추면서 싸이버스페이스의 '열림'과 '닫힘'을 구체적인 사례와 심리분석을 통해 탐구하고 있다. 그는 인터넷이 대중적으로 확산되던 초기에 제기된 '인터넷중독'이라는 병리학적 개념과 설명이 이제는 더이상 적합하지 않음을 주장하면서, 더 열려 있는 사회문화적 범주로서 '싸이버중독'이라는 개념을 제안한다.

마지막 '에필로그'에서 홍성욱은 정보기술의 영향을 다음 세 가지로 정리한다. 정보기술은 인간의 정신·육체 노동을 대체하는 과정에서 정보와 지식을 생산함으로써 이를 다루는 새로운 능력을 요구하며, 정보와 지식의 생산과 유통을 원활하게 함으로써 수평적인 네트워크 형태의 조직과 인간관계를 활성화하고, 다양한 가상공동체들을 통해 우리가 보고 느끼는 영역을 급속하게 확장한다. 이 각각에는 모두 '열림'과 '닫힘'이 존재한다. 인터넷혁명의 수동적 수혜자가 아니라 이 과정을 조금이라도 바꾸고 싶다면 무엇을 해야 하고, 무엇을 할 수 있을 것인가? 안가(安家)에서 혁명을 디자인하는 식으로는 아무것도 할 수 없음이 분명하다. 접속하는 사람이면 누구에게나 열려 있는 네트워크에서 바리케이드를 치고 해방구를 만들 수도 없는 일이다. 그렇다면? 우리에게 남아 있는 가능성은 열려 있는 대안적 네트워크를 만들어 네트워크가 제공하는 이점과 기회를 살리고 동시에 자본의 네트워크를 견제하는 것이 아닐까?

　항상 그렇지만, 작업을 하다보면 답을 얻은 질문보다 새롭게 던져진 질문이 더 많음을 느낀다. 조금은 무책임한 말이 될 수도 있겠지만 후속작업을 기대하면서 부족함을 달래본다.

　이 책이 나오기까지 많은 분들의 도움이 있었다. 우선 지난 1년간 편자들과 전자우편을 통해 이야기를 주고받으면서 좋은 원고를 써주고 이를 다듬어준 필자들에게 누구보다 먼저 고마움을 표시하고 싶다. 군법무관으로서 치러야 하는 본인의 바쁜 일정에도 불구하고 로렌스 레식의 글을 선뜻 번역해준 윤웅기님의 노고에도 무척 감사한다. 홍성욱의 글을 읽고 도움말을 준 서울대학교 과학사 및 과학철학 협동과정의 이관수 학형, 번역 글들을 읽고 도움을 준 터론토대학 과학기술사철학과의 오조영란, 서울대학교 과학사 및 과학철학 협동과정의 김명진 학형, 그리고 connexity에 해당하는 한글 고어를 찾는데 수고해준 서울대학교 국문과의 이경현님, 이 책의 실무를 맡아서 수고해준 김미정씨를 비롯해서 창작과비평사의 모든 분들에게 감사한다. 그리고 마지막으로 지난 몇년간 편자들과 싸이버스페이스에서 만나 다양한 경험을 공유하고 이를 통해 우리로 하여금 지금 네트 안팎에서 일어나는 변화를 새롭고 비판적으로 보게 해준 많은 친구들에게도, 비록 그 이름을 일일이 얘기하진 못하지만, 이 자리를 빌려 고맙다는 말을 전하고 싶다.

홍성욱·백욱인

차례

010110101011000101010101010101011011110101010110101010101100110101011010101010
11010110101010110100010101011110101010101011011010101010101111010101010111001010101

인터넷은 열린 세상을 만들어낼 것인가?

홍 성 욱

급변하는 현재에 살면서 미래가 궁금하거나 불안할 때, 사람들은 과거의 역사를 돌이켜본다. 과거에 밟아왔던 길을 다시 돌아봄으로써 지금 우리의 위치를 확인하고 이로부터 미래에 우리가 걸어갈 길을 더 잘 이해하려고 하는 욕구 때문이다. 어지러울 정도로 빨리 변하는 컴퓨터나 정보통신기술과 관련해서 MIT대학 출판사는 최근 '컴퓨터와 정보처리기계의 역사'에 대한 총서를 새로 출간하기 시작했고, 서점에는 『최초의 컴퓨터들』『인터넷의 역사』 같은 책들이 줄을 이어 진열되고 있다(Rojas and Hashagen 2000; Abbate 1999).

우리는 컴퓨터와 정보통신기술의 역사로부터 몇가지 교훈을 얻을 수 있다. 먼저 과거부터 현재까지 이어진 변화의 정도·방향·속도를 살펴봄으로써 미래에 있을 변화의 다양한 성격을 예측할 수 있다. 예를 들어 집적회로(integrated circuits, ICs)에 대한 '무어의 법칙' (Moore's Law)[1]은 1960년대부터 지금까지 약 40년간 들어맞았기 때문에 비슷한 변화가 가까운 미래에도 계속될 개연성이 있다. 물론 집적회로의 발전의 속도가 어느 단계에서는 멈출 것이라는 비관적인 예측이 많지만(그리고 이런 비관적인 예측은 종종 바로 지금이 위기의 순간임을 강조하지만), 과거에도 비슷한 비관적인 예측이 자주 있었던 것을 보면, 다시 당분간 이런 발전이 지속되리라는 낙관적 예측이 더 그럴듯해 보인다. 인터넷에 있는 정보의 양이 6개월마다 2배씩 증가

1) 인텔(Intel)의 창시자였던 고든 무어(Gordon Moore)가 1964년에 제창한 법칙으로, 칩(chip)에 집적되는 집적회로의 수가 18개월마다 2배가 된다는 것.

했다는 지난 몇년의 경향도, 이러한 급격한 증가가 가까운 미래에도 계속될 것임을 짐작하게 해준다.

정반대로, 우리는 과거의 역사를 살펴보다가 미래를 예측하는 것이 불가능한 것임을 깨닫기도 한다. 컴퓨터혁명의 핵심에 있던 사람들조차 기술변화의 잠재력을 예측하지 못했다는 일화는 많이 있다. 개인용 컴퓨터가 처음 나왔을 때, DEC의 회장이 "세상에 누가 책상 위에 컴퓨터를 놓고 사용하겠는가"라고 논평했다는 일화는 유명하다. 지금 보기에는 이렇게 턱없이 부정적인 평가는 최초의 컴퓨터 에니악 (ENIAC, Electronic Numerical Integrator and Calculator)이 나왔을 때나, 인터넷의 모체였던 아파넷(ARPAnet)이 만들어졌을 때도 있었다. 게다가 기술이 처음 발명될 때와는 다른 목적을 위해서 사용되는 경우도 적지 않다. 1960년대 초엽에 21세기를 예견한 분석들을 보면 놀랄만큼 잘 들어맞는 것도 있지만, 인터넷을 통해 전세계 컴퓨터의 네트워크가 지구를 그물망처럼 연결하리라는 예측은 찾아볼 수 없다.

그러나 기술의 변화가 급격하고 예측하기 힘들다고 해서, 기술사에 대한 연구가 의미를 상실하는 것은 아니다. 무엇보다 현재의 변화가 급격할 때 그 변화의 뿌리를 찾아보는 것은 급류 속에서 하나의 버팀목을 제공해준다. 베니거(James Beniger)는 20세기 정보혁명의 뿌리를 저 멀리 산업혁명까지 거슬러올라가 찾는다. 산업혁명을 통해 순식간에 늘어난 공산품의 생산·유통·소비가 정보의 '제어혁명'(control revolution)을 필요로 했다는 것이다. 19세기 전신의 발명으로 막을 올린 제어혁명은 상품의 생산·유통·소비에 대한 정보를 원활하게 수집·처리·전송하는 것을 골자로 했고, 이는 곧이어 전화, 무선전신, 라디오·TV와 같은 방송씨스템과 타자기나 사무기계를 통한 데이터 처리의 기계화와 자동화로 확장되었다는 것이다. 연산과 정보처리가 컴퓨터를 통해 이루어지게 된 것이나, 전세계의 금융시장이 통신기술에 의해 연결됨으로써 자본의 세계화에 기여한 것 모두 이러한 제어혁명의 연속으로 파악할 수 있다는 것이 그의 주장이다(Beniger 1987).

인터넷혁명이나 정보통신혁명에 대한 이런 식의 역사서술에는 한 가지 공통적인 문제점이 있다. 그것은 이것들이 모두 메인프레임이나 PC와 같은 컴퓨터의 발전, 마이크로프로세서나 메모리 같은 반도체기술의 개가, 아파넷 같은 네트워크 등 '하드웨어'(hardware)의 발전에 초점을 맞춘다는 것이다. 물론 정보통신혁명이나 인터넷혁명에 대한 역사적 서술에서 하드웨어에 대한 언급이 빠질 수는 없다. 그렇지만 문제는 이러한 하드웨어가 사회문화적 배경과는 분리된 독자적인 발전논리를 가진 것처럼 다루어지는 데 있다. 반면, 어쩌면 바로 이러한 이유 때문에, 인터넷혁명과 정보통신혁명이 파생시키는 새로운 경험, 노동과 직장에서의 변화, 가족이나 다른 공동체의 개편과 같은 사회문화적 변화에 대한 사회과학적 분석에서 기술적인 하드웨어는 곁다리 밖에 되지 못한다. 다시 말하자면, 기술의 발전은 그것이 일어난 사회적 환경과는 무관하고 기술의 사회적 영향은 기술의 내적 구성과 무관하다는 식이다. 모든 사람이 인터넷과 정보통신혁명을 얘기하지만, 어떤 이들은 기술의 하드웨어에만 배타적으로 초점을 맞추고 다른 사람들은 기술의 하드웨어를 무시하는 식이다. 기술발전이 가져오는 엄청난 변화 속에 살고 있는 우리에게 기술은 세상과 묘하게 유리(遊離)되어 있다.

나는 이 글에서 인터넷혁명과 정보통신혁명을 낳은 기술과 사회문화적 배경 사이의 상호작용을 분석하려 한다. 나의 목표는 컴퓨터혁명이나 인터넷혁명과 같은 변화가 '열린' 사회나 인간관계를 지향하는가, 아니면 '닫힌' 가상의 세계를 만들어내는 것에 불과한가를 새로운 각도에서 조망하려는 것이다. 이러한 논의에서 중요한 관점은, 특정한 기술이 특정한 사회적 영향을 낳을 수밖에 없다는 기술결정론적인 시각과, 사회적 이해관계가 기술에 각인(刻印)됨으로써 기술의 발전을 결정한다는 사회결정론적인 사회구성주의(social construction of technology)라는 양극단의 유혹적인 함정을 피해가는 것이다. 기술의 역사를 통해 나타나는 수많은 예가 보여주듯이, '독재적' 힘을 가진 기술도 사람들의 의도적인 노력에 의해 다른 환경에서는 다른 방식으로 사용될 수 있으며, 기술 디자인에 각인된 사회적 이해관계도 기술의 탄생부터 안정화(혹은 소멸)까지 기술궤적의 모든 과정을 지배할 수 있는 것은 아니기 때문이다. 즉 기술이 사회를 만드는 힘이나 사회가 기술을 결정하는 힘 모두 유동적이고, 이를 유동적으로 만드는 것은 기술을 디자인하는 엔지니어들을 포함해서 기술을 사용하는 사람들의 의도적인 행위이자 실천이다(Hong 1998).

'전쟁의 배경': 복잡성과 전자 디지털 컴퓨터의 등장

계산기의 역사는 17세기 수학자이자 철학자였던 빠스깔(B. Pascal)까지 거슬러올라간다. 인간 이성의 힘에 대한 데까르뜨식의 확신이 기독교신앙을 제치고 지식인들 사이에 새로운 도그마로 받아들여지던 바로 그 시기에, 빠스깔은 계산하는 기계를 만들었다. 계산하는 기계와 사람의 이성이 무엇이 다른가라는 문제가 그를 괴롭혔음은 여기저기서 드러난다. "인간은 생각하는 갈대"라는 그의 유명한 말도 계산하는 기계와 인간의 차이에 대한 그의 집요한 질문이 낳은 거였다. 계산기와 관련해서 빠스깔 이후 두드러진 업적은 19세기 초엽의 영국 수학자 찰스 배비지(Charles Babbage)가 설계한 계산기계(Difference Engine)에 이르러서야 나타났다. 배비지는 산업혁명이 낳은 도시화·빈곤·질병과 같은 새로운 사회문제에 대한 데이터를 정부가 효과적으로 수집하고 처리하는 것을 돕기 위해서 계산기를 설계했다. 그렇지만 그는 이를 만들기에 충분한 예산을 확보하는 데 실패했고, 결과적으로 그의 계산기는 작은 모델과 설계도로만 남게 되었다.

빠스깔

최초의 전자 디지털 컴퓨터(electronic digital computer)는 1945년 12월에 미국 펜실베니아 대학의 무어학교(Moore School of Electrical Engineering)에서 완성한 에니악이라는 거대한 계산기였다. 1만 8천여개의 진공관을 사용했던 이 기계는 그 길이가 10미터나 되었고, 무게는 30톤에 가까웠으며, 이를 만드는 데 미 육군에서 지원한 50만 달러가 소요되었다. 에니악은 전기공학자 엑커트(J. Presper Eckert)와 물리학자 모클리(John Mauchly)가 제작했는데, 헝가리에서 미국으로 건너와 원자폭탄과 (특히) 수소폭탄을 만드는 데 결정적으로 기여했던 수학자 폰 노이만(John von Neumann)이 이 과정에 참여했다. 이후 폰 노이만은 이 경험을 바탕으로 프로그램을 메모리에 내장한 에드백(EDVAC)의 설계안을 작성했으며, 프린스턴의 고등연구소에서 '고등연구소 기계'(IAS machine)라고 불린 프로그램 내장 컴퓨터를 만들었다. 소위 '폰 노이만 구조'라 불리는 이 기본구조는 50년이 지난 지금까지도 모든 컴퓨터의 기본구조에 그대로 사용되고 있다.

폰 노이만

　　에니악은 포탄의 탄도를 계산할 목적으로 만들어졌다. 엄청난 예산과 노력을 들여서 전자 디지털 컴퓨터를 만든 이유는 당시 사람의 계산능력이나 아날로그 컴퓨터들이 대공화기와 같은 복잡한 포탄의 궤도를 계산하는 데 너무 느렸기 때문이다. 에니악 프로젝트의 담당자는 이를 다음과 같이 회고하고 있다.

IAS 컴퓨터

　　(대공화기의) 계산과정의 자동화야말로 첫번째 전자 디지털 컴퓨터의 '존재이유'였다. 전쟁기간에 만들어진 가장 좋은 아날로그 컴퓨터도 사람보다 불과 50배 더 빠를 뿐이었고, 이러한 아날로그 기계는 보통 750시간 (약 30일)이 소요되는 탄도테이블에 필요한 궤도계산을 하기에는 너무 느렸기 때문이다. (Edwards 1996, 49면)

실제로 에니악을 사용한 최초의 계산은 수소폭탄이 가능한지 타진해보는 데 필요한 것이었다. 원자탄을 만든 로스 알라모스(Los Alamos) 연구소는 1946년 3월 "이 (수소폭탄에 관련된) 문제들의 복잡성(complexity)은 무척 심각해서 에니악의 도움 없이는 절대로 해결될 수 없었을 것"이라고 무어학교에 감사를 표했다(같은 책 51면).

'복잡성'은 전쟁과 컴퓨터를 연결시키는 중요한 매개고리이다. 2차대전 동안 과학자들의 연구를 동원하는 데 중요한 역할을 담당했던 워렌 위버(Warren Weaver)는 19세기를 '단순성'(simplicity)의 과학, 20세기 전반기를 '조직되지 않은 복잡성'의 과학의 시기로 정의하고, 20세기 후반기 동안에 과학은 '조직된 복잡성'에 도전해야 할 것이라고 예측하면서, 2차대전의 의의를 다음과 같이 평가했다.

이후 50년간 과학은 이런 조직된 복잡성의 문제를 다루는 방법을 익혀야 한다. 전쟁의 사악함 속에서 복잡한 20세기의 문제를 해결하는 데 도움을 줄 두 가지 중요한 발전이 이루어졌다. … 그중 하나는 새로운 전자 컴퓨터가 만들어졌다는 것이고 … 두번째는 OR(Operational Research)이란 방법이 개발되었다는 것이다. … 양자 모두 수학적 방법을 군사적 문제에 응용하는 데 종사하는 사람들에게는 친숙한 것들이다. (Weaver 1948)

2차대전 중에 등장한 대표적인 '복잡한' 문제로는 원자탄에서 방출된 에너지를 계산하는 문제와 적의 비행기를 겨냥한 자동 대공화기를 설계하는 문제가 있었다. 원자탄의 문제를 해결하기 위해서 젊은 물리학자 리처드 파인만(Richard Feynman)은 계산원(computer)을 이끌고 IBM에서 만든 전동식 계산기와 씨름하면서 밤을 지샜으며, 자동 대공화기는 MIT의 수학자 노버트 위너(Norbert Wiener)가 신경쇠약에 걸리면서까지 해결하려고 애썼던 문제였다. 당시 계산기의 성능과 촉박했던 시간 때문에 파인만의 계산은 완벽하지 못했고, 위너는 결국

강력한 컴퓨터가 없어서 효과적인 자동 대공화기를 만들지 못했다. 그렇지만 파인만은 이 계산을 수행하는 동안에 이후 '병렬연산'(parallel processing)의 모태가 될 새로운 방법을 발견했고, 위너는 대공화기 씨스템에 대한 연구를 하면서 인간과 기계 모두를 '피드백을 통한 통제'로 설명하는 싸이버네틱스(cybernetics)의 핵심 이론을 만들어냈다 (홍성욱 1999a). 복잡성과 직접 관련이 있었던 것은 아니지만, MIT의 엔지니어 클로드 섀넌(Claude Shannon)은 음성을 디지털화하고 이를 다시 암호화하는 방법에 대한 극비 연구를 수행했으며, 이 연구는 통신씨스템이 전달하는 정보를 씨스템의 엔트로피(entropy)와 동일한 것으로 본 그의 정보이론(1948)의 핵심적인 토대가 되었다는 사실도 여기서 언급할 필요가 있다.

섀넌

간단히 말해서 폰 노이만의 프로그램 내장 컴퓨터, 위너의 싸이버네틱스, 섀넌의 정보이론 등 20세기 정보통신혁명의 모태가 되었던 기초가 2차대전이라는 '전쟁의 배경' 속에서 탄생했다. 지금 우리가 목격하는 혁명의 기술적 기초는 생산에 필요한 정보를 효율적으로 제어하기 위한 산업적 목적에서라기보다 2차대전이라는 전쟁을 효율적으로 수행하기 위한 군사적 목적에서 출범했다고 보는 것이 더 타당하다는 얘기다. 게다가 다음 절에서 보듯이 군부는 1945년 전쟁의 종식 이후에도 오랫동안 컴퓨터의 발전을 추동한 중요한 세력으로 남아 있었다.

 ## 메인프레임 컴퓨터의 발달과 '닫힌 세상'

에니악을 설계했던 엑커르트와 모클리는 곧바로 컴퓨터를 만드는 작은 회사를 설립했다. 이들의 회사는 곧 레밍톤랜드(Remington Rand)사에 합병되었고, 이들은 레밍톤랜드에서 최초의 상업 컴퓨터

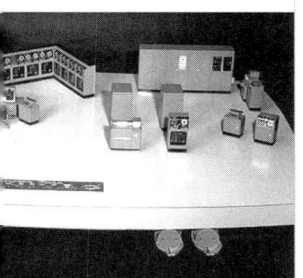

유니백

라고 할 수 있는 유니백(UNIVAC, Universal Automatic Computer)을 만들어서 1951년 이를 미국 육군에 (인구통계국을 거쳐서) 판매했다. 컴퓨터가 시장에서 매매된 첫 기록이었다. 1957년까지 레밍톤랜드는 57대의 유니백을 만들어 팔았다. 최초의 컴퓨터 에니악은 데이터와 프로그램 모두를 펀치카드에 입력해서 사용했지만, 폰 노이만 구조를 채택한 유니백에서는 프로그램을 메모리에 내장하고 데이터는 펀치카드 대신 자기 테이프에 입력했다. 게다가 유니백은 자기 테이프의 오류를 스스로 찾아서 고칠 줄 아는 '자동'기계였다. 또 이는 단순한 계산기가 아닌 정보처리기기였고, 따라서 공장과 사무실에 비록 극소수지만 유니백이 도입되면서 노동자나 정보를 처리하던 사람들을 기계로 대체하는 '자동화'의 특성이 뚜렷하게 드러났다. 자동화의 시기는 유니백에 의해 성큼 다가왔던 것이다(Ceruzzi 1998).

메인프레임(mainframe) 컴퓨터의 시장은 곧 IBM에 의해 점유됐다.[2] 이미 사무기계를 독점하고 있던 IBM은 유니백의 등장을 보고 메인프레임 컴퓨터 시장에 본격적으로 뛰어든 뒤에, 1952년 IBM 701, 1954년 IBM 650을 내놓았고, 1958~60년에 기업을 위한 IBM 1401과 엔지니어를 위한 IBM 7090을 발매했다. IBM 650은 1천대 이상 팔렸으며, IBM 1401은 총 1만대 이상 발매되면서 사무실의 컴퓨터화를 주도했다. 이미 1950년대 중반 이래 시장의 선두를 달리던 IBM은 1964년 호환성이 뛰어나고 부피가 적은 IBM OS/360으로 사무용 컴퓨터 시장을 확장함과 동시에 이를 거의 독점하기에 이르렀다. 1950년대 말엽부터 IBM의 컴퓨터에는 진공관 대신 트랜지스터가 사용되었고, 360에는 당시 막 등장했던 메모리 집적회로(즉 ROM과 RAM[3])를 사용했다. IBM 360은 과학기술자에서 기업까지 다양한 고객의 필요를 충족시킨 최초의 전천후 컴퓨터였다.

1940년대 말엽부터 60년대 초엽까지 기업에 의한 컴퓨터발전의 배후에는 미국 군부가 있었다. 이미 언급했듯이 에니악은 육군의 지원으

2) 메인프레임 컴퓨터는 대기업과 같은 고객의 필요를 충족할 만큼 충분한 메모리, 유연성, 입출력 기기를 갖춘 대형·고가 컴퓨터를 의미한다. 메인프레임 컴퓨터의 전성기는 1960년대였다.
3) ROM: Read Only Memory. RAM: Random Access Memory.

로 만들어졌으며, 프린스턴에서의 폰 노이만의 연구는 원자력위원회
가 지원했다. 또 초기 컴퓨터의 주요 고객은 미국의 육·해·공군이었
으며, IBM이나 RCA(Radio Corporation of America)처럼 컴퓨터나
주변기기를 개발한 기업의 연구비 중 절반 이상이 정부(특히 군부)의
지원에서 나왔고, 그렇지 않은 경우에도 기업은 군부가 새로운 컴퓨터
의 주요 고객이 될 것이라는 기대감에서 기꺼이 비싼 연구를 수행하곤
했다. 미국 군부는 반도체연구비 중 절반 이상을 지원하기도 했다
(Forman 1987). 해군연구국은 인공지능연구와 '실시간 작전수행'
(real-time operation) 및 비행 모의조정실험을 위해 설계된 MIT의

IBM 360

'휠윈드'(Whirlwind) 컴퓨터의 제작을 지원했다. 1952년 MIT의 엔지
니어 포레스터(Jay Forrester)가 완성한 휠윈드 컴퓨터의 성공은 공군
을 크게 고무시켰고, 곧이어 공군은 미국 전역의 레이다망과 공군기지
를 컴퓨터를 통해서 실시간으로 엮는 대규모의 '쎄이지 계획'(SAGE
Project)을 출범시켰다. 쎄이지 계획에서 MIT의 휠윈드 컴퓨터는 다
른 모든 터미널 컴퓨터를 관장하는 중앙통제 컴퓨터의 역할을 맡았다.
1963년까지 100억 달러라는 천문학적 예산을 사용한 후에 최종적으로
종결된 쎄이지 계획은 대륙간 탄도 미사일이 개발되면서 뒤처진 기술
로 전락했지만, 자기 메모리, 그래픽 디스플레이, 전화선을 통한 디지
털 데이터 전송과 이를 위한 모뎀(modem), 시분할 방법(time-
sharing method)과 같은 중요한 기술적인 부산물을 남겼다. 소련의
첫 인공위성 스뿌뜨니끄(Sputnik)에 자극을 받아 1958년 만들어진 아
파(ARPA, Advanced Research Project Agency, 고등연구계획국)도 그 산하
에 '정보처리국'을 따로 두고 대학의 컴퓨터연구를 아낌없이 지원했
다.

쎄이지 콘솔

    기술사학자 폴 에드워즈(Paul Edwards)는 쎄이지 계획이 '닫힌 세
상'(closed world)이라는 세계관을 기술적으로 구현한 것으로 파악한
다. '닫힌 세계관'은 자본주의와 공산주의 각 블록을 '닫힌' 블록으로,

그리고 전세계를 이 두 막강한 선악의 힘 사이에 영속적인 대립과 긴장이 지배하는 '닫힌' 것으로 파악한다. 이러한 닫힌 세상을 기술하고 이해하는 것은 '닫힌 세상에 대한 담론' 또는 '씨스템담론'으로 가능한데, 이는 세상을 수학적인 분석을 가할 수 있는 맞물린 씨스템들로 간주하고, 컴퓨터·수학적 씨뮬레이션(simulation)이나 게임이론을 통해서 거대한 세상의 정치·외교·군사적 전략을 만들어내는 것이다. 1940년대 말엽부터 1960년대 초까지 랜드연구소(RAND Corporation)는 씨스템담론의 산실이었고, 연구소의 이론적 작업은 미 군부의 전략에 중요한 영향을 미치곤 했다. 쎄이지 계획은 대공 방어 씨스템에서 인간이라는 요소를 전적으로 제거하고, 자동화된 기계로만 이를 통제하려는 군부의 이상을 반영함으로써, 컴퓨터와 자동화를 통해서 씨스템을 오차 없이 통제하기를 원하던 '닫힌' 세계관을 구현하는 것이었다. 컴퓨터는 실시작전의 군사적 통제를 가능하게 했으며, 세상을 씨뮬레이션과 같은 방법을 통해서만 조작 가능한 것으로 파악하게 함으로써, 닫힌 세상의 담론을 형성하고 유지하는 데 실질적으로 중요한 몫을 담당했다(Edwards 1989, 1996).

씨뮬레이션으로 만들어진 닫힌 세상의 주인은 인간이 아니라 컴퓨터와 자동기계이며, 인간의 활동은 씨스템의 효용을 증가시키는 방식으로 이에 종속된다. 타코마 공군기지의 씨뮬레이션쎈터를 위해 레이다 씨뮬레이션 실험을 디자인한 한 기술자는 이 실험의 목적을 다음과 같이 묘사하고 있다.

이 연구의 배경에는 문제의 해결을 추구하고 발견하는 사람의 능력을 최대한 이용함으로써 '닫힌 씨스템'의 예측가능한 특성들을 알아낼 수 있다는 생각이 있다. 즉 사람이 씨스템의 목적을 추구하도록 동기가 부여되고 또 그의 임무수행의 결과를 통보받는다면, 실제로 수행된 결과와 원래 의도한 결과 사이의 차이가 피드백으로 다음 임무수행 과정에 들어감으로써 임무수행의 효과를 높이는 적응의 계기가 될 수 있는 것이다.

(Edwards 1996, 123면)

에드워즈가 잘 지적했듯이, 이러한 실험의 목적은 닫힌 씨스템을 만드는 것이었고, 공군기지가 이를 위해 선택된 장소였으며, 컴퓨터 씨뮬레이션이 이를 위한 방법이었고, 사람-기계의 통합이 그 결과였던 것이다.

그렇지만 타코마 씨뮬레이션은 인간적인 요소를 완전히 제거한 '전자 전쟁터'에 비하면 그래도 인간적인 것이었다. 베트남전에서 미군은 월맹군이 자주 다니던 길에 전자쎈서를 뿌려놓고, 적의 부대나 트럭의 움직임을 타이에 위치한 중앙컴퓨터쎈터에서 한눈에 볼 수 있도록 장치한 다음에, F4기의 미사일을 컴퓨터로 조작해서 적을 살상하는 방법을 사용했다. 전세계 기자들에게 대대적으로 홍보된 이 전자 전쟁터는, 씨스템에서 인간 요소를 완전히 제거하는 닫힌 세상의 이념의 최상태를 구현한 것이었다. 실전에서의 성공에 고무되어, 1969년 웨스트모어랜드 장군(General William Westmoreland)은 다음과 같이 선언했다.

미래의 전장에서는 데이터링크, 컴퓨터의 도움을 받은 첩보, 자동화기의 사용에 의해 거의 순간적으로 적군의 위치가 판별되고, 여기에 화기가 겨냥될 것이다. 적을 확실하게 살상할 수 있고 첩보기계들이 적을 계속 추적하는 상황에서 적의 저항을 무마하기 위해 대규모 부대를 사용하는 일은 점점 덜 중요해질 것이다. … 이제 기계와 기술이 전장에서 병력을 더 효율적으로 사용하게 해준다. 그렇지만 미래에 이 효율성은 훨씬 더 커질 것이다. 나는 미국 시민들이 인간을 기계로 대체하는 이러한 발전을 환영하고 박수를 치면서 기술의 이점을 충분히 활용할 것이라고 확신한다. … 협동연구를 통해서 우리는 10년 내에 자동화된 전쟁터를 가지게 될 것이

다. (같은 책 43면)

　물론 이러한 완전히 자동화된 전자 전쟁터는 아직도 실현되지 않고
있다. 1960년대를 통해서 군부 내에서도 컴퓨터에 지나치게 의존하는
전략에 대한 비판이 강하게 제기되었다. 한 공군 대령의 지적에서 잘
드러나듯이, "요즘 전쟁의 계획에서는 컴퓨터가 지나치게 많이 사용되
고 반복적으로 일어난 사건들에 대한 많은 데이터를 분석하는 것이 중
요해지면서, 이러한 대량 경험에 의존하기 때문에 개인적인 경험을 무
시하고 있다"는 것이 비판의 골자였다(같은 책 72면). 게다가 베트남전
에서의 성공도 시간이 지나면서 점차 의심스러운 것으로 판명되었다.
예를 들어, 1971년의 컴퓨터집계에서 자동포격으로 파괴된 월맹군 트
럭의 수가 월맹군이 실제로 가지고 있는 전체 트럭수를 상당히 초과한
것으로 나타났을 정도였다.

IBM의 힘을 개인에게: PC의 등장과 '닫힘'에서 '열림'으로

　IBM이 메인프레임 컴퓨터 시장을 장악하던 시기에 컴퓨터산업에
는 '미니컴퓨터'(minicomputer)의 등장이라는 새로운 바람이 불기 시
작했다. 당시 가장 인기있던 미니컴퓨터는 PDP(Programmed Data
Processor)씨리즈를 만들던 DEC사가 1965년에 내놓은 PDP-8이었
다. 이는 가로 세로가 각각 50cm, 높이가 80cm 정도로 작은 냉장고만
했으며, 1만 8천 달러에 판매되었다. PDP-1의 가격이 12만 달러였던
것에 비하면 PDP-8은 가격이 무척 싸진 셈이었지만, 아직도 개인이
소유하기에는 턱없이 비쌌다. PDP-8은 집적회로가 발전하면서 점점
더 간편해졌고, 이후 10년간 총 5만대가 팔리는 성공을 거두었다.

이 시점에서 집적회로의 발달에 대해 간단하게 언급할 필요가 있다. 반도체 트랜지스터는 1949년 벨연구소의 물리학자들이 진공관을 대체하기 위해서 만들었으며, 이는 1950년대에는 전기·전자기기에 사용되기 시작했다. 이후 1958~59년에 텍사스 인스트루먼트(Texas Instruments)의 킬비(Jack Kilby)와 페어차일드(Fairchild, 인텔의 모체가 된 기업)의 노이스(Robert Noyce)가 여러 개의 트랜지스터를 하나의 칩에 '통합'시키는 방법을 발명했고, 이렇게 만들어진 집적회로는 곧바로 ROM과 RAM 등의 메모리칩에 사용되었다. IBM 360이나 PDP-8은 이러한 집적회로를 사용해서 부피를 줄인 컴퓨터였다. 집적회로가 널리 사용된 또다른 기계는 포켓용 계산기였다. 1972년 미국의 휴렛패커드는 HP-35 포켓 계산기를 내놓았고(약 400달러), 74년에 프로그램이 가능한 HP-65를 발매했다. HP-65는 엔지니어·법률가·기업인들에게 매우 인기가 좋아서 1년 사이에 2만 5천대가 팔리기도 했다(Ceruzzi 1996).

PDP-8

포켓 계산기를 놓고 휴렛패커드가 경쟁하던 회사들은 비지콤(Busicom), 캐논과 같은 일본 회사들이었으며, 이중 비지콤은 지금의 인텔(Intel)을 만드는 데 일등공신 노릇을 톡톡히 했다. 비지콤은 당시 메모리칩을 생산하던 인텔사에게 특수한 수학함수들을 계산하는 일련의 전문가용 포켓 계산기를 위한 반도체칩들을 만들어달라는 주문을 했고, 인텔은 이를 자사의 엔지니어 호프(Marcian Hoff)에게 위임했다. 호프는 서로 다른 칩을 만드는 대신에 프로그램해서 쓸 수 있는 다용도칩 하나를 만들면 비지콤의 주문을 충족하면서 더 넓은 시장을 개척할 수 있겠다는 생각을 하였다. 이 '칩 속에 구현된 프로그램 가능한 컴퓨터'의 디자인에 전념한 결과 1971년 Intel 4004라는 마이크로프로세서의 개발에 성공했다. 이 칩은 포켓 계산기 이외의 다른 곳에도 널리 사용될 수 있는 유연성을 가지고 있었고, 이를 직감한 인텔의 노이스는 비지콤에는 싼값으로 칩을 공급하는 대신에 포켓 계산기 이외의 다른 용도에 대한 권리는 인텔이 소유하는 협상안을 만들어냈다. 노이스의 표현에 따르면 이 타협이 바로 "컴퓨터역사에 주축을 형성한" 순간이었다. 4비트용으로 개발된 Intel 4004는 곧이어 상업용인 Intel 8008로, 1974년에는 8비트 마이크로프로세서인 Intel 8080으로 이어졌다. Intel 8080은 20여년 전에 만들어진 수십만 달러짜리 유니백의 성능을 단지 360달러의 손톱만한 크기의 칩에 담아낸 것이었다.

Intel 8080은 컴퓨터와 정보통신의 역사에서 주목할 만하다. 무엇보다 이것이 알테어(Altair 8800)에 사용되면서 '개인용 컴퓨터'(personal computer)의 시대를 열었기 때문이다. 알테어는 전자제품 애호가인 에드 로버츠(Ed Roberts)가 운영하던 MITS(Micro Instrumentation and Telemetry Systems)라는 작은 회사에 의해 조립식으로 제조되어 397달러에 판매되었다.(그는 Intel 8080을 대량으로 싼값에 구입해서 컴퓨터의 가격을 낮출 수 있었다.) 알테어는 올렸다 내렸다 하는 스위치를 입력기기로, 프린터나 모니터와는 한참 거리가 있는 점등 다이오드를 출력기기로 사용했고, 256바이트(킬로바이트가 아님)의 메모리를 내장했다. 알테어는 『라디오 일렉트로닉스』(Radio Electronics) 1975년 1월호에 그 광고가 실리면서 세상에 알려졌는데,[4] MITS가 뉴멕시코의 작은 마을에 위치한 무명의 회사였고 알테어의 원시적인 입출력씨스템과 터무니없이 적은 메모리에도 불구하고, 수천명의 사람이 주문을 하는 수표를 보내올 정도로 그 인기는 놀라웠다(Campbell-Kelly and Aspray 1996). 누가, 왜 알테어를 샀는가? 이를 구입한 사람들이 알테어로 할 수 있는 일이 무엇이 있었는가?

놀라운 사실은 1975년 당시에 이미 컴퓨터를 가지고 다양한 시도와 운동을 한 사람들이 존재했다는 것이다. 이들은 '커뮤니티 메모리'(Community Memory), '민중의 컴퓨터 회사'(People's Computer Company), 테드 넬슨(Ted Nelson)의 '컴퓨터 해방'(Computer lib)과 같은 다양한 컴퓨터 운동가집단들, 그리고 '홈브루 컴퓨터 클럽'

알테어

4) 광고문안은 다음과 같다. "독점 공개! 알테어 8800. 지금까지 나온 미니컴퓨터 프로젝트 중 가장 강력한 것을 단돈 400달러 미만으로 만들 수 있다."(Campbell-Kelly and Aspray 1996, 240면)

(Homebrew Computer Club)[5]과 같은 아마추어단체들이다. 커뮤니티 메모리는 펠젠스틴(Lee Felsenstein)이라는 엔지니어가 미니컴퓨터의 터미널을 사람들의 왕래가 잦은 레코드가게에 진열해놓고 주민들로 하여금 무료로 사용할 수 있게 함으로써 시작되었다. 주민들은 이 터미널을 이용해서 동네 버스시간표나 책방과 도서관의 책을 검색하는 등, 컴퓨터로 할 수 있는 일의 영역을 조금씩 넓혀가기 시작했다. 민중의 컴퓨터 회사는 『민중의 컴퓨터 회사』라는 소식지를 만들어 배포하는 캘리포니아의 급진운동그룹이었는데, 이들의 이념은 1972년 10월호 소식지에 실린 다음과 같은 문구에서 잘 드러난다.

> 컴퓨터는 대부분
> 인간을 위해서보다 인간에 대항해서 사용되었다.
> 인간의 자유보다 통제를 위해 사용되었다.
> 이제 이를 바꿔야 할 시간.
> 우리는
> 민중의 컴퓨터 회사가 필요하다. (Levy 1984, 172면)

여기서 이들의 '민중'은 노인·여성·어린아이·유색인종·노동자 등 값비싼 메인프레임 컴퓨터의 발전에서 소외되어 있던 사람들을 망라한 개념이었다.

테드 넬슨은 이미 1960년대에 정보의 바다를 항해할 수단으로 '하이퍼텍스트'(hypertext)라는 새로운 형식의 데이터 저장방식을 제창했던 컴퓨터의 '귀재'로 알려진 사람이었다. 그렇지만 그는 하이퍼텍스트가 자유롭게 사용되기 위해서 먼저 컴퓨터 자체가 해방될 필요가 있다고 보았다. 즉 컴퓨터의 가격이 떨어져서 보통 사람들이 자유롭게 컴퓨터를 사용하는 것이 결정적으로 중요하다고 간주했던 것이다. 1974년 그는 자비로 『컴퓨터 해방』과 『꿈의 기계』라는 책을 출판했는

---

5) homebrew는 '집에서 만든, 손수 만든'이라는 뜻.

데, 『컴퓨터 해방』의 첫머리는 다음과 같이 시작한다.

『컴퓨터 해방』

> 나는 날을 세워야 하는 도끼를 가지고 있다. 나는 컴퓨터가 사람에게 유용한 것이 되는 것을 보고 싶다. 귀찮은 문제나 인간의 굴종 없이 더 빨리 될수록 더 좋다. 이 원칙에 동의하는 사람은 누구나 내 편이다. 동의하지 않는 자는 내 편이 아니다.
> 이 책은 개인의 자유를 위한 책이다.
> 그리고 규제와 강제에 반대하는 책이다.
> 민중에게 컴퓨터의 힘을! (같은 책 175면)

이러한 세 그룹의 이념에서 볼 수 있는 것은, 개인용 컴퓨터가 등장하기 이전부터 이미 사람들은 컴퓨터가 새로운 공동체를 형성하고, 그것을 사용하는 사람들에게 힘을 주며, 규제와 중앙집권이 아닌 자유와 분권을 가져오는 '꿈의 기계'로 간주하고 있었다는 것이다.

이들과는 조금 달리, '홈브루 컴퓨터 클럽'은 씰리콘밸리 근처에 살던 컴퓨터애호가들의 모임이었다. 1975년 당시 이 클럽의 회원이었던 건축업자 돔피어(Steve Dompier)의 일화는 알테어에 대해서 많은 것을 시사한다. 『라디오 일렉트로닉스』에 실린 알테어의 광고를 본 돔피어는 즉각 MITS로 수표를 보냈지만 몇달이 지나도 이를 받지 못하자 직접 뉴멕시코로 가서 MITS의 에드 로버츠를 만나 알테어 키트를 받아 가지고 오는 수고를 감수한다. 알테어를 조립하고 원시적인 입출력 씨스템에 익숙해지는 데 시간을 보내던 그는 어느 날 우연히 그의 라디오가 알테어의 프로그램에 반응한다는 것을 발견하고, 이를 연구한 결과 알테어가 내는 소음 중 하나가 음계의 F샵에 해당된다는 것을 알아낸다. 돔피어는 F샵에 해당되는 알테어의 메모리의 위치를 찾아내고, 여기서 더 나아가 결국 다른 음을 내는 메모리의 위치를 모두 발견한다. 이를 기반으로 그는 알테어로 연주를 하는 프로그램을 만들어,

홈브루 컴퓨터 클럽에서 자신의 알테어로 비틀즈의 「언덕 위의 바보」를 훌륭하게 연주하는 데 성공한다. 연주가 끝난 뒤에 사람들이 얼싸안고 환호했음은 두말할 나위가 없다(같은 책 192~94면). 비록 엉성하긴 했지만 그의 컴퓨터는 악기로 변신했다. 컴퓨터의 마력은 이렇게 아무도 예측하지 못했던 가능성을 열어주는 힘에 있었다.[6]

애플컴퓨터사를 창립한 스티븐 잡스(Steven Jobs)와 스티븐 워즈니액(Stephen Wozniak)도 컴퓨터가 "모든 인종, 종파, 소수민족, 사회계급, 그리고 심지어 생존을 위협받는 동물에게까지 기회를 공평하게" 제공하는 '위대한 평등자'라는 신념을 가지고 있었다. 대학중퇴생이었던 이들은 대학생 시절에도 장거리전화를 공짜로 걸 수 있는 기계를 만들어서 팔곤 했다. '전화 프리킹'(phone phreaking)이라고 불리던 이 행위로 가장 유명했던 사람은 크런치 선장(Captain Crunch)으로 불리던 신비스러운 인물이었는데, 그가 한 잡지와의 인터뷰에서 나눈 얘기는 그의 동기를 잘 보여준다.

스티븐 잡스와 스티븐 워즈니액

> 나는 오직 한가지 이유 때문에 프리킹을 한다. 나는 씨스템에 대해 배우는 것이다. 전화회사는 씨스템이고, 컴퓨터도 씨스템이다. … (내 행위는) 씨스템을 탐험하는 것이다. 그것이 내 특기다. 전화회사는 단지 컴퓨터에 불과한 것이다. (같은 책 248면)

크런치 선장이나 잡스와 워즈니액 같은 사람들은 씨스템이 가진 힘을 이용하고, 더 나아가서 씨스템이 가진 힘을 사람들에게 나누어주는 것을 이상으로 삼았던 것이다. 개인용 컴퓨터가 등장하면서 이들의 이상은 현실이 되었다.

컴퓨터의 세계에서 씨스템의 상징은 IBM이었다. IBM은 회사 이미지에서 제품에 이르기까지 완벽하고 꽉 짜여진 구조와 위계를 자랑하던 회사였다. (지금은 씰리콘밸리의 전설이 된) 잡스와 워즈니액이 씰

6) 파인만은 2차대전 동안 컴퓨터를 사용해 진행시켰던 자신의 군사연구를 회상하면서 다음과 같이 말했다. "컴퓨터의 문제는 우리가 그것과 논다는 것이다. 컴퓨터는 정말 경이롭다. … 당신이 똑똑하기만 하다면 당신은 컴퓨터 한대를 가지고 점점 더 복잡하고 정교한 일을 할 수 있게 될 것이다."(Feynman 1980, 126면)

애플 II

리콘밸리의 한 차고에서 값싼 칩을 사용해서 컴퓨터를 조립할 때 이들이 품었던 이상은 IBM컴퓨터의 힘을 보통 사람에게 나누어주는 것이었다. 이들이 만들어서 1977년 1200달러에 시장에 선보인 애플 II는 산뜻하고 깔끔한 디자인에 키보드와 모니터, 플로피디스크 드라이버를 장착하고 있었고, 당시 막 시장에 등장하던 다른 개인용 컴퓨터보다 우수하고 빨랐으며, 특히 컬러그래픽을 다룰 수 있는 능력이 뛰어났다. 이들은 또 애플에 쓰인 기계어를 프로그램어로 전환하는 디스쎔블러(disassembler)를 만들어 배포했는데, 이러한 '열린' 디자인은 컴퓨터에 대한 지식이 모든 사람에게 공개되어야 한다는 '홈브루 컴퓨터 클럽'의 철학을 반영한 것이었다. 1984년 애플사에서 매킨토시를 발매하면서 방영했던 광고에서 매킨토시를 상징하는 젊은 여인이 IBM을 상징하는 빅브라더와 싸워 이기고 노예로 살던 사람들을 해방시킨다는 이미지를 선보였던 것은 우연이 아니었다(Pfaffenberger 1988).

1970년대 중반 개인용 컴퓨터가 등장하던 시대의 사회문화적 배경은, 공군의 지원을 받아 MIT의 엘리뜨 엔지니어들을 중심으로 쎄이지 계획이 추진되던 1950년대와 60년대 초엽의 그것과는 분명히 달랐다. 개인용 컴퓨터의 등장과 보급에는 첩보나 통제 같은 군사적인 영향력은 찾아보기 힘들다. 오히려 여기에는 '저항문화운동'과 같은 1960년대 급진적 사회운동의 이념이 짙게 깔려 있었다. "준비되었건 아니건, 컴퓨터는 민중에게 다가오네—이는 좋은 소식, 아니 환각제 이래 최고의 소식"이라는 한 컴퓨터 종사자의 말에서(Ceruzzi 1998, 207면), IBM이나 거대 전화회사로 상징되는 권위와 씨스템에 대한 반감에서, 민중에게 컴퓨터의 힘을 돌려주어야 한다는 생각에서, 이를 위해 누구나 손쉽게 사용할 수 있는 컴퓨터를 만들어야 한다는 이상에서, 그리고 무엇보다 개인용 컴퓨터의 보급이 권력을 분산시킴으로써 평등한 세상을 가져올 것이라는 낙관적인 믿음에서, 이러한 1960년대 저항문화운동과 사회운동의 이념을 읽을 수 있다. 이른바 '해커의 윤리'

(Hacker Ethic)[7]라는 것들 대부분이 이런 믿음과 상응하는 것이었다.

그렇지만 이러한 요인들 때문에, 컴퓨터가 '닫힌' 세상을 부수고 '열린' 세상을 만들었다고 결론짓는 것은 성급하다. 무엇보다 '컴퓨터 운동가'들이 씨스템에 대해 가진 적대감은 부분적이고 제한적인 것이었다는 점을 고려해야 하기 때문이다. 위에서 인용한 크런치 선장의 말에서 알 수 있듯이, 이들은 씨스템을 배우고 탐험하며 이를 통해 씨스템이 가진 힘을 이용하는 것을 목적으로 삼았다. 알테어로 음악을 연주한 돔피어의 예가 보여주는 것은, 컴퓨터가 제대로 다루어질 때 상상하지 못했던 힘과 미(美)가 만들어진다는 것이었다. 프로그램은 컴퓨터가 열어주는 새로운 세상을 탐험하고 궁극적으로 컴퓨터가 만든 세상의 주인이 되는 과정을 포함했다. 이러한 의미에서 이들은 씨스템을 사랑하고 이에 열광했던 사람들이었다. '컴퓨터 해방'을 외쳤던 넬슨 같은 사람들이 싫어한 것은, 관료주의적 엘리뜨 엔지니어들만 컴퓨터를 다룸으로써 컴퓨터 씨스템이 엉터리로, 멍청하게, 비인간적으로 설계되고 관리된다는 사실이었다. "지식과 이해, 그리고 자유는 컴퓨터 화면의 제어기계를 잘 발전시키고 배치함으로써 함께 달성될 수 있다"(Pfaffenberger 1988, 43면)는 넬슨의 얘기에는 컴퓨터라는 씨스템에 대한 깊은 신뢰가 깔려 있었다.

생각해야 할 또다른 측면은 개인용 컴퓨터가 컴퓨터시장을 급속하고 광범위하게 확장했다는 것이다. 개인용 컴퓨터는 운동가들의 '꿈의 기계'에서 자본주의시장의 한가운데로 화려하게 진입했다. 애플 II는 라디오 색(Radio Shack), 코모도어(Commodore) 컴퓨터와 시장을 놓고 경쟁했으며, 1981년에는 IBM이 IBM PC를 가지고 개인용 컴퓨터 사업에 뛰어들었다. 그렇지만 메인프레임 컴퓨터에서 거의 독점적 지위를 굳힌 IBM도 개인용 컴퓨터 시장에서는 컴팩(Compaq)과 같은 복제품(clone)들과 힘겨운 경쟁을 해야 했다. IBM의 복제품을 만들던 컴팩은 한때 개인용 컴퓨터 시장에서 1위를 점하고 IBM보다 더 빨리 신

라디오 색 TRS80 모델 II

7) 수백명의 컴퓨터 종사자들을 인터뷰한 내용을 바탕으로 스티븐 레비(Steven Levy)가 정리한 해커의 윤리는 다음과 같다. ①컴퓨터에 대한 접근에 제한이 없어야 한다. ②모든 정보는 자유롭게 접근할 수 있어야 한다. ③권위를 불신하고 권력을 분산하라. ④해커는 그들의 학위나 지위가 아닌 해킹능력으로 평가되어야 한다. ⑤컴퓨터에 예술과 미를 창조할 수 있다. ⑥컴퓨터는 삶을 더 좋게 만들 수 있다. Levy 1984, 39~49면.

기술을 개발하기도 했지만, 값싼 타이완제 컴퓨터에 밀려서 좌초의 위기를 겪었다. 컴퓨터시장의 경쟁은 가속화되고, 가열되었으며, 한치 앞을 예측하기 힘들어졌다(Langlois 1992).

뿐만 아니라, 개인용 컴퓨터를 위한 소프트웨어도 속속 개발되었다. 게임과 교육용 소프트웨어가 개발되었고, 뒤이어 사무용 소프트웨어들이 속속 개발되었다. 1979년 애플을 위해 만들어진 스프레드시트 비지캘크(BusiCalc)는 3년간 80만 카피가 팔릴 정도로 성공적이었다. 소프트웨어 시장의 확장은 지적 재산권의 강화를 가져왔다. 알테어가 시장에 나오기도 전이었던 1974년에, 하버드대학을 다니던 빌 게이츠(Bill Gates)와 그의 친구 폴 앨런(Paul Allen)은 8주간 밤낮없이 작업을 해서 알테어를 위한 베이직(BASIC)을 프로그램했다. 이들이 만든 베이직은 곧 소형컴퓨터의 표준 언어가 되었지만, 당시에는 프로그램이 희귀했고 저작권에 대한 개념도 거의 없었기 때문에 이들이 설립한 마이크로소프트(Microsoft)사는 만족할 만한 수익을 얻지 못했다. 빌

빌 게이츠

게이츠가 1976년 홈브루 컴퓨터 클럽의 소식지를 통해 회람시킨 「컴퓨터애호가들에게 보내는 공개 서한」은 이런 상황에 대한 그의 불만을 직설적으로 표현하고 있다. 그는 여기서 "대부분의 사용자들은 베이직을 전혀 구입하지 않았다"면서 "어떤 전문가가 한푼도 받지 않고 일을 할 것이며, 3년의 시간을 투자해서 프로그램을 하고, 오류를 찾아낼 것인가"라고 냉소적으로 묻고 있다(Freiberger 1984, 169면).

마이크로소프트사의 부상은 몇년 후에 찾아왔다. 1981년 IBM이 신제품 PC를 위한 운영체제를 마이크로소프트에 주문했을 때, 빌 게이츠는 재빨리 작은 회사에서 소프트웨어를 사서 이를 IBM PC를 위한 운영체제인 PC-DOS로 바꾸어 IBM에 공급하면서, 이와 조금 다른 MS-DOS의 판권을 보유했다. 이 MS-DOS가 컴팩을 비롯한 IBM의 복제품의 운영체제로 광범위하게 사용되면서, 빌 게이츠의 마이크로소프트는 운영체제 시장의 장악에 중요한 첫발을 내디뎠다.

개인용 컴퓨터가 나온 지 불과 2년째 되던 1977년, 쌘프란씨스코에서는 첫 컴퓨터박람회가 열렸고, 박람회의 연사로 나온 테드 넬슨은 다음과 같은 의미심장한 얘기를 했다.

> 지금 이 귀여운 컴퓨터는 마술을 부리고 있습니다. 이것은 전화나 자동차가 가져온 사회변화보다 더 급진적인 변화들을 일으킬 것입니다. 이 작은 컴퓨터들이 지금 여기에 있고, 여러분들은 신용카드를 사용해서 당장 구입할 수 있지요. 지금 살 수 있는 부품들은 디스크 저장장치, 그래픽 디스플레이, 게임, 종이에 그림을 그리는 거북이 프로그램 등이며, 얼마나 더 나올지는 아무도 모릅니다. 우리의 유별난 취미가 만들어낸 것들이 여기 전부 있고, 이 취미는 이제 열풍으로 꽃피고 있으며, 이 열풍은 곧 만개한 소비자시장으로 성숙할 것입니다.
>
> 취미! 열풍! 소비자시장! 쇄도가 계속될 것입니다. (Levy 1984, 267면)

이 소비자시장이 홈브루 클럽의 컴퓨터애호가들이 생각했던 것처럼 거대기업의 씨스템에서 소외된 사람들까지도 컴퓨터를 사용하고 마음대로 조작할 수 있는 '열린' 공간이 되기 위해서는 한가지 문제를 극복해야 했다. 그것은 빌 게이츠가 '공개 서한'에서 얘기한 대로 "어떤 전문가가 한푼도 받지 않고 일을 할 것인가"라는 문제였다. 이 서한에서 빌 게이츠는 "애호가들, 당신들이 하는 것은 도적질이다"라고 비난했다. 그는 또 "열명의 좋은 프로그래머를 고용해서 애호가들의 시장이 좋은 소프트웨어의 홍수로 넘치게 하는 일처럼 즐거운 일이 없을 것 같다"면서, 자신의 베이직에 로열티를 낼 것을 호소했다. 컴퓨터 애호가들이나 운동가들에게 로열티라는 개념조차 희박하던 시절에 그는 이를 강력히 요구했다. '민중'이 자유롭게 컴퓨터를 사용해야 한다는 이상과 강력한 지적 재산권에 대한 요구는 이때부터 갈등을 불러일으켰던 것이다.

개인용 컴퓨터는 국방성과 랜드연구소의 '닫힌' 씨뮬레이션에서 소비자시장으로 나왔다. 그렇지만 이 소비자시장은 1970년대 애호가들이 꿈꾸던 평등하고 '열린' 공간이 아니라 엄격한 지적 재산권이 지배하고 마이크로소프트의 독점이 소비자의 선택을 가로막는 시장이었다.

인터넷이라는 네트워크의 등장과 탈중심의 정치학

인터넷의 모체가 되었던 아파넷의 역사는 이제 상식처럼 되었지만, 우리의 논의를 위해서 조금 자세히 들여다볼 필요가 있다. 이를 위해 1950년대말로 다시 돌아가보자.

소련의 첫 인공위성 스뿌뜨니끄에 자극을 받은 아이젠하워정부는 1958년 황급하게 아파를 만들었고, 곧이어 아파에는 군사적 명령—통제 문제를 전담하는 정보처리국이 설립되었다. 이 정보처리국의 첫 책임자는 2차대전 동안 하버드대학의 심리음향학 연구소에서 군사연구를 담당했고, 이후 보스턴에 있는 BBN(Bolt Beranek and Newman)이라는 회사에서 '인간-컴퓨터'의 인터페이스(interface)를 연구하던 릭라이더(J. C. R. Licklider)였다. 릭라이더는 BBN에 있을 때 「인간-컴퓨터의 공생」(1960)이라는 논문을 써서 컴퓨터를 통신의 수단으로 이용한다는 비전과 인간과 컴퓨터라는 기계의 파트너십으로 구성된 씨스템의 효과적인 작동을 위한 조건들을——예를 들어, 효과적인 '시분할 방법'(time-sharing method)의 발전을——주창하기도 했다. 정보처리국의 소장이 된 릭라이더는 그의 이상이었던 "기계적으로 확장된 인간"을 구현하기 위해, 엥겔바트(Doug Engelbart)의 마우스(mouse) 같은 인터페이스와 시분할 방법에 대한 연구를 집중적으로 지원했다.

릭라이더의 논문 「인간-컴퓨터의 공생」을 읽고 큰 영향을 받았던 사람 중의 하나가 아파의 지원을 받아 시분할 방법을 연구하던 로버트 테일러(Robert Taylor)라는 컴퓨터 엔지니어였다. 그는 릭라이더의 논문이 "인간을 씨스템의 일부로 생각해야 한다"는 새로운 패러다임을 낳았다고 회고할 정도로 이에 깊은 영향을 받았다. 테일러는 1965년에 릭라이더의 뒤를 이어 정보처리국의 2대 소장으로 취임하게 되는데, 그가 추진했던 문제는 시분할 씨스템을 뛰어넘어 서로 다른 컴퓨터를 네트워킹하는 문제였다. 시분할 방법은 한대의 컴퓨터에 여러 대의 터미널을 연결해서 많은 사람이 동시에 컴퓨터를 이용하도록 하는 방법이었는데, 이 방법은 서로 다른 컴퓨터를 연결하는 데는 효력이 없었다. 서로 다른 컴퓨터를 연결하기 위해서는 상이한 컴퓨터들간에 서로 호환이 되지 않는 문제점을 해결해야 했기 때문이다. 마침 테일러가 소장에 취임했을 무렵에 MIT의 엔지니어 로버츠(Lawrence Roberts)는 하나의 컴퓨터로 하여금 다른 컴퓨터를 터미널로 인식하게 하는 방법을 사용해서 두 대의 서로 다른 컴퓨터를 네트워킹하는 데 성공했고, 테일러는 로버츠를 아파로 초빙해서 네트워킹의 문제에 대한 공동연구를 시작했다.(로버츠는 1969년 테일러에 이어 정보처리국의 제3대 소장으로 취임한다.)

1967년 네트워킹에 대한 학회에 참석한 로버츠는 우연히 랜드연구소 연구원인 폴 바란(Paul Baran)이 쓴 「분산통신에 대해서」(1964)란 논문에 대한 이야기를 듣게 되었다. 공군은 랜드연구소에 '핵전쟁에도 살아남을 수 있는 명령-통신 네트워크'에 대한 연구를 위촉했는데, 바란의 논문은 이에 대한 보고서였다. 당시 컴퓨터를 네트워킹하는 방법은 중앙에 통제컴퓨터를 두고 다른 컴퓨터들을 마치 우산살 모양처럼 중앙컴퓨터에 연결하는 방법이 일반적이었다. 흔히 '별 모양 네트워크'(star network)라고 불리던 이러한 방법은 중앙컴퓨터가 다른 모든 컴퓨터들을 관장하는 효율성은 있었지만, 핵전쟁이나 다른 사고에 의해 중앙컴퓨터가 파괴되면 통신시설 자체가 마비된다는 약점이 있었다. 이에 반해 바란은 '분산 네트워크'(distributed network)를 제창했는데, 이는 모든 컴퓨터가 다른 컴퓨터에 그물망처럼 얼기설기 엮여 있는 것이었다. 이러한 네트워크에서는 '중심'이라는 개념이 의미가 없으며, 따라서 적의 핵공격으로 인해 몇개의 통신선이나 컴퓨터가 파괴되어도 남아 있는 것들을 이용해서 통신이 가능했다. 덧붙여 바란은 데이터 메씨지를 여러 개로 쪼개서 그 각각을 다른 루트를 통해서 보내는 '패킷 스위칭'(packet switching) 방법도 제안했다. 바란의 분산 네트워크와 패킷 스위칭 개념은 아파넷의 기초로 수용되었다 (Abbate 1999).

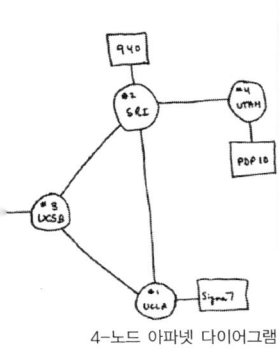

4-노드 아파넷 다이어그램

바란의 논문에 고무된 테일러와 로버츠는 일단 UCLA·스탠퍼드·산타바바라·유타 대학의 네 곳에 있는 컴퓨터를 연결하기로 결정하고 각 대학에 네트워킹과 관련된 연구팀을 만들었다. 또 이들은 이질적인 컴퓨터의 네트워킹을 가능하게 하는 구체적 방법으로 '하위 넷'(subnet)이라는 개념을 고안한 뒤에, 하위 넷을 만드는 데 가장 중요한 IMP(Interface Message Processor)라는 기계의 제작을 보스턴의 BBN사에 의뢰했다. 당시 BBN에는 아파넷의 추진에 처음부터 관여했던 로버츠의 친구이자 이론가인 칸(Robert Kahn)이 있었다. 네트워킹에 필요한 이론적인 작업은 UCLA의 클라인락(Leonard Kleinrock)이 맡았고, 서로 다른 컴퓨터 사이의 통신규약인 프로토콜(protocol)은 로버츠가 조직한 '네트워크 연구그룹'(NWG, Networking Working Group)이 담당했다. 이 그룹은 텔넷, FTP, 원거리 로그인을 가능케 하는 NCP(Network Control Program)라는 프로토콜을 만들었다.(전자우편을 가능하게 한 메일박스 프로그램은 1971년 BBN의 엔지니어들이 만들었고 이는 곧바로 다른 기능들을 제치고 아파넷의 전송량의 3/4을 점유했다.) 칸과 BBN의 엔지니어들이 밤낮없이 일하며 IMP를 만든 덕분에, 1969년 9월에 첫 IMP가 UCLA에 설치되었고, 그해 12

월에는 이 네 대학에 설치된 IMP가 서로 연결되어 아파넷을 구성하게 되었다. 다음해에는 BBN에 새로운 접속점(node)이 만들어져서 미국 동부와 서부를 연결하는 네트워크가 탄생했다. 1971년에는 모두 11개의 접속점이 생겨났다.

그렇지만 대학과 연구소가 너도나도 아파넷으로 몰려들었던 것은 결코 아니었다. 무엇보다 대학의 과학기술자들은 다른 대학의 사람들이 자신들의 컴퓨터에 들어와서 이를 이용하고 자료를 공유한다는 생각에 심리적 거부감이 있었다. 이를 극복하기 위해 로버츠와 칸은 1972년 워싱턴의 한 호텔에서 열린 컴퓨터통신에 대한 국제학회에서 호텔 지하실에 아파넷의 단말기를 설치하고 이를 대중에게 선보였다. 사람들은 수천 킬로미터 떨어진 컴퓨터에 접속해서 다양한 프로그램을 조작해보기도 하고, 체스를 두면서 경이로워하기도 했다. 이 실연(實演) 이후 아파넷에 접속하는 기관은 기하급수로 증가했다.

그렇지만 이 시점에 새로운 문제가 발생했다. 그것은 이미 존재하던 국지적 네트워크들과 아파넷을 연결하는 넷(net)——즉 네트워크간의 네트워크인 '인터'넷(inter-net)——을 만드는 문제였다. BBN에서 아파로 적을 옮긴 칸과 스탠퍼드의 컴퓨터 엔지니어 빈튼 써프(Vinton Cerf)가 주축이 되어 이 '인터'넷을 위한 TCP(Transmission Control Protocol)라는 새로운 프로토콜을 프로그램했으며, 1974년부터 이 TCP가 아파넷과 다른 네트워크를 연결하는 데 사용되었고, 곧이어 전송을 통제하는 IP(Internet Protocol)가 TCP에서 따로 독립했다. TCP/IP로 연결된 네트워크의 총체는 '아파 인터넷'(ARPA Internet)으로 불리다가, 바로 인터넷(Internet)으로 불리기 시작했다. TCP/IP는 1980년 미국 국방부의 네트워크 표준으로 채택되었고, 오랜 논쟁과 타협 끝에 다른 나라의 표준을 제치고 결국 컴퓨터 네트워크 프로토콜의 국제적 표준으로 자리잡았다.

그런데 아파넷이 그대로 지금의 인터넷으로 이어졌다고 생각하면

잘못이다. 무엇보다도 회사나 좁은 지역을 연결하는 데는 멧칼피 (Robert Metcalfe)의 이서넷(Ethernet)이 표준적으로 사용되었다. 1979년에는 듀크대학의 두 대학원생이 유닉스(Unix) 컴퓨터 사이에 메씨지를 주고받는 유즈넷(Usenet)을 만들었다. '빈자의 인터넷'이라 불리던 유즈넷은 처음에는 컴퓨터에 대한 기술적인 정보를 주고받는 뉴스그룹이 주를 이루었지만, 곧바로 쎅스와 마약에서 금붕어 기르기 까지 세상의 모든 주제에 대해 정보를 주고받는 거대한 가상 커뮤니티 를 형성했다(Pfaffenberger 1996). 그밖에도 DEC의 DECnet, IBM의 BITnet 등 컴퓨터회사들이 자사의 컴퓨터를 이용해서 네트워크를 만 들었고, 컴퓨터과학자들의 넷인 CSnet, 국립과학재단(NSF)의 NSFnet 등도 건설되었다. 더 안전한 네트워크를 바라던 미국 군부가 1983년 아파넷에서 분리해서 독자적인 밀넷(Milnet)을 만들면서, 대 학과 연구소를 연결하는 아파넷과 미국 군부가 사용하는 밀넷이 완전 히 분리되었다.

1988년에는 오래된 아파넷 백본(backbone)을 해체하는 작업이 이 루어졌고, 이후 NSFnet이 인터넷의 백본을 형성하게 되었다. 1989년 에는 유럽입자물리연구소(CERN)의 팀 버너스-리(Tim Berners-Lee) 가 테드 넬슨이 1960년대에 주창한 하이퍼텍스트라는 개념을 사용해 서 인터넷에서 데이터를 공유하는 HTTP라는 프로토콜과 HTML이라 는 컴퓨터언어를 만들었으며, 1993년에는 일리노이대학의 학생인 안 드리쎈(Marc Andreesen)이 HTML 문서들을 손쉽게 볼 수 있는 모자 익(Mosaic)이란 프로그램(이는 1994년 넷스케이프로 발전했다)을 제 작하면서 수많은 사람들을 인터넷으로 유인할 수 있었다. 비슷한 시기 에 통신회사들이 임대료를 내고 인터넷 백본에 접속점을 얻었고, 이를 통해 보통 사람들이 집이나 사무실에서 개인용 컴퓨터와 모뎀을 사용 해서 인터넷에 접속하기 시작했다. 이것이 지금 우리가 보는 인터넷혁 명의 실질적인 시작이었다.

누가 인터넷을 만들었는가, 또는 누가 인터넷의 '아버지'인가? 랜드연구소의 폴 바란? 아파의 릭라이더? 역시 아파의 테일러와 로버츠? BBN의 로버트 칸? 첫 IMP를 작동시킨 UCLA의 클라인락? 1973년에 TCP/IP를 만든 빈튼 써프? 최근에는 누가 진정한 인터넷의 발명가인가를 놓고 미국의 신문지면을 통해 논쟁까지 일어났지만(*US Today*, 1999. 11. 23), 사실 이런 질문 자체는 별 의미가 없다. 인터넷이라는 기술 씨스템은 한순간이나 특정 시점에 발명되는 것이 아니라 바란의 아이디어, 릭라이더의 이상, 테일러와 로버츠의 조직력과 추진력, BBN의 칸과 동료들이 만든 IMP, 클라인락의 이론, NWG의 첫 NCP 프로토콜, 칸과 써프의 TCP/IP 등 수많은 상이한 이론적·기술적 요소들이 서서히 종합되면서 형성되었던 것이기 때문이다. 기술사의 많은 예에서 볼 수 있듯이, 이 경우에도 발명은 '순간'이 아니라 '과정'이었다.

누가 인터넷을 만들었는가 하는 질문은 우리가 지금 던지고 답하려는 이번 절의 핵심적인 질문과 관련되어 있다. 미국 군부가 인터넷의 개발에 미친 영향은 무엇이었고 또 얼마나 중요했는가? 인터넷의 시작을 IMP를 만든 BBN의 엔지니어들의 노력에서 찾는 해프너(Katie Hafner)와 라이언(Matthew Lyon) 같은 사람들은, 아파가 미국 국방성의 산하기구로서 군사적 목적을 위해 효과적인 명령—통신 씨스템을 구축하는 임무를 수행하던 조직이었음을 강조하며, 분산 네트워크와 패킷 스위칭이라는 아파넷의 기본 아이디어가 랜드연구소의 바란에게서 나왔다는 사실도 애써 무시하고 있다(Hafner and Lyon 1996; Rosenzweig 1998).

반대로 바란과 랜드연구소에 초점을 맞추면, 아파넷은 핵전쟁 이후의 사회에 대한 소름끼칠 정도로 차가운 시나리오와 맞닿아 있음을 발견하게 된다. 바란의 보고서가 나오던 1964년에 랜드연구소의 연구원들은 전면 핵전쟁이 일어나도 사회와 경제가 100% 파괴되는 것은 아니기 때문에, 전쟁을 승리로 이끌 수 있다면 선제 핵공격을 할 수도 있다는 끔찍한 논리를 주창하던 중이었다. 바란은 "핵전쟁이 흑백논리식의 지구멸망이 아니라면, 우리는 생존자들이 학살의 잿더미에서 벗어나서 경제를 재건하는 일처럼 전쟁의 회색지대를 되도록 밝게 만들 수 있는 일들을 해야 한다"(Rosenzweig 1998 1533면)고 강조했는데, 그의 분산 네트워크는 바로 핵전쟁의 잿더미에서 살아남아 새로운 사회를 건설하는 수단이었다. 무엇보다 랜드연구소는 '닫힌' 세상에 대한 담론인 씨스템담론을 만들어내던 냉전의 두뇌집단이었다.

그렇지만 바란의 영향과 아파가 국방성 산하의 연구기관이었다는 점 때문에, 아파넷이 냉전의 '닫힌' 세계관을 고스란히 담아내고 있으며 이것이 지금 우리가 사용하는 인터넷에도 반영되어 있다고 보는 시각은 너무 단순하다. 이는 아파넷이 만들어진 1968~71년과 지금 우리가 사는 2000년대를 가로지르는 30년이라는 시간과 그동안에 일어났던 수없이 많은 변화와 사건들을 너무 가볍게 건너뛸 뿐만 아니라, 아파넷 자체에 대해서도 적절하지 못한 일반화에 근거하고 있기 때문이다. 무엇보다 아파는 해군연구국 등과 달리 개별 군의 소속이 아니라 국방성 소속이어서 3군 사이의 경쟁과 견제에서 한발 비껴나 있었으며, 그 결과 훨씬 자유롭게 대학의 기초연구를 지원할 수 있었다. 아파의 정보처리국은 마치 대학처럼 자유롭고 형식적이지 않은 분위기를 갖고 있었으며, 다른 연구팀에 연구를 위탁할 때도 그 연구의 군사적 성격을 강조하지 않았다. 아파의 지원을 받았던 대학의 연구자들은 일단 자신들이 관심이 있는 주제를 잡고 나중에 그것이 왜 국방에 중요한가를 합리화하는 식이었다. 아파넷 계획을 출범시켰던 테일러 자신도 아파넷의 군사적 중요성에 대한 정당화 없이 이에 대한 아파의 지원을 흔쾌히 받아냈다. 무엇보다 테일러가 아파넷을 추진한 목적은 군사적 명령-통제의 네트워크를 만들기 위해서가 아니라 "디지털적으로 고립된" 대학의 연구기관들을 연결해서 거대한 "메타공동체"

(meta-communities)를 만드는 것이었다(Abbate 1999, 73~78면).

아파넷은 수소폭탄처럼 비밀스러운 것도 아니었다. 아파넷 연구에 참여했던 연구자들은 아파넷과 관련된 연구를 학회에서 자유롭게 발표했으며, 오히려 이를 권장받았다. 또 아파넷의 건설은 네트워크이론을 연구하던 연구자들과 이를 만들던 엔지니어들 사이에 풍성한 상호작용을 낳았다. 비록 어떤 그룹들 사이에는 긴장과 경쟁에 따른 적대감까지 존재했지만, 전체적으로는 '경쟁적이지만 협력적인' 분위기가 지배적이었다. 아파넷에 처음부터 관심을 보였던 몇몇 군사기관은 군사적 목적보다는 이 연구공동체에 소속되길 원했기 때문에 이에 가입하기도 했다. 1975년 아파넷의 관장이 국방성으로 잠정적으로 이전된 이후에는 아파넷을 국방용 네트워크로 사용하려고 시도했던 군부와 주로 대학에 몸담고 있던 연구원들 사이에 갈등이 표면화되었다. 군인들은 안정되고 비밀이 잘 지켜지는 네트워크를 원했지만, 연구원들은 네트워크 프로토콜을 자꾸 바꾸고 이런저런 실험을 하는 것을 원했기 때문이었다. 국방성은 "권한이 없고 악의적인 사용자들의 침입"이 네트워크에 위협이 되고 있으며 "수많은 컴퓨터애호가들이 모뎀을 사용해서 네트워크에서 그저 게임이나 즐기고 있다"고 불평할 정도였다. 군부의 이러한 불만은 1983년 군사용 밀넷이 아파넷에서 분리된 직접적인 원인이 되었다.

아파넷의 탈중심적 혹은 탈중앙집권적 특성은 바란의 분산 네트워크의 개념에서부터 찾을 수 있다. 핵전쟁 이후 잿더미가 된 사회에서 강력한 중앙집권이 의미가 없듯이, 이러한 상황에서도 살아남을 수 있는 네트워크는 극단적으로 분산적이고 탈중앙집권적인 것이어야 했다. 그렇지만 아파넷의 탈중심적인 성격은 그것을 구성한 연구원들의 공동체와 그들의 문화에서 가장 잘 드러난다. 프로토콜을 디자인하기 위해 설립된 네트워크 연구그룹(NWG)은 주로 대학원생들로 구성된 느슨한 연구집단이었고, 여기에는 어떠한 권위나 핵심적인 리더도 존재하지 않았다. "우리는 모두 아마추어였고, 그래서 누군가가 와서 '이봐, 이건 이렇게 하는 거야'라고 지도해주길 바랐지만, 아무도 그럴 수 있는 사람이 없었다"는 한 참여자의 회고는 이 그룹의 자유롭고 탈규제적인 성격을 잘 드러낸다. 이들은 네트워크의 문제를 토론하기 위해 "코멘트를 바랍니다"(Requests for Comments, RFCs)라는 문서를 만들어서 아무나 어떤 주제에 대해서도 (심지어 네트워크와 관련된 철학적인 문제에 대해서도) 코멘트를 하게 했고, 이렇게 축적된 문서를 자신들의 '권위'로 삼았다. 이 NWG는 1983년 더 공식적이고 지속적인 '인터넷활동 이사회'에 의해 대체되었지만, "코멘트를 바랍니다"의 전통은 이사회에서도 계속 유지되어 네트워크와 관련된 기술적인 문제를 발견하고 이를 해결하는 핵심적인 활동으로 자리잡았다.(지금은 종이문서가 아니라 인터넷에 띄워지고 있다.) "코멘트를 바랍니다"는 자만(ego)이 아니라 협동을 추진하기 위해 지속되었고, 서로를 격려하는 언어로 씌어졌다. 이 문서를 통해 "네트워킹의 목적이 모든 이를 포함하려는 것임이 항상 상기되었다"는 한 참여자의 회고에서 볼 수 있듯이, 이것은 바로 개방적이고 민주적이며 협동적인 네트의 문화를 반영하고 있었다(같은 책; Rosenzweig 1998).

 ## 결론

기술이 다른 문화적 요소들과 다른 것은 그것의 '물질성'이다. 기술은 비록 인간이 만들지만 일단 만들어진 후에는 인간의 개입에 저항한다. 전쟁에서 총을 몽둥이로 사용하는 경우는 거의 없다. 방아쇠를 당겨 적을 살상하는 능력이, 총이 가진 다른 어떠한 특성보다 뛰어나기 때문이다. 이러한 의미에서 인간은 어느정도 기술의 독재 속에 살고 있다.

그렇지만 기술은 동시에 문화적인 것이다. 총이 널리 보급된 이후에도 일본의 장수들이 총 대신 검을 계속해서 무기로 사용했다는 사실은 기술의 문화적인 측면을 잘 보여주는 좋은 예이다. 어떠한 용도로 사용될 것인가를 비롯해서 기술이 담아내는 사회문화적인 의미는, 다시 일정정도, 사람들 사이의 상호작용과 '합의'에 의해 만들어지는 것이다. 이 글의 서두에서도 강조했지만, 기술은 사람들의 의도적인 노력에 따라 다른 식으로 사용될 수 있으며 다른 사회문화적 의미를 가질 수 있다.

개인용 컴퓨터를 통해 인터넷에 접속하는 우리들은 서로 다른 대륙들로 구성된 세상으로 들어가는 셈이다. 그곳에서 우리는 2차대전의 포화 속에서 인간과 기계의 '잡종적'인 씨스템을 보았던 위너의 싸이버네틱스의 유산과 '닫힌' 세상의 전략을 씨뮬레이션하려고 노력했던 랜드연구소의 야심을 발견할 수 있다. 우리는 또 그곳에서 컴퓨터를 통해 자유롭고 평등한 사회를 만들어보려고 노력했던 급진적 운동가들의 꿈과 자신의 밤샘 노동에 대해 정당한 보수를 받지 못한다고 불평하는 젊은 빌 게이츠의 신경질도 느낄 수 있다. 우리가 접속하는 세상에는 핵전쟁의 잿더미 속에서 살아남은 사람들의 통신을 위해 제안된 섬뜩한 네트워크가 있으며, 그 네트워크를 전자우편과 게임을 하는 데 사용하기 위해 뜯어고치던 대학의 연구원들의 노력이 있고, 그리고 이들에 대해 불만을 토로하면서 이를 군사명령의 목적으로 사용하길 원했던 군부의 의도와 갈등도 존재한다.

이러한 역사적 과정과 경험은 컴퓨터와 네트워크라는 하드웨어에, TCP/IP와 같은 프로토콜과 프로그램에, 지적 재산권과 같은 법령에, 네티켓과 같은 우리의 관습과 문화에 각인되었다. 그렇지만 지금까지의 긴 논의를 통해 얻을 수 있는 결론은 이러한 각인 역시 영구적인 것이 아니라는 것이다. 기술이 사회를 만드는 과정이나 사회가 기술을 결정하는 과정에 대한 검토에서 우리가 보았던 수많은 유동성들은 기술을 디자인하는 엔지니어들을 포함해서 기술을 사용하는 사람들의 의도적인 행위와 의미 부여에서 비롯된 것이다(홍성욱 1999b). 인터넷과 컴퓨터 혁명의 '열린' 부분을 이어가고, '닫힌' 세상에 대한 유산을 역사의 저 뒤편으로 보내는 일은 지금 격변의 시기를 살고 있는 바로 우리의 몫이며, 이를 위해 우리는 아직 할 일이 많다.

참고문헌

홍성욱 (1999a) 「몸과 기술: 도구에서 사이버네틱스까지」, 『생산력과 문화로서의 과학기술』, 문학과지성사.

_____ (1999b) 「사이버스페이스의 재편과 21세기의 전망」, 『생산력과 문화로서의 과학기술』, 문학과지성사.

Abbate, Janet. (1999) *Inventing the Internet*. Cambridge, Mass.: MIT Press.

Beniger, James. (1987) *The Control Revolution: Technological and Economic Origins of the Information Society*. Cambridge, Mass.: Harvard University Press.

Campbell-Kelly, Martin and William Aspray. (1996) *Computer: A History of the Information Machine*. Basic Books.

Ceruzzi, Paul. (1996) "From Scientific Instrument to Everyday Appliance: The Emergence of Personal Computers, 1970~77." *History and Technology* 13.

_____ (1998) *A History of Modern Computing*. Cambridge, Mass.: MIT Press.

Edwards, Paul. (1989) "The Closed World: Systems Discourse, Military Policy and Post-World War US Historical Consciousness." Les Levidow and Kevin Robins, eds. *Cyborg Worlds: The Military Information Society*. London: Free Association Books.

_____ (1996) *The Closed World: Computers and the Politics of Discourse in Cold War America*. Cambridge, Mass.: MIT Press.

Feynman, Richard P. (1980) "Los Alamos from Below." L. Badash et al., eds. *Reminiscences of Los Alamos 1943~1945*. D. Reidel.

Forman, Paul. (1987) "Behind Quantum Electronics: National Security as Basis for Physical Research in the United States, 1940 ~1960." *Historical Studies in the Physical Sciences* 18.

Freiberger, Paul. (1984) *Fire in the Valley: The Making of the Personal Computer*. California: Osborne/McGraw-Hill.

Hafner, Katie and Matthew Lyon. (1996) *Where Wizards Stay Up Late: The Origins of the Internet*. New York: Simon and Schuster.

Hong, Sungook. (1998) "Unfaithful Offspring?: Technologies and their Trajectories." *Perspectives on Science* 6.

Langlois, Richard N. (1992) "External Economies and Economic Progress: The Case of the Microcomputer Industry." *Business History Review* 66.

Levy, Steven. (1984) *Hackers*. 2nd ed. New York: Delta. (『해커, 그 광기와 비밀의 기록』 사민서각 1996.)

Pfaffenberger, Bryan. (1988) "The Social Meaning of the Personal Computer: Or, Why the Personal Computer Revolution was no Revolution." *Anthropological Quarterly* 61.

_____ (1996) "'If You Want It, It's OK': Usenet and the (Outer) Limits of Free Speech." *The Information Society* 12.

Rojas, Pa and Ulf Hashagen, eds. (2000) *The First Computers: History and Architectures*. MIT. 2000.

Rosenzweig, Roy. (1998) "Wizards, Bureaucrats, Warriors and Hackers: Writing the History of the Internet." *American Historical Review* 103.

Weaver, Warren. (1948) "Problems of Organized Complexity." *American Scientist* 36.

네트와 사회운동

백욱인

열림과 닫힘 간의 대립과 네트의 사회운동

인간 역사와 마찬가지로 네트(Net) 역시 인간의 실천과 참여를 통해 만들어진다. 따라서 다양한 사회집단의 이해관계와 실천에 의해 네트의 향후 모습도 달라질 것임을 예측할 수 있다. 인터넷이 채용한 수평적 연결망의 개방성이 오늘의 인터넷을 가능하게 만들었지만[1] 채용된 기술 자체가 자동으로 그런 열린 세상을 보장해주는 것은 결코 아니다. 우리가 현재 사용하고 있는 인터넷은 닫힌 체제와 열린 체제 사이에 벌어진 오랜 싸움의 결과이다. 그런데 1990년대 중반 이래 인터넷 사용이 대중화되고 네트의 상업화가 급격하게 진행되면서 네트를 둘러싼 닫힌 세력과 열린 세력 간의 긴장과 대립이 다시 첨예하게 드러나고 있다.

이러한 대립은 무엇보다도 정치영역에서 가장 첨예하게 부각된다. 네트에 대한 권력의 감시와 통제가 점차 노골화되고 있는 현실은 열린 세상을 위한 사상과 표현의 자유가 여전히 제한적임을 보여준다. 사상과 표현의 자유는 싸워서 얻어지는 것이지 그냥 보장되는 것이 아니다. 네트에서도 예외가 아니다. 다른 한편 '열린 세상의 적'들은 사상과 표현의 자유뿐만 아니라 우리의 일상생활 깊숙한 부분까지 감시와 통제의 음습한 손길을 뻗친다. 날로 확산되고 있는 전자감시체제는 개

---

1) 이 책의 홍성욱 글 참조.

48

인의 사생활을 낱낱이 장악한 무서운 닫힌 체제의 기반으로 활용될 수 있다. 마케팅에 사용되던 데이터베이스는 정부가 보유하고 있는 다른 데이터베이스와 '연동'될(merge) 경우 지배의 새로운 도구로 쉽게 전환될 수 있다. 사상과 표현의 자유 및 프라이버시 보호라는 민주주의의 가장 기본적인 인권이 네트에서 다시 문제로 제기되는 것이다.

닫힌 체제와 열린 체제 간의 대립은 경제분야에서도 벌어진다. '지적 재산권'(intellectual property)이란 이데올로기를 앞세워 독점을 꿈꾸는 '카피라이트'(copyright) 세력과 공유와 나눔의 세상을 만들려 하는 '카피레프트'(copyleft) 세력 간의 긴장과 대립은 앞으로 더욱 심해질 것이다. 소프트웨어 분야에서도 공유와 공개의 이상이 독점과 폐쇄의 현실과 대립하고 있는 실정이다. 이러한 닫힘과 열림 간의 긴장과 대립은 네트에서 벌어지는 사회운동의 객관적인 조건을 이룬다. 급격하게 늘어나고 있는 네트의 사회적 영향력을 고려한다면, 네트를 매개로 하는 실천은 앞으로 매우 중요한 역할을 할 것이다.

네트는 과연 새로운 사회운동의 터전이자 실마리가 될 수 있을까? 네트의 사회운동은 어떤 영역에서 이루어지며, 그 특징은 무엇일까? 이 글에서는 닫힘과 열림 간의 대립이라는 축을 중심으로 네트에서 제기되는 사회문제와 이를 극복하기 위한 사회운동의 논리와 실천을 살펴보고자 한다.

네트 사회운동의 이론적 실마리

네트의 사회운동은 ① 도구론적 입장에서 네트를 활용하여 현실 사회운동을 지원하는 운동과 ② 네트에서 발생하는 이슈를 중심으로 전개되는 운동으로 나눠볼 수 있다.

도구론적 입장에서 전개하는 운동은 네트를 커뮤니케이션이나 여론형성 및 저항의 효율적인 수단으로 활용하는 운동이다. 현실 사회에서 벌이는 사회운동은 네트를 효율적으로 활용하여 여론을 형성하거나 현실에 개입할 수 있는 발판을 효과적으로 마련할 수 있다. 곧 현실 사회에서 전개되는 모든 운동은 네트를 도구로 활용할 수 있는 것이다. 노동운동이나 시민운동에서 인터넷을 도입하여 이를 활용하는 경우가 이에 속한다. 이런 경우 네트는 현실 사회운동을 보조하는 도구 이상의 의미를 지니기 힘들다.

둘째로 네트 사회운동을 좀더 엄밀하게 좁혀서 보면, 네트의 사회운동이란 '네트에서 발생하는 사회문제를 해결하기 위하여 네트를 활용하는 운동'으로 정의할 수 있다. 이는 네트에서 발생하는 이슈나 네티즌의 생활상의 요구를 중심으로 전개되는 운동이다. 이러한 운동으로는 사상과 표현의 자유를 위한 운동, 지적 재산권을 둘러싼 카피레프트 운동, 정보공유운동, 프라이버시 보호를 위한 운동, 전자감시에 대항하는 운동, 그리고 이러한 부분운동을 포괄하는 정보정의 실현을 위한 운동을 꼽을 수 있다.

그렇다면 네트를 도구로 활용하는 사회운동이나 네트에서 벌어지는 생활상의 이해를 중심으로 전개되는 사회운동의 실마리는 어디에서 찾아야 할까? 네트 사회운동의 실마리를 새로운 공공영역의 등장에서 찾는 '공공영역적 접근'과 '성찰성(reflexivity) 증대'에 따른 '주체의 권한 강화'의 두 가지 큰 흐름으로 나눠볼 수 있다.

자본주의가 생활공간을 생산공간과 소비공간으로 갈라놓았다면 디지털혁명은 생활세계 자체를 '실제 현실'과 '가상현실'(virtual reality)로 분할하면서 일상적인 생활공간의 틀을 바꾼다. 생활세계는 통제와 관리의 공간인 동시에 시민의 자율적인 활동과 결사가 이루어지는 공적인 세계이다. 생활세계는 자본과 노동이 만나는 장소일 뿐만 아니라 모든 계급이 서로 엉키는 생활의 장이며, 계급관계가 발현되기도 하지만 거꾸로 계급관계가 소비와 생활을 통해 무뎌지는 공간이기도 하다(백욱인 1996). 이러한 관점에서 네트를 통해 만들어지는 새로운 공간을 또하나의 '공공영역'(public sphere)으로 받아들이면서 이곳에서의 실천을 모색하는 입장(Poster 1997)이 등장한다.

이러한 입장은 일찌감치 네트의 시민권을 확보한 '전자프론티어재단'(EFF)을 위시한 자유주의자들의 전통과도 닿아 있다. 이들은 정보와 컴퓨터 그리고 네트워크를 새로운 평등의 수호자로 본다. 네스빗(J. Naisbitt)은——컴퓨터 네트워크가 본격적으로 진행되기 전인 1984년에 이미——산업사회의 집중화된 조직구조를 컴퓨터가 수평화한다고 주장했다(Naisbitt 1984). '수평화의 도구로서의 컴퓨터'란 인식은 1990년대 들어 네그로폰테(Negroponte 1994), 케빈 켈리(Kelly 1994) 등 디지털 전도사들의 선교를 통해 널리 대중화되었다. 이러한 입장은 전문직 종사자와 정보자본가를 중심으로 하는 '가상계급'(virtual class)의 이데올로기라는 비판(Kroker 1994)을 받기도 했지만 네트 사회운동의 중심축을 이루고 있음을 부인할 수 없다.

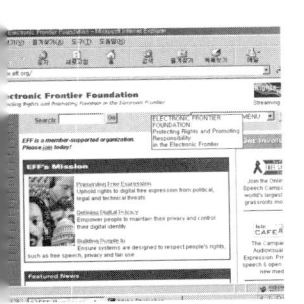

한편 '기술유토피아주의'와는 다른 입장을 갖고 있기는 하지만 피오르(Michael J. Piore)와 쎄이블(Charles F. Sabel)도 '유연 전문화'(flexible specialization)론의 틀에서 정보기술의 긍정적인 측면을 받아들인다.

> 컴퓨터는 맑스가 정의한 '장인적 도구'(artisan tool)에 딱 들어맞는다. 컴퓨터는 사용자의 생산능력에 반응하는 도구이다. 그것은 생산과정에 대한 인간의 통제를 회복시킨다. (Piore and Sabel 1984, 261면)

이들은 새로운 정보기술이 경제의 차원에서 '경쟁적 협동'(cooperative competition)을 가능케 하고, 사회적 차원에서 '공동체적 개인주의'(collective individualism)에 기반한 '새로운 민주주의'(yeoman democracy)의 이상을 모색할 수 있게 한다고 말한다(같은 책

306면). 이런 입장은 '캘리포니아 이데올로기'를 대표하는 '제퍼슨 자유주의'(Jeffersonian liberalism)와도 친화력을 갖는다(Barbrook 1996).[2]

한편 근대성과 성찰성에 대한 레시(S. Lash)와 어리(J. Urry)의 분석은 현대사회에 대한 비판적 인식을 통해 현실에 개입할 수 있는 실천적 개입의 틀을 모색하고 있다(Lash and Urry 1994). 그들은 현대자본주의를 '흐름'(flows)의 경제로 포착하면서 이의 특징으로 주체의 '성찰성' 증대와 '지구화'(globalization)의 진전에 따른 '이동성'(mobility)의 증대를 꼽는다. 이들은 '근대성'에 대해 새로운 해석을 시도하면서 포스트모더니즘의 사회경제적 근거를 분석한다. 이들은 '성찰성' 증대라는 현대적 특성을 통해 정보사회에서 이루어질 수 있는 실천적 개입의 객관적 근거를 찾아낸다. 레시와 어리는 '진정한 미적 성찰성을 지니면서 미적 표출을 할 수 있는 개인'의 등장에 주목한다. 이러한 주체적이고 성찰성을 지닌 개인적 존재는 네트를 통해 '연대하는 개인주의'로 확장될 수 있기 때문에 이런 개념이 실천적인 차원에서 매우 중요한 의미를 지니게 되는 것이다.

레시와 어리의 논의는 일상생활의 장에서 반항의 거점을 모색하는 가따리(Felix Guattari)와 르페브르(Henri Lefebvre)의 대안과도 맥을 같이 한다(Guattari 1998; Lefebvre 1991). 가따리의 '리좀(rhizome) 모델'을 차용하여 네트의 실천을 모색하는 뤠이(S. Wray)도 인터넷이 지닌 수평적 구조를 열림의 철학과 실천으로 연결시키고 있다(Wray 1998). 뤠이는 네트의 수평적 연결과 가따리의 비위계적인 리좀모델 간의 유사성에 착안하여 이를 토대로 네트의 저항을 모색한다. 중심의 권위와 권력이 만들어낸 동질성의 언어를 부정하는 한편 다양한 개체의 '복수성'(multiplicite)이 엮어내는 수평적 결합을 모색하는 가따리의 리좀모델은 네트의 운동과 많은 유사성을 갖는다고 보는 것이다. 수평적으로 산재한 개체들이 접속을 통하여 연대와 결속을 이루게 되

2) 제퍼슨 자유주의는 개인주의·독립성·다원주의·다양성·공동체를 지향한다. 제퍼슨(T. Jefferson)은 시민간의 자유로운 의사교환을 자연권으로 인정하였다. 또한 지식에 대한 그의 생각('지식은 인류의 공동재산이다')은 디지털시대의 지적 생산물이 갖는 지적 소유권 문제와 관련해서도 발로우(Barlow) 등의 자유주의자들에게 많은 영향을 미쳤다. 한편 크로커(A. Kroker)는 정보 연관산업에 종사하는 직업계층 가운데 핵심적 위치를 차지하는 집단을 가상계급이라 부른다. 블라록은 이를 미국적 특성과 정보산업체의 상업적 이데올로기를 결합한 자유주의라고 비판하면서 '캘리포니아 이데올로기'라는 이름표를 붙여주었다.

면 새로운 저항의 거점이 생겨나고 이를 통해 새로운 사회운동이 가능하리라는 주장이다. 문제는 다양한 개체(분자)들을 어떻게 결합하고 조직화하느냐에 달려 있다 하겠다. 3절부터는 이러한 구체적인 결합과 조직화를 논의할 것이다.

사상과 표현의 자유를 위한 운동

통신질서확립법 반대 홈페이지

네트에서 가장 먼저 이슈화되고 실제적 효과를 거둔 운동은 싸이버스페이스에 대한 정부의 개입과 법률적 통제에 대항한 운동이었다. 이는 싸이버스페이스의 통제를 목적으로 한 정부의 법률적 개입이나 통제에 대항하여 시민적 차원에서 네트의 연대를 통하여 여론을 형성하고 싸이버스페이스의 자율과 권리를 확보하기 위한 운동영역이다. 1996년 미국의 통신개정법을 둘러싸고 벌어진 '통신품위법' 관련 운동이 사상과 표현의 자유를 중심으로 한 네트시민권 확보운동의 가장 핵심적인 영역을 만들어냈다.

우리나라에서도 '통신질서확립법'을 둘러싼 논란이 거세게 일고 있다. 이른바 '통신질서확립법'은 '개인정보보호 및 건전한 정보통신질서확립 등에 관한 법률'이라는 긴 이름처럼 개인정보보호에서 내용등급제에 이르기까지 네트에서 발생할 수 있는 온갖 문제들에 대한 규제를 우겨넣은 법안이다. 이에 대해 시민사회단체들은 즉각 공동성명서를 발표하면서 과도한 규제와 권한집중을 가져올 무리한 개정안을 철회하라고 요구했다. 2000년 8월 18일 '진보네트워크'는 통신질서확립법 반대 홈페이지(http://freeonline.or.kr)를 개설하여 통신질서확립법에 대한 네티즌의 참여를 불러일으켰다. 1996년의 미국 '통신품위법' 제정 및 위헌판결과 유사한 흐름이 드디어 우리나라에서도 일어나게 된 것이다. 정통부 홈페이지 게시판에서는 자발적으로 '검열반대'

라는 말머리를 다는 시위가 이루어졌다. 결국 정통부 홈페이지가 10시간 가량 접속불능에 빠지고, 이는 진보넷센터에 대한 경찰의 수사로 이어졌다.

민주주의의 기초는 사상과 표현의 자유이다. 그런데 사상과 표현의 자유는 집단적인 차원에서도 보장받아야 한다. 집단적 차원에서 사상과 표현의 자유를 적극적으로 표출하려면 집회와 결사의 자유가 필요하다. 자신의 사상과 표현을 남에게 알리기 위해 집회를 갖고 결사를 만드는 것은 민주주의의 시발이다. 이는 네트사회라 하여 예외가 아니다. 사상과 표현의 자유는 네트를 유지하는 가장 기본적인 요소이며, 시위와 결사는 네티즌의 생각과 의사를 전달하는 가장 확실한 표현 가운데 하나이다. 한명의 해커가 기술적인 수단을 사용하여 특정 싸이트를 마비시키거나 전상망을 온통 뒤죽박죽으로 만들어놓는 것과, 홈페이지를 방문하면서 자신들의 거부의사를 표현하는 것은 아주 다르다. 정통부의 홈페이지를 접속불능에 빠뜨린 '온라인 연좌시위'란 특정 싸이트에서 웹브라우저의 '새로 고침'(reload) 버튼을 계속 누름으로써 홈페이지를 차지하고 앉아 시위하는 방식이다. 그것은 해킹이 아니라 참여와 연대인 것이다. 네티즌의 사상과 표현의 자유를 억압할 수 있는 법률안에 대한 집단적인 항의와 거부의 표시를 이보다 더 확실하게 전달할 수 있는 방법이 과연 뭐가 있겠는가? 이러한 운동방식은 네티즌의 생활상의 이해를 확보하기 위해 네트를 활용한 운동이다.

이러한 네트의 운동 사례는 '크리티컬 아트 앙상블'(Critical Art Ensemble 1995)이라는 단체가 벌인 '플러드넷'(Floodnet)에서도 찾아볼 수 있다.[3] 이들은 초기에 4~5명 단위의 행동적인 소집단을 중심으로 소프트웨어를 활용하여 특정한 대상물을 공격하여 자신의 의사를 알리는 '해커행동주의'를 시도하였다. 그들은 소수의 인원으로 최대의 효과를 발휘할 수 있는 이런 방식을 '전자교란' 전술이라 불렀다. 그러나 이런 전술은 당국의 역공격을 받기 쉬울 뿐만 아니라 대중의 지지

3) 이들이 주장하는 '가상 농성 점거'(virtual sit-in) 전술은 다양한 기술적 방법을 사용하여 전자적으로 교란을 일으키는 방법이다. 마치 연좌농성을 하는 것처럼 여러 사람이 동시에 특정 싸이트를 방문하여 그 싸이트의 기능을 잠정적으로 정지시키거나 교란한다. 이런 경우 상대편은 기술적인 차원에서 새로운 대비책을 준비하기 때문에 물리적인 수적 우위보다도 기술적인 전문성이 싸움의 성패를 가르는 요인으로 작용한다. 따라서 이러한 전자교란 전술에서는 '해커행동주의'(hacktivism)와 같은 기술적 실천이 핵심적인 위치를 차지한다.

를 확보하기도 쉽지 않았다.[4] 그래서 이들은 해커행동주의의 공세적 형태를 '시민불복종운동'이라는 좀더 대중적인 방식으로 바꾸었다.

시민불복종운동 방법은 네트상의 시민운동단체가 많이 사용하는 가장 일반적인 것이다. 이는 기술적 의존도가 그리 높지 않고 네트의 이슈나 생활상의 요구를 전개하는 데 매우 효과적이다. 앞으로 네트의 새로운 사회운동에서 '전자적 시민불복종운동' 방식은 매우 중요한 위치를 차지할 것이다. '전자적 시민불복종운동'의 형태로는 자신들의 생각을 결집하기 위해 의사를 전달하려는 상대편의 홈페이지 게시판에 글을 올리는 방식이 흔히 사용된다. 마치 경적 시위나 플래카드를 내걸듯이 홈페이지에 로고나 특정한 문구를 함께 달고 의견을 결집하는 방법도 활용되고 길거리에서 받는 서명처럼 사람들의 서명을 온라인으로 받아 생각의 결사를 도모하는 형태도 흔히 사용된다.

네트 사용자는 수동적인 소비자가 아니라 적극적 개입과 참여로 스스로 미디어의 내용과 형식을 창출하는 주체이기 때문에 이러한 네트 시민권 운동의 성패는 온라인으로 이루어지는 '민초행동주의' (grassroot activism) 및 광범한 참여와 연대에 기반한 운동을 어떻게 확산하는가에 달려 있다. 네트의 생활상의 이해 가운데 가장 중요한 것은 네트의 커뮤니케이션틀에 주목할 경우 '사상과 표현의 자유'이고, 공동체적 성격에 주목하면 '집회와 결사의 자유'이다. 이런 운동의 성패는 온라인과 오프라인 운동의 적절한 결합과 운동의 지속성을 확보하기 위한 지속적인 업데이트, 그리고 운동의 확산을 위한 링크 및 연대의 형성 등에 달려 있다. 국가권력이나 정부에 대항하여 기본적인 시민권을 확보하려는 시민운동은 현실 사회운동에서 핵심적인 위치를 차지하는 동시에 싸이버스페이스에서도 가장 중요한 위치를 차지하는 운동이다. 앞으로 정부의 통제와 감시 및 새로운 기술을 활용한 개입의 틀은 더욱 확대될 것이며, 이러한 흐름에 대응하기 위한 운동 역시 지속적으로 전개될 것으로 예상된다.

4) 실제로 멕시코정부는 크리티컬 아트 앙상블의 플러드넷의 가상 공격과 봉쇄에 대한 대응방안으로 소프트웨어적인 대응전략을 세웠고 이로 인하여 플러드넷의 전자 교란과 봉쇄는 실패한 바 있다.

지적 재산권과 정보공유운동

인터넷의 초기 사용자들이 지녔던 공동체적 지향이나 나눔의 정신은 네트에서 현실세계의 지배질서를 무너뜨리는 '탈상품화' '탈중심화'의 가능성을 보여주었다. 그렇지만 네트사용자가 아주 빠른 속도로 늘어나고 자본과 국가의 통제와 개입이 늘어남에 따라 초기 네트의 특징으로 이야기되던 탈상품화와 탈중심화의 가능성이 채 실현되기도 전에 '재상품화'와 '재중심화'라는 정반대의 흐름이 몰아치고 있다. 자료와 정보의 공유를 주장하며 '자유소프트웨어운동'을 전개하던 흐름도 '지적 재산권'의 확대 강화라는 추세에 밀리고 있다.

자본의 주도 아래 이루어지고 있는 미래의 '디지털 신경제'(Kelly 1998)는 지적 재산권의 확장 없이는 불가능한 것이다. 정보독점과 네트의 재상품화를 추구하는 자본의 목적은 네트에서 오가는 정보에 대한 사용료를 지구적 차원에서 법적으로 인정받는 법안을 확립하는 데 있다. 정보자본은 '디지털 지적 재산권'의 확보를 자신의 향후 운신을 위한 필요조건으로 보고 있다. 지적 재산권의 정치는 이해관계를 달리하는 사회집단간의 대립에 따라 상이한 전선을 만들어낼 것이다. 곧 디지털 컨텐츠 강국인 선진자본주의, 특히 미국과 제3세계 간의 대립, 거대 독점자본과 사용자 간의 대립, 컨텐츠 제작자와 기업 간의 대립 등 지적 재산권을 둘러싼 이해관계를 축으로 다양한 전선이 형성될 것이다. 결국 사용자의 사용권을 어떤 수준에서 어떻게 확보하느냐가 지적 재산권을 둘러싼 네트 사회운동의 핵심 내용을 이룰 것이다.

이를 위해 여러가지 복안이 마련되고 있지만 그 핵심은 역시 '탈상품화'된 영역을 다시 상품화하고 빼앗긴 자본의 영토를 다시 탈환하는 방향으로 전개될 전망이다. 기본적으로는 현실 사회의 기본적인 대립점인 자본과 노동 간의 갈등이 독점적 저작권과 공유권 사이의 '지적 재산권의 문제'로 발현되고 있다.

저작권과 공유권 간의 대립은 최근 우리의 일상생활로 성큼 다가왔다. 최근 개인 컴퓨터에 저장되어 있는 mp3 파일을 서로 공유할 수 있도록 해주는 냅스터(Napster)라는 프로그램이 배타적 저작권과 파일 공유 간의 대립에 불을 지폈다. 냅스터라는 프로그램이 몰고올 네트의 지각변동은 엄청나다. 냅스터라는 프로그램은 냅스터 프로그램을 설치한 다른 사람들의 컴퓨터를 검색하여 자신이 원하는 곡을 그곳으로부터 내려받을 수 있게 해준다. 동네 아이들끼리 자신이 갖고 있는 만화책을 서로 돌려보거나 비디오테입을 돌려보듯이 음악소스를 갖고 있는 사용자들간의 음악파일 공유와 교환이 이루어지는 것이다. 이렇게 해서 네트상에 음악파일 공유 커뮤니티가 만들어진다.

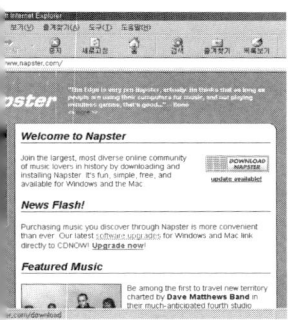

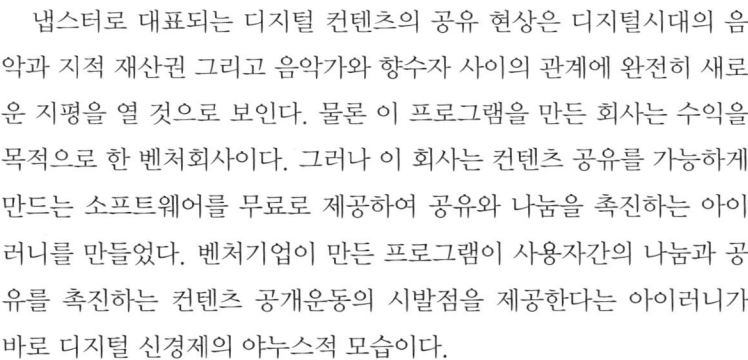

냅스터로 대표되는 디지털 컨텐츠의 공유 현상은 디지털시대의 음악과 지적 재산권 그리고 음악가와 향수자 사이의 관계에 완전히 새로운 지평을 열 것으로 보인다. 물론 이 프로그램을 만든 회사는 수익을 목적으로 한 벤처회사이다. 그러나 이 회사는 컨텐츠 공유를 가능하게 만드는 소프트웨어를 무료로 제공하여 공유와 나눔을 촉진하는 아이러니를 만들었다. 벤처기업이 만든 프로그램이 사용자간의 나눔과 공유를 촉진하는 컨텐츠 공개운동의 시발점을 제공한다는 아이러니가 바로 디지털 신경제의 야누스적 모습이다.

파일공유 프로그램을 운영하는 싸이트가 냅스터처럼 중앙집중식 데이터베이스를 갖고 있다면 그곳에 접속한 사람과 파일을 공유한 사람을 골라내기는 그리 어려운 일이 아니다. 인기 락그룹 메탈리카(Metallica)는 냅스터를 사용한 30만명의 아이디를 확보하고 냅스터에 그들의 사용을 중지해줄 것을 요구하였다. 그러나 냅스터를 포함한 파일공유 프로그램이 네티즌에게 던지는 질문은 단지 mp3 파일을 둘러싼 저작권에 국한되지 않는다. 처음에 이 문제는 음반 저작권자가 불법복제 파일에 대해 저작권 침해로 소송을 걸거나 자신들의 권리를 주장하는 사태에서 출발하였지만, 이제는 거꾸로 사용자의 프라이버시 문제를 건드리고 있다. 여기에서는 사용자의 아이피 어드레스 추적을 막거나 신원을 보호하기 위한 익명성의 문제가 제시된다.

그누텔라(gnutella)라는 프로그램은 이러한 프라이버시 문제를 익명성을 통해 극복하려는 시도이다. 그누텔라는 소스를 공개하는 '자유 소프트웨어' 정신을 이어받는다는 의미에서 소프트웨어 소스를 인터넷에 공개하고 프로그램 이름 앞에 그누(gnu)라는 접두사를 붙였다. 그누텔라의 사례에서 우리는 자유소프트웨어운동과 소스 공개운동[5]이 소프트웨어 프로그램에 대한 저작권의 좁은 울타리를 넘어 각종 디지털 컨텐츠(음악, 책, 비디오 영상물, 그밖의 멀티미디어)와 관련된 '반저작권'(anti-copyright) 운동으로 연결될 가능성을 본다. 소스 공개운동이 전문 프로그래머들의 파일 소스 공유와 참여를 유도하는 것이었다면 컨텐츠 공개운동은 개인 사용자들간의 파일공유를 바탕으로 하여 네트에서의 나눔과 공유를 촉진하는 운동이다. 이것은 저작권을 주장하는 사람들에게 심각한 도전이 아닐 수 없다. 그누텔라보다 한 단계 더 앞서나간 프로그램이 '자유네트워크' 프로젝트다. 아일랜드 더블린 출신의 스물세살짜리 프로그래머 이안 클라크(Ian Clarke)가

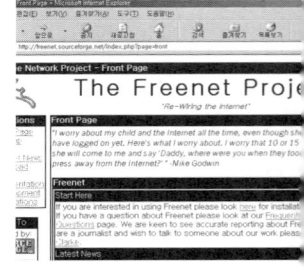

전개하고 있는 프리넷(Freenet)이라는 프로젝트는 지적 재산권을 없앤다는 정치사회적 동기를 분명히 선언하고 있다. 탈중심적인 정보씨스템을 만들기 위해 프리넷은 익명성과 관련하여 프라이버시의 보호를 위해 정보를 프리넷 도처에 분산하는 방식을 사용한다.

이들 파일공유 프로그램들이 제기하는 문제 가운데 가장 획기적인 것은 파일공유와 관련된 기술적 문제이다. 인터넷의 월드와이드웹(WWW)은 정보와 자료를 효율적으로 공유하기 위해 고안된 것이다. 이때는 써버위주의 공유가 중심이었고 전용선에 물린 써버를 중심으로 자료공유가 이루어졌다. 그후 인터넷의 환경은 불과 몇년 사이에 엄청나게 바뀌었다. 일반대중의 사용이 늘어나고 상업적 목적의 기업 싸이트가 인터넷을 점령하다시피 하였다. 이제 일반 사용자들도 자신

---

5) 자유소프트웨어운동과 소스 공개운동에 대해서는 이 책의 홍성태 글을 볼 것.

의 컴퓨터에서 전화선을 비롯하여 각종 접속방법으로 써버에 접속할 수 있게 되었다. 이제 써버가 아니라 개인 컴퓨터에서 바로 자료와 정보를 나눌 수 있는 새로운 검색방법이 요구된다. 이런 시점에서 mp3 파일을 비롯한 갖가지 파일을 개인용 컴퓨터 수준에서 서로 공유할 수 있는 프로젝트인 프리넷이 이루어진 것이다.

이러한 파일공유 프로그램들은 기술적인 진보인 동시에 인터넷의 초기 공유정신을 가로막는 저작권과 지적 재산권의 실행에 대항하는 사용자 차원의 강력한 대안이 될 수 있다. 이 점이 냅스터를 비롯하여 그누텔라와 프리넷의 숨은 가능성이자 사회적 의미이다.

프라이버시와 정보공개운동

국가권력과 자본에 의한 감시와 통제는 자본주의사회에서 일상적으로 이루어진다(Lyon and Zureik 1996). 국가권력은 사회구성원의 활동과 사회적 환경을 토대로 하여 그들의 생각과 행동을 예측하고 통제한다. 전자감시란 데이터베이스를 활용하여 개인의 생각과 행동을 감시하는 것을 말한다. 개인의 신상에 관한 주민등록정보가 경찰청의 범죄기록 데이터베이스와 연동되어 활용되기는 매우 쉬운 일이다. 우리는 대부분 불심검문당한 경험을 최소한 한두 번은 갖고 있다. 경찰청으로 조회된 나의 주민등록번호는 곧바로 경찰청의 범죄기록 데이터베이스에서 나의 범죄기록과 대조된다. 우리는 개인의 과거가 축적된 데이터베이스를 통한 전자연고제에 얽매여 있다. 공공질서의 유지와 사회적 안녕이라는 명목 아래 공공연하게 이루어지고 있는 국가권력의 감시와 통제에서 자유롭지 못한 것이다.

전자감시는 비단 국가권력에 의해서만 이루어지는 것은 아니다. 정보기술이 생산에 도입되면서 각종 감시와 통제 기술이 발전하게 되고,

작업장에서는 각종 신기술을 활용하여 노동자의 작업과정을 낱낱이 감시하고 통제한다. 작업 반장이나 감독의 부릅뜬 눈이 아니라 전자 눈으로 감시와 통제가 이루어지는 것이다. 전자 눈의 감시와 통제는 이처럼 현실세계에도 있지만, 싸이버스페이스에서 더욱 공공연히 이루어진다. 싸이버스페이스는 컴퓨터 네트워크를 통한 정보와 생각의 나눔터이다. 이곳에서는 갖가지 생각이 오가고, 공동체가 만들어지고, 아이디어와 생각과 의견이 교환된다. 그러나 싸이버스페이스는 전자기술을 활용하여 만들어지는 공간이므로 전자기술을 활용한 감시와 통제가 일상적으로 이루어질 수 있다. 컴퓨터 네트워크 소프트웨어 기술을 이용할 경우 개인의 신상에 관한 정보와 싸이버스페이스에서 이루어진 생각과 활동에 관한 정보를 손쉽게 추적할 수 있다. 그래서 이에 대한 사회적 대책을 마련하지 않는다면 싸이버스페이스는 자유의 왕국이 아니라 감시와 통제가 판치는 공간으로 전락할 수 있다.

그렇다면 전자감시체제에 대항하는 새로운 저항운동은 어떻게 이루어져야 할까? 무엇보다도 프라이버시 보호와 정보공개의 요구를 함께 결합하여 제기하는 것이 중요하다. 사생활 보호와 공공정보의 공개는 동전의 앞뒷면이다. 공공기관과 권력이 수집한 시민에 관한 정보와 시민의 세금으로 만든 자료와 정보, 그리고 시민을 대상으로 수집한 통계자료 등은 공개되어야 마땅하고 모든 사회구성원에게 자유롭게 사용이 허락되어야 한다. 그래야 공공정보이다. 그렇지 않으면 그것은 권력의 정보이고 권력의 유지를 위한 정보가 된다. 따라서 프라이버시를 충분히 보호하는 수준에서 공공적으로 축적된 모든 정부 관련 정보는 원칙적으로 공개되어야 한다. 그래야 투명한 권력이 가능하고 권력의 부패가 줄어들 수 있다. 국가권력이 무엇을 어떻게 하고 있는지에 관한 정보가 명백하게 공개되어야 한다.

'정보의 공유와 공개'를 위한 운동은 사회적 차원에서 참여대중의 여론을 만들고 이슈를 결집하는 것 이외에 즉각적으로 싸이버스페이스 내에서 실천을 감행할 수도 있다. 정보공개를 촉구하는 해커의 이념과 전자기술을 활용한 교란의 전술 등을 활용하여 직접적으로 네트의 교란을 도모할 수 있다. 이러한 운동은 뛰어난 기술을 갖춘 전문가나 엔지니어의 활동을 중심으로 전개된다. 그러나 이런 운동은 네트의 교란을 감행하고 직접적으로 특정 흐름에 타격을 가할 수 있지만 대중적 지원과 지지를 확보하지 못할 경우 대중과 고립된 전위의 일탈행위로 전락할 가능성도 있다. 따라서 이같은 전위적 실천은 대중과의 접점을 확대하면서 운동의 대중화를 위한 방안을 마련할 필요가 있다.

더 나아가 정보공개운동은 더 넓은 의미의 정보정의(information justice) 실현을 위한 운동으로 연결되어야 한다. 정보정의 실현을 위한 운동은 현실운동과 싸이버스페이스 운동을 결합하고, 운동의 전문성을 기반으로 정책적 대안을 마련하면서, 공동행동의 구체적 사안을 실천에 옮겨야 한다. 시민적·공적 요구를 개인적 이해관계와 연결해야 정보정의를 위한 운동이 현실에 뿌리내릴 수 있다. 운동방식에서도 종래의 타성에서 벗어나 전문적 차원의 수많은 운동거점을 마련하여 그들을 네트워크에서 서로 연결해야 한다. 이때 전문적 운동거점간의 연결 노드를 폭발의 기점으로 잡아 조그맣지만 강력한 저항의 단위들을 충실한 네트워크로 엮어놓을 수 있어야 할 것이다.

싸이버세계라는 새로운 공간에서는 기존의 권력관계나 힘이 잘 먹혀들지 않는다. 국가의 주권이 제한되고 국가간의 경계가 흐려지면서 네티즌의 연결을 통한 새로운 권력관계가 만들어지게 된다. 네트의 네트워크 효과를 통해 새로운 경제법칙이 적용되는 것과 마찬가지로 네트워크에서의 영향력 문제에서는 새로운 권력이 출현하게 된다.

막스 베버(Max Weber)의 고전적인 권력 개념은 "다른 사람의 행위에 자신의 의지를 관철시킬 수 있는 개연성"이다. 이러한 권력 개념은 조직의 위계구조를 설명하는 데 유효하다. 조직에서 형식적인 지도력을 갖고 있는 사람은 의도된 목표를 달성하기 위해 다른 사람을 지배할 권리와 책임이 있다는 설정이다. 이런 권력은 비대칭적이고 일방적이다. 권력이론과 조직론에서는 이러한 권력의 개념을 사용해왔다.

그러나 권력의 '출현적'(emergent) 속성에 주목하면 과거와는 다른 동적인 '힘'과 '권능강화'를 설명할 수 있다. 출현적 힘은 관계에서 나오는 것이다. 그것은 남을 통한 권력이거나 남과 함께할 때 드러나는 '힘'이다. 출현적 힘은 "상호관계를 통하여 각 사람의 에너지, 자원, 힘, 권력의 동원을 의도적으로 행할 수 있는 능력"이며, 수평적 관계를 통해 힘을 만들어내는 것이다(Rees 1999). 네트는 이런 힘을 만들어내는 기반으로 작용한다. 이에 반해 실체적 권력은 지위나 폭력에 입각해 있기 때문에 힘의 행사는 불균등한 관계를 수반하고 지배와 피지배라는 불평등한 구조를 만들며 그것이 사회 전반에 불평등한 결과를 가져온다. 권력은 '잡는 것'으로서 권력을 행사하는 지위는 개인의 능력과 무관하게 그 지위에 있는 사람에게 힘을 부여한다. 이런 권력은 상대적이다. 지배와 피지배, 주인과 종이라는 관계 없이 권력은 존재하지 않는다. 전반적으로 전통적인 권력은 조직에서 퇴화하고 있다. 구체적이고 미시적인 차원에서 보면 학교에서 가정에서 회사에서 이러한 권력은 마모되는 과정중에 있다. 완력과 지위에 따른 힘만으로 상대를 제압하거나 통제하기가 대단히 어려워진 것이다. 이런 맥락에서 국가권력의 변화 및 시민권력의 위상 강화라는 현실 흐름에 주목할 때 기동전→진지전→네트전으로의 변화가 권력과 관련하여 무엇을 시사하는지 고민해볼 필요가 있다.

네트를 이용한 현실 사회운동

이상에서 우리는 사상과 표현의 자유를 위한 운동, 지적 재산권을 둘러싼 운동, 정보공개 및 정보정의의 실현을 위한 운동을 살펴보았다. 앞서 살펴본 운동영역들은 네트 사회운동의 핵심을 이룬다. 네트에서 발생하는 문제를 해결하기 위한 이러한 네트 사회운동은 현실세계의 사회운동과 연대하여 다양한 네트워킹을 구축해야 할 것이다. 아울러 현실세계와의 접점을 놓치지 않으면서 네트의 사회운동이 싸이버스페이스로 고착되는 것을 경계해야 한다.

전자프론티어재단의 자문위원인 가드윈(Mike Godwin)은 네트의 기술적 활용을 적극적으로 받아들이는 자유주의자들과 이에 대해 부정적인 좌우 근본주의자의 문제점을 지적하면서 좌우 근본주의자들이 인터넷에 대해 갖고 있는 소극적인 태도를 '자유에 대한 공포'라고 표현하였다(Godwin 1998, 62면). 우리나라의 경우 정치적 행동주의의 입장에서 네트 사회운동의 가능성을 모색하는 움직임은 아직까지 본격적으로 전개되지 않고 있다. 정치적 행동주의자들은 컴퓨터와 네트를 새로운 지배의 도구나 자본의 도구로 평가절하한다. 그들은 네트를 잘 활용하거나 네트운동을 전개하는 것이 사회운동의 발전과 별로 관련이 없거나 현실 사회운동에 비해 부차적이라고 본다. 그러나 네트에 대한 부정적 평가는 네트를 사용하는 저항과 실천에 대한 논의의 불모로 이어진다. 네트에 대한 근본주의적 비판이나 근거없는 비난만으로 새로운 디지털시대에 대응해나갈 수는 없을 것이다.

네트를 운동의 수단으로 활용한 대표적인 사례로는 멕시코 농민반란군인 싸빠띠스따를 꼽을 수 있다. 혁명군 부사령관인 마르꼬스는 농민반군의 대의를 네트를 통해 전세계에 전파하였다. 인터넷이 혁명의 도구로 잘 활용된 사례이다. 물론 인디오로 구성된 대부분의 농민들은 인터넷은커녕 컴퓨터도 다룰 줄 모른다. 싸빠띠스따의 사례는 네트를 공동체형성의 틀로 활용하지는 못했지만 핵심 지도부는 인터넷의 가능성을 극대화하여 활용한 대표적인 사례이다.

각종 운동단체나 안티집단들 또한 인터넷을 저항의 도구로 활용한다. 대기업이나 거대 조직을 상대로 하는 각종 안티싸이트들은 거대

조직의 힘과 권력에 대항하여 비판을 가하거나 새로운 대안을 제시한다. 중고등학생이 주축이 되어 전개한 '노컷' 운동은 인터넷을 도구로 활용하여 여론의 지지를 얻는 한편 자신들의 목적을 이뤄낸 대표적인 사례이다. 두발길이 제한 반대 서명운동을 네트에서 활발하게 전개하기 시작한 10대들에게 네트는 그들의 이야기를 전달하는 아주 좋은 도구였다. '노컷'은 머리카락을 자유롭게 내버려두라는 운동이지만 그들의 주장에는 학교교육에 대한 부정과 저항이 담겨 있다.

iapas95 is a series of "lists" which distribute news and de
er lists on the internet, from conferences on PeaceNet a
ese lists were originally maintained and operated as a ser

네트에서 이루어지는 10대들의 항의는 자신들의 요구를 스스로 결집한다는 점에서 중요하다. 그들의 행위는 머리를 깎거나 각종 규제를 통해 청소년을 통제하려는 기성의 발상에 경종을 울린다. 이제 아이들은 네트를 통해 서로 소통하고 힘을 모으고 자신들의 목소리를 낸다. 인터넷을 통한 '권능강화'를 잘 보여주는 사례이다.

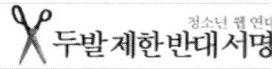

요약 및 결론

사람들이 중요한 이슈를 끄집어내고 그에 대한 자신들의 입장과 태도를 결집하고 궁극적으로 정치과정에 자신들의 입장과 생각을 반영하는 것, 이것이 민주주의의 기본이다. 이를 위해서는 참여와 연대를 위한 기본적 조건이 갖추어져야 한다. 그렇다면 인터넷은 참여와 연대를 위한 조건을 제공하는가? 네트의 참여와 연대를 위해서는 무엇보다도 사회 전체 구성원이 네트에 접근하여(access), 자신의 목소리를 내고(voice), 서로 대화할(dialogue) 수 있는 세 가지 조건이 갖추어져야 한다(Kurland 1996). 이것이 '민주적 참여'의 기본조건이다.

정보에 대한 접근과 획득이 참여의 필요조건이며, 서로 만나고 상호소통하면서 결사하는 것이 연대형성을 위한 충분조건이다. 네트의 여론이 형성되는 과정은 두 단계로 나누어볼 수 있다. 첫번째 단계는 정보 획득 및 소통 단계이다. 두번째는 결속과 연대가 이루어지는 단계이다. 물론 정보 획득과 소통 단계에서 결속과 연대가 아닌 갈등과 대립이 이루어질 수도 있다. 그런데 갈등과 대립의 축은 연대와 결속의 근거이기도 하다. 네트는 여론을 만들고 사람들을 끌어모으는 새로운 도구이다. 인터넷의 기술적 특성이 이러한 가능성을 제공한다. 그러나 사려깊은 판단과 지속적인 실천 없이 자동으로 이런 가능성이 현실화되는 것은 아니다.

네트의 사회운동은 네트 사회공간의 공공영역에서 네티즌의 생활상의 이해를 집약하는 운동이며, 참여주체의 성찰성을 기반으로 네트워크를 실현하는 것이다. 이러한 새로운 사회운동을 운동 주체와 이슈의 기반을 근거로 다음과 같이 유형화할 수 있을 것이다. 운동의 출발과 확산의 방향이 어떤가에 따라 ①현실에서 싸이버스페이스로 옮겨가는 운동과 ②싸이버스페이스에서 현실로 진입해가는 운동으로 나눌 수 있다. ①의 운동영역은 생활상의 이해를 중심으로 진행되는 기존의 사회운동 영역이다. ②의 운동영역은 네트에서 발생하는 생활상의 이해를 기반으로 하는 새로운 사회운동이다. 앞서 살펴본 사상과 표현의 자유, 지적 재산권을 둘러싼 영역, 정보공개 및 정보정의의 실현을 위한 운동이 여기에 포함된다. 이 부분은 네트 사회운동의 핵심적 영역을 차지하는 것으로서 기존 현실세계의 사회운동과 연대하여 다양한 네트워킹을 구축해야 할 것이다. 아울러 현실세계와의 접점을 놓치지 않으면서 네트의 사회운동이 현실로부터 고립되는 것을 항상 경계해야 한다.

따라서 네트의 사회운동은 ① 현실 사회운동과의 연관성을 유지하면서, ② 서로 다른 집단간의 연대를 매개하는 '다리'가 되어야 한다. 네트는 얼굴과 얼굴을 맞댄 '육체성의 관계'를 토대로 만남의 전후를 연결하는 시간의 다리(확대·확장의 도구)가 되어야 한다.[6] 네트의 운동은 기존에 이루어지고 있는 사회운동을 서로 결합하고 확장하는 데

6) 아미타이 에치오니 (Amitai Etzioni)와 오런 에치오니(Oren Etzioni)는 '면대면'(f2f) 관계에 기반한 공동체와 '컴퓨터를 매개'로 한 (CMC) 공동체를 비교하면서 f2f와 CMC를 결합한 잡종(hybrid)공동체에 대해 논의하고 있다(Etzioni and Etzioni 1999).

커다란 효력을 발휘할 수 있다. 네트는 현실 사회운동과 싸이버스페이스에서 벌어지는 사회운동을 서로 결합할 수 있다. 네트는 지식인과 행동주의자, 민초를 서로 잇는 강력한 연결의 도구로 활용될 수 있다. 네트는 지리적 제한과 공간적 한계를 뛰어넘어 상호 지지와 연대의 폭을 넓힐 수 있다. 또한 네트는 지속적인 논쟁과 폭로를 전개할 수 있으며 개별 주체의 작은 이해도 이슈화할 수 있다는 유연성을 지닌다.

네트는 현실과 동떨어진 새로운 공간이 아니라 현실사회의 연결씨스템을 이루는 현실세계의 구성부분이다. 네트의 사회운동은 현실 사회운동의 한 부분이다. 유아독존적인 네트운동은 있을 수 없다. 현실사회의 기반은 여전히 네트가 아니라 물질세계인 것이다. 물론 네트의 상대적 자율성은 인정되어야 하지만 현실세계와의 연결점을 상실한 네트운동은 그 자체가 또하나의 고립된 운동으로 떨어질 것이다.

디지털연대가 갖는 또하나의 단점은 일시성과 체질적 허약성이다. 네트 안에서 전개되는 운동이 현실세계의 구체적인 실천과 조직으로 이어지지 못할 때 그 운동은 지속성과 현실성을 확보할 수 없다. 네트워크에 입각한 디지털연대는 일시적으로 결집하는 기동성은 높지만 지속적인 연대와 활동이 어렵다는 문제를 갖고 있다.

접속하지 않는 한 네트의 운동은 없다. 네트운동의 가장 기본적인 조건은 접속이다. 앞으로 새로운 운동영역을 개발하고 이를 참여주체의 성찰성과 결합하고 이에 대해 기술적 실천을 토대로 적극적인 개입을 촉진할 경우 네트의 사회운동은 다양화될 수 있을 것이다.

그러나 네트만의 실천은 여전히 제한적이라는 사실을 인정해야 한다. 네트의 풀뿌리 민주주의가 긍정적인 가능성을 열어주지만 네트만의 실천이 공허한 이유는 무엇일까? 그것은 최종적인 권력은 결국 현실세계에서 이루어지기 때문이다. 싸이버스페이스를 통해 퍼져나가는 여론의 영향력 확대 그 자체는 권력이 아니다.

참고문헌

이광석 (1998) 『사이버 문화정치』, 문화과학사.

백욱인 (1996) 「디지털 혁명과 일상생활」, 『문화과학』 10호.

_____(1997) 「디지털 경제와 지적 소유권」, 『한국사회와 언론』 1997년 겨울 호.

_____(1999) 「네트와 사회운동」, 『동향과 전망』 43호.

홍성태 (1999) 「정보화 경쟁의 이데올로기에 관한 연구: 정보주의와 정보공유 론을 중심으로」, 서울대학교 사회학과 박사학위논문.

Barbrook, Richard. (1996) "The Californian Ideology." http://www.wmin.ac.uk/media/HRC/ci/calif1.html.

Beniger, James. (1986) *The Control Revolution: Technological and Economic Origins of the Information Society*. Harvard University Press.

Boyle, James. (1996) *Shamans, Software and Spleens: Law and the Construction of Information Society*. Harvard University Press.

Braverman, Harry. (1974) *Labor and Monopoly Capital*. Monthly Review Press.

Castells, Manuel. (1996) *The Rise of the Network Society*. Blackwell Publishers.

Critical Art Ensemble. (1995) *Electronic Civil Disobedience and Other Unpopular Ideas*. Autonomedia.

Etzioni, Amitai and Oren Etzioni. (1999) "Face-to Face and Computer-Mediated Communities, A Comparative Analysis." *The Information Society* 15.

Godwin, Mike. (1998) *Cyber Rights: Defending Free Speech in the Digital Age*. Times Books.

Guattari, Felix. (1998) 『분자혁명』, 윤수종 역, 푸른숲.

Hauben, Michael. (1997) *Netiezens: On the History and Impact of Usenet and the Internet*. IEEE Computer Society.

Kelly, Kevin. (1994) *Out of Control: The New Biology of Machines*.

Addison Wesley.

_____(1998) *New Rules for the New Economy*. Viking Press.

Kroker, Arther. (1994) *Data Trash*. St. Martin's Press.

Kumar, Krishan. (1995) *From Post-Industrial to Post-Modern Society: New Theories of the Contemporary World*. Blackwell.

Kurland, Nancy. (1996) "Engendering Democratic Participation via the Net: Access, Voice, and Dialogue." *The Information Society* 12.

Lash, Scott and John Urry. (1994) *Economies of Signs and Space*. Sage.

Lefebvre, Henri. (1991) *Critique of everyday Life*. Vol. 1. Verso.

Lyon and Zureik. (1996) *Computers, Surveillance and Privacy*. University of Minnesota Press.

McLuhan, Marshall. (1994) *Understanding Media: The Extensions of Man*. MIT Press.

Naisbitt, J. (1984) *Megatrends: Ten New Directions Transforming Our Lives*. Warner Books.

Negroponte, N. (1994) *Being Digital*. Knopf.

Piore, Michael J. and Charles F. Sabel. (1984) *The Second Industrial Divide: Possibilities for Prosperity*. Basic Books.

Poster, Mark. (1997) "Cyberdemocracy: The Internet and the Public Sphere." D. Holmes, ed. *Virtual Politics: Identity & Community in Cyber-space*. Sage.

Rees, Ruth. (1999) "Power: An Example of Its Changing Nature." *The Canadian Journal of Higher Education* 29(1).

Stefik, Mark. (1996) *Internet Dreams: Archetypes, Myths and Metaphors*. The MIT Press.

Webster, Frank. (1988) "Cybernetic Capitalism: Information, Technology, Everyday Life." *The Political Economy of Information*. The University of Wisconsin Press.

Wray, S. (1998) "Rhizomes, Nomads, and Resistant Internet Use." http://www.nyu.edu/projects/wray/RhizNom.html.

무엇이 네트를 규제하는가?

로렌스 레식

싸이버스페이스와 밀의 『자유론』

존 스튜어트 밀(John Stuart Mill)은 영국인임에도 불구하고 19세기 미국에 큰 영향을 끼친 정치학자였다. 그의 저서는 논리학에 관한 명저로부터 여전히 눈길을 끄는 『여성의 종속』(*The Subjection of Women*)에 이르기까지 다양하다. 그러나 그의 지속적인 영향력은 비교적 짧은 책자인 『자유론』(*On Liberty*)에 기인한다. 1859년에 출간된 이 책에 나타난 개인의 자유와 사상의 다양성에 대한 그의 강력한 주장은 19세기 후반의 자유주의적·자유의지론적 사고의 중요한 관점을 대표하고 있다.

'자유의지론자'(libertarian)는 우리에게 특별한 의미가 있다. 이는 정부에 저항한다는 논의와 연관이 있다. 근대 자유의지론적 관점에서 정부란 자유를 위협하는 존재이고 반면에 민간의 행위는 그렇지 않은 것이다. 따라서 참된 자유의지론자는 정부의 권력을 줄이는 데 주목한다. 즉 자유의지론자들은 정부의 월권을 제한하여야 우리 사회의 자유를 확보할 수 있다고 한다.

그렇지만 밀 자신의 관점은 그렇게 편협하지 않았다. 그는 자유의 옹호자였고 이를 억압하는 세력에 대해 저항하였다. 그러나 그러한 세력은 정부에만 국한되지 않았다. 밀이 보기에 자유는 정부에 의한 것

*Lawrence Lessig, "What things regulate," *CODE and other laws of cyberspace* (Basic Books 1999).

과 마찬가지로 윤리규범에 의해서도 위협을 받고, 국가형벌에 의한 것과 마찬가지로 불명예와 비관용에 의해서도 위협을 받았다. 그의 의도는 이러한 사적 강제력에 반대하는 것이었다. 그의 저작은 자유를 억압하는 윤리규범에 맞서기 위한 방패였는데, 당시 영국에서는 이것이 자유에 대한 실질적인 위협요소였기 때문이었다.

밀의 방법은 중요하고, 그것은 바로 우리의 방법이어야 한다. 그것은 '자유를 위협하는 것이 무엇인가' 그리고 '어떻게 우리가 그것에 저항할 수 있는가'를 질문한다. 그것은 '자유에 대한 정부의 위협이 무엇인가'라는 질문에 그치는 것이 아니다. 그의 물음은 정부가 가하는 위협 이상의 위협이 존재할 수 있으며 때때로 그것은 국가의 행위가 아닌 민간의 행위일 수 있다는 것으로 풀이된다. 밀의 관심은 자유 그 자체에 대한 것이었다.

자유를 위협하는 요소는 변화한다. 19세기말 영국에서 윤리규범이 문제가 되었을 수 있듯이, 20세기초 20년 동안 미국에서는 언론에 대한 탄압이 문제시되었다. 노동운동은 시장기구가 때로는 자유를 위협할 수 있다는 생각에──단지 낮은 임금 때문이 아니라 시장조직 형태 그 자체가 일정한 종류의 자유를 불가능하게 하기 때문에──바탕을 두고 있었다. 다른 시기의 다른 사회에서 시장은 자유의 적이 아니라 자유를 얻는 비결이 될 수도 있다.

그러므로 추상적으로 적을 떠올릴 것이 아니라, 특정한 시기 특정한 장소에 등장하여 자유를 짓누르는 특정한 위협을 인식해야 한다. 이 점은 싸이버스페이스의 자유에 대하여 생각할 때 더더욱 그러한데, 왜냐하면 싸이버스페이스가 자유에 대한 새로운 위협요인을 가르쳐준다는 것이 나의 주장이기 때문이다. 이미 몇몇 사람들이 이와 유사한 생각을 한 바 있고, 따라서 일찍이 어떤 이론가도 그 점에 대해서 생각해본 적이 없다는 의미에서라면 나의 주장은 '새롭지' 않다. 그렇지만 이 위협이 새롭게 긴박한 문제가 되고 있다는 점에서는 '새롭다'. 우리는 싸이버스페이스에서 새로이 등장한 강력한 규제자가 무엇인지 점차 이해하고 있지만, 아직 그것을 통제하는 방법을 모르고 있다.

이 규제자가 코드(code)이다. 좀더 일반적인 말로는 사회적 삶의 '구축된 환경' 즉 구조(architecture)이다. 만일 19세기 중반에 자유를 위협했던 것이 윤리규범이었고, 20세기초에는 국가권력, 20세기 중반기 대부분에는 이것이 시장기구였다면, 20세기 후반부터 21세기에 걸쳐 우리가 주목해야 할 또다른 규제자가 코드라는 것이 나의 주장이다.

그러나 이것이 새로운 단일 초점이 되어야 한다는 것은 아니다. 나의 주장은 기존 것과는 다른 새로운 하나의 적이 존재한다는 것이 아니라, 어떻게 자유에 대한 규제가 이루어지는가에 대해서 더욱 종합적인 이해가 필요하다는 것이다. 즉 정부, 윤리규범, 시장 중 어느 하나의 세력이 미치는 각각의 단일효과에 초점을 맞추는 것은 넘어서, 이 세력들을 하나의 단위로 통합해보아야 한다는 것이다.

점의 삶

헌법 그리고 정부규제에 대한 헌법상의 한계를 생각하는 데는 여러가지 방법이 있다. 나는 규제나 제약을 당하는 사람의 시각을 통해 이를 생각해보고자 한다. 피규제자를 (연민을 자아내는) 점(dot) 하나로 표현해보자. 여기서 점은 자신을 규제하는 서로 다른 제약들의 지배를 받고 있는 피조물(여러분 또는 나)이다. 이러한 개인에게 지워지는 다양한 제약들을 적고 설명함으로써 나는 여러분에게 이러한 제약들이 함께 기능하는 방법을 알려주고자 한다.

자, 여기에 앞서 말한 점이 있다. 이 점은 어떻게 '규제되는가'?

쉽게 흡연을 떠올려보자. 만일 여러분이 담배를 피우기를 원한다면 어떤 제약에 직면하게 되는가? 어떠한 요소들이 흡연에 대한 여러분의 의사결정을 규제하는가?

제약 중 하나는 법이다. 법은 적어도 특정 장소에서의 흡연을 규제한다. 만일 여러분이 18세 미만이라면, 법은 여러분에게 담배가 판매될 수 없다고 이야기할 것이다. 법은 또한 흡연이 허용되는 장소를 규제한다. 예를 들어, 공항·비행기·엘리베이터에서는 흡연이 허용되지 않는다. 적어도 이 두 가지 방법을 통해 법은 직접적으로 흡연행위를 겨냥하고 흡연을 원하는 개인에 대해 일종의 제약으로 작용한다.

그러나 법이 흡연에 대한 가장 중요한 제약은 아니다. 확실히 미국의 흡연가들은 법에 의해 그들의 자유가 크게 규제당한다고 느끼지는 않는다. 흡연을 적발하는 경찰은 없으며 흡연처벌 재판도 거의 없다. 미국의 흡연가들은 법보다는 윤리규범의 규제를 받는다. 윤리규범에 의하면 다른 승객들의 허락 없이 개인 승용차 안에서 담뱃불을 붙여서는 안된다. 그러나 야유회 가서는 흡연하는 데 허락까지 받을 필요는 없다. 또 윤리규범에 따라 레스토랑에서 다른 사람들이 여러분에게 금연을 요청할 수 있고, 혹은 식사를 하는 동안 아예 담배를 피우지 못할 수도 있다.

유럽의 윤리규범은 이와 판이하게 다르다. 그곳은 대체로 흡연가에 대해 호의적이며, 흡연가들에 대한 윤리규범은 자유방임적이다. 그러나 미국에서는 규범이 일종의 제약으로 작용하고, 우리는 이러한 제약이 흡연행위를 규제한다는 것을 인식하고 있다.

법과 규범만이 흡연행위를 규제하는 유일한 요인은 아니다. 시장 또한 제약 중 하나이다. 담배가격은 담배 살 돈에 압박을 가한다. 담배의 가격을 변경해보라. 그러면 흡연에 대한 제약도 변경될 것이다. 담배의 질도 마찬가지이다. 만일 시장에서 다양한 품질과 가격대로 담배가 공급되면 원하는 종류의 담배를 선택하는 여러분의 능력도 증가할 것이다. 선택이 늘어나면 제약은 줄어든다.

마지막으로, 담배의 생산이나 공급에 영향을 미치는 기술에 의해 만들어진 제약이 있다. 여러분이 건강을 염려한다면 정제처리가 안된 담배에는 정제된 담배에 비해 더 많은 제약이 존재하는 셈이 된다. 니코틴을 함유한 담배에는 중독성이 있으므로 그렇지 않은 것보다 더 많은 제약이 존재한다. 무연 담배는 더 많은 장소에서 흡연할 수 있으므로 제약이 덜하다. 독한 향의 담배는 흡연할 만한 장소가 더 적어짐으로써 제약이 더 심해진다. 이러한 모든 면에서 어떠한 담배인가——담배의 속성, 담배의 디자인, 담배의 제조방식, 즉 한마디로, 담배의 구조(architecture)——가 흡연자가 직면하게 될 제약에 영향을 미친다.

이렇게 해서 법, 윤리, 시장, 구조라는 네 가지 제약이 이 애처로운 점(dot)을 규제하고 있다. 점에 대한 '규제'는 네 가지 제약들의 총합이다. 어느 하나의 변화는 전체의 규제에 영향을 미칠 것이다. 어떤 제약은 다른 제약들을 더 강하게 만들 수 있고 또 어떠한 것은 다른 것들을 더 약하게 만들 수도 있다. 하지만 완전하게 판단하려면 그들을 모두 함께 고려해야 한다.

그렇다면 아래와 같이 네 가지를 함께 생각해보자.

이 그림에서 각 타원형은 중앙에 위치한 애처로운 점에 작용하는

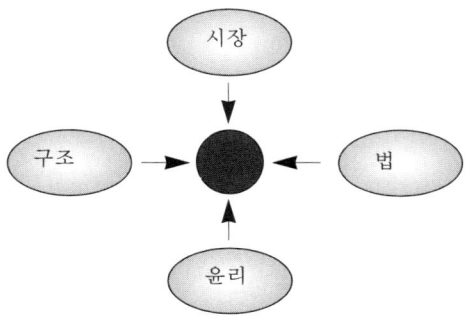

제약들을 나타낸 것이다. 점이 흡연을 할 때마다 각각의 제약들은 점에 대하여 서로 다른 종류의 비용을 부과한다. 윤리규범으로부터의 비용은 시장비용과 다르고, 시장비용은 법으로부터의 비용 및 담배의 (독성)구조로부터의 비용과 다르다.

제약들은 각기 성질이 다르지만 분명히 서로 의존적이다. 각각은 다른 것들을 지원할 수도 저지할 수도 있다. 기술은 윤리규범과 법을 훼손할 수도 있고 후원할 수도 있다. 어떤 제약은 다른 것들을 가능하게 할 수도 있고 불가능하게 할 수도 있다. 제약들은 비록 그들이 서로 다르게 기능하고 각각의 효과도 별개라고 하더라도, 함께 작용한다. 윤리규범은 사회가 낙인찍는 불명예를 통해 제약을 가하고, 시장은 시장이 강요하는 가격을 통해 제약하며, 구조는 구조가 부과하는 물리적인 부담을 통하여 제약을 하며, 법은 형벌을 통하여 제약을 지운다.

싸이버스페이스상의 행위 규제를 설명함에 있어서도 동일한 모델이 적용된다.

법은 싸이버스페이스 속의 행위를 규제한다. 저작권법, 명예훼손법, 음란물규제법은 법적 권리 침해행위에 대하여 소급해서 제재를 가하겠다고 위협해오고 있다. 법이 얼마나 잘 규제하는가, 또는 얼마나 효율적으로 규제하는가는 별개의 문제이다. 분명히 법은 어떤 경우에는 무척 효율적이고 어떤 경우에는 그렇지 못하다. 그러나 효율성과 상관없이 법은 법에 거역할 경우 일정한 대가를 지불할 것이라고 경고해오고 있다. 의회가 이런 법을 만들고 검찰이 이를 수행하며 법원은 선고를 한다.

윤리규범 또한 싸이버스페이스 속의 행위를 규제한다. 뜨개질을 주제로 한 뉴스그룹에서 민주주의에 대한 글을 올려보라. 그러면 여러분은 감당키 어려울 정도로 많은 비방 메씨지를 받게 될 것이다. MUD(Multi User Dungeon, 네트워크상에서 수많은 참가자들간에 이루어지는 롤플레잉게임의 한 종류. 국내에서는 리니지, 바람의 나라 등의 게임으로 널리 알려짐—옮긴이) 속에서 다른 사람의 ID를 가장하여 남의 행세를 해보라. 그러면 얼마 안 가서 그 사회에서 기피인물로 낙인찍힌 자신을 발견하게 될 것이다.[1] 지나치게 많이 이야기를 하면, 여러분은 대화방 입실금지 목록에 오르게 될 것이다. 각각의 경우에 이같은 일련의 앎은 소속 사회에서 내려지는 소급 제재라는 위협을 통하여 다시금 행위를 제약하게 되는 것이다.

시장도 싸이버스페이스상의 행위를 규제한다. 인터넷써비스 요금은 온라인 접속을 제약한다. 정액제일 경우에는 통화중 신호로 접속을 제약한다.(AOL은 요금책정 방식을 시간단위에서 정액제로 가격체계를 바꾸면서 이를 극적으로 터득했다.) 웹분야에서도, 온라인써비스업체들이 한때 그랬던 것처럼 온라인 접속에 대해 요금을 부과하기 시작하고 있다. 광고주들은 인기있는 싸이트에 돈을 내므로 그 결과 비인기 포럼은 온라인써비스에서 하나씩 떨어져 나가게 된다. 이러한 행위들은 모두 시장제약과 시장기회의 작동방식이다. 이러한 의미에서 이들 모두는 시장에 의한 규제인 것이다.

끝으로 구조와 흡사한 것, 즉 코드(code)도 싸이버스페이스의 행위를 규제한다. 싸이버스페이스를 만들어내는 소프트웨어와 하드웨어는 여러분의 행동방식에 대한 일련의 제약을 만들어낸다. 이러한 제약들의 실체는 다양하다. 그러나 이 제약들은 싸이버스페이스에 접속하려고 할 때 접속조건의 형태로 등장하기 때문에 이를 체험해볼 수 있다. 예를 들어 어떤 장소(예를 들어 AOL과 같은 온라인써비스 싸이트)에 접속하기 위해서는 패스워드를 입력해야만 한다. 한편 신분증명이 필요없는 다른 장소도 있다.[2] 어떤 장소에서는 여러분의 거래내역을 다시 당신에게로 연결되게끔 하고 다른 장소에서는 원할 경우에만 이것이 되도록 한다.[3] 어떤 장소에서 여러분은 단지 수령인만 들을 수 있는 암호화된 언어로 이야기하도록 선택할 수 있는 반면[4] 다른 장소에서는 암호화가 선택사항으로 되어 있지 않다.[5] 코드, 소프트웨어, 구조, 통

1) Julian Dibbell, "A Rape in Cyberspace," *Village Voice*, December 23, 1993, 36면 참조.
2) 유즈넷 게시판은 익명으로 글을 올리는 것이 허용된다.
3) 웹브라우저는 이러한 정보를 실시간으로 전해주거나 혹은 쿠키(cookie file)에 저장해둔다. 이에 대해서는 http://www.cookiecentral.com/faq.htm(1999년 5월 31일 방문) 참조. 브라우저는 또한 사용자가 이러한 추적 사양을 끄는 것을 허용한다.
4) PGP(Pretty Good Privacy)는 메씨지를 암호화하는 프로그램으로서 무료와 유료 두 가지 형태로 제공된다.
5) 예를 들어 암호화는 몇몇 국제적 상황에서는 불법일 수 있다.

신규약은 이러한 사양들을 만들어낸다. 이것들은 코드제작자에 의해 선택되는 사양들이며, 어떤 행위를 가능하게 또는 불가능하게 함으로써 다른 행위를 제약한다. 코드는 특정한 가치를 각인하거나, 또다른 어떤 가치를 불가능한 것으로 만든다. 이러한 의미에서 현실세계에서 코드의 구조가 규제인 것처럼, 싸이버스페이스의 코드 또한 규제인 것이다.

현실세계와 마찬가지로 이들 네 가지 양상들이 싸이버스페이스를 규제하고 있으며 똑같이 균형을 이루고 있다. 비록 시장이 가하는 제약은 생략했지만, 윌리엄 미첼(William Mitchell)은 이렇게 이야기한다.

> 구조, 법, 관습은 (현실세계에서) 맞춰진 균형을 가상세계에서도 유지하고 나타낸다. 우리가 싸이버 공동체를 건설하고 여기 거주할 때, 우리는 유사한 협정을 만들고 유지해야 할 것이다. 비록 그들이 건축구조적인 배열이 아니라 소프트웨어와 전자적인 접속제어로 구현될 것이긴 하지만.[6]

법, 윤리규범, 시장, 구조는 네티즌들이 알고 있는 싸이버 환경을 만들기 위해 상호작용한다. 이선 캐치(Ethan Katsh)에 따르면 코드제작자는 '건축가'이다.[7]

그런데 어떻게 우리는 이 네 가지 양상들 사이의 균형을 만들고 유지할 수 있을까? 다른 구조를 만들기 위해서는 어떤 도구가 필요할까? 현실세계의 가치를 혼합한 것을 어떻게 싸이버스페이스로 옮겨갈 수 있을까? 변화가 요청된다면 그 혼합물은 어떻게 변화되어야 하는 걸까?

6) William J. Mitchell, *City of Bits: Space, Place and the Infobahn*, Cambridge, Mass.: MIT Press 1995, 159면. 이 책은 1999년에 『비트의 도시』로 번역·출판되었다―옮긴이.

7) Ethan Katsh, "Software Worlds and the First Amendment: Virtual Doorkeepers in Cyberspace," University of Chicago Legal Forum (1996), 335, 340면. 이선 캐치에 관해서는 국내에서 1997년에 출판된 『디지털시대의 법제이론』이란 번역서를 참조. 그는 새로운 정보테크놀로지의 변화와 핵심적인 사회규범 중의 하나인 법의 관계를 파악하는 연구를 지속적으로 수행하고 있다―옮긴이.

정부 그리고 규제방식에 관하여

　여태껏 나는 개인을 규제하는 네 가지 제약들에 대해 기술해왔다. 그러나 이들 각각의 제약들은 사회적 삶에 그냥 주어진 것이 아니다. 그들은 자연 속에서 발견된 것도 아니며, 신에 의해 정해진 것도 아니다. 비록 변화의 역학관계는 복잡하지만 각각은 변화될 수 있다. 법은 이러한 역학관계에서 중요한 역할을 할 수 있고, 이번 절의 목적은 그 역할을 설명하는 것이다.

　단순한 예가 더욱 일반적인 점을 시사해줄 수 있을 것 같다. 자동차 라디오 절도 문제를 이야기해보자. 이는 피해규모의 면에서는 그다지 큰 문제가 아니다. 그러나 더 많은 규제가 요구될 만큼 꽤 빈번하고 비용이 드는 문제이다. 대응책의 하나는 도둑이 직면할 위험이 범죄로 인한 이득보다 커지도록 자동차 라디오 절도범에 대한 형벌을 증대시키는 것이다. 라디오 절도는 종신징역! 만일 라디오 도둑이 라디오를 훔칠 때마다 교도소에서 평생 살 것을 각오해야 한다면 라디오를 훔치는 일은 더이상 의미가 없을 것이다. 법의 위협적인 형벌로 만들어질 제약은 우리가 멈추려 하는 행위를 그만두게 하기에 충분할 것이다.

　그러나 법을 바꾸는 것만이 능사는 아니다. 두번째 방법은 라디오의 구조를 변경하는 것이다. 라디오 제조업자가 라디오를 단지 하나의 차에서만 작동하게 프로그램한다고 상상해보라. 라디오가 차에서 분리될 경우 더이상 작동되지 않게 하는 보안코드를 심는 것이다. 이는 라디오 절도에 대한 코드의 제약이다. 라디오는 일단 절취되면 더이상 사용할 수 없게 된다. 이것 역시 라디오 절도범에 대한 제약으로 작용하며, 교도소에 갇힌다는 위협적인 형벌과 마찬가지로 라디오 절취 행위를 그만두게 하는 데 효과적일 수 있을 것이다.

　이렇듯이 동일한 제약이 상이한 수단을 통하여 만들어질 수 있고 상이한 수단들은 각기 다른 비용이 든다. 실제로 얼마나 많은 사람이

라디오를 훔치는지 그리고 얼마나 많이 검거되는지에 따라 다르겠지만, 교도소 수감이라는 위협적인 형벌은 라디오 구조를 변경하는 것보다 재정적으로 더 많은 비용이 들 수 있다. 이렇듯 재정적인 관점에서 보면, 법보다는 코드를 변경하는 것이 더 효율적이라 할 수 있다. 재정적 효율성은, 다소 경미한 죄에 대해 극단적인 형벌을 적용하는 것이 야만적이라는 법의 표현 내용과도 잘 맞는다. 이렇듯 효율적인 대책에 높은 평가가 따르게 된다. 코드는 규제의 최상책일 수가 있다.

법 담론들은 전형적으로 다른 규제책을 무시하곤 한다. 법이 다른 규제방식에 가하는 영향에 대해서는 더더욱 그러하다. 마치 법은 다른 세 가지 제약들을 주어진 대로 받아들이고 그 제약들에 맞게끔 변모해야 할 것처럼 이야기하는 사람들이 많다.

내가 '마치'란 말을 한 까닭은 오늘날 단 몇초만 생각해보면 이러한 편협성이 터무니없다는 것을 알 수 있기 때문이다. 다른 제약들을 고정된 것으로 취급하던 때가 있었다. 그때란 윤리규범에 의한 제약을 정부의 조치로 바꿀 수 없었을 때, 시장이 본질적으로 규제 불가능하다고 생각되던 때, 또는 현실세계 코드(즉 구조)의 변경 비용이 너무 많이 들어서 규제를 위하여 그것을 사용하는 것이 터무니없게 여겨지던 때를 말한다. 그러나 지금의 우리는 이러한 제약들이 유연하다는 것을 보았고 법이 그렇듯이 이들 제약들도 변경 가능하며 규제를 받는다는 것을 알게 됐다.

명백한 사례가 많이 있다. 먼저 시장에 대하여 생각해보자. '자유시장'이란 말에도 불구하고 시장처럼 우리의 삶에서 심하게 규제당하는 것이 없다. 법이 계약에 효력을 부여하고 재산권을 설정하며 통화를 규제한다는 점에서 보듯이, 시장은 시장의 요소들에서뿐만 아니라 그 효과의 면에서도 법의 규제를 받는다. 어떤 행위에 대한 시장의 제약을 증가시키기 위해 세금을 사용하고 제약을 감소시키기 위해 보조금을 사용한다. 담배에 세금을 부과하여 담배소비를 감소시키는 반면 공급을 증가시키기 위해 담배생산에 보조금을 지급하기도 한다. 소비를 줄이기 위해 주류에 세금을 부과한다. 자녀양육에 대해 시장이 가하는 제약을 줄이기 위해 아동복지에 금전적 보조를 한다. 이러한 여러가지 방법에 있어 법의 제약은 시장의 제약을 변경시키기 위해 사용된다.

법은 또한 구조가 낳는 규제를 변경시킬 수 있다. 장애법(ADA)의 적용대상인 미국인에 대하여 생각해보라. 많은 '장애인'들은 세상의 많은 부분에 대한 접근으로부터 단절된다. 계단만 있는 건물은 휠체어를 탄 사람에게는 접근이 불가능한 곳이다. 계단은 그 건물에 들어가려는 장애인에게는 제약이다. 그러나 장애법은 장애인들이 배제되지 않도록 건물의 설계를 변경하도록 건축가에게 요청함으로써 그러한 제약을 변경시키고자 한다. 바로 이것이 현실세계 코드가 만든 제약을 변경하기 위하여 법이 현실세계 코드를 규제하는 경우이다.

더 좋은 예들이 있다.

- 프랑스혁명의 힘은 일정 부분 빠리 시가지의 구조에서 비롯되었다. 좁고 꼬불꼬불한 도시의 거리는 쉽게 바리케이트가 되었고 이는 혁명가들이 상대적으로 적은 병력으로 도시를 장악할 수 있게 해주었다. 루이 나뽈레옹 3세는 이것을 깨닫고는 1853년에 이를 변경하기 시작했다. 빠리는 넓은 가로수 길과 많은 통로로 새로 조성되었고 폭도들이 도시를 장악하는 것이 불가능하게 되었다.

- 학생이라면 대부분 워싱턴 침략을 어렵게 만든 라파예뜨(Lafayett)의 설계를 배운 바 있을 것이다. 그러나 더 흥미로운 것은 미 의회 건물과 백악관이 지어진 위치이다. 그 건물들 사이는 1마일 정도 떨어져 있는데다가 당시 험난한 지형을 거쳐가야 하는 거리였다.(그 사이에는 늪이 있었다.) 그 거리는 의회와 대통령이 연락하기 어렵게 함으로써 교류를 방해하는 장벽이었고

이로 인해 행정부가 입법부를 통제하기가 매우 어려웠다.

- 동일한 생각이 유럽 헌법재판소의 위치에 영향을 주었다. 유럽 도처의 헌법재판소는 수도가 아닌 도시에 위치한다. 독일 헌법재판소는 베를린이 아닌 카를스루에에 있다. 체코 법원은 프라하가 아닌 브르노에 있다. 역시 여기서도 그 이유는 지리적인 제약에 구속되기 위함이었다. 헌법재판소를 입법부와 행정부로부터 멀리 떼어놓은 것은 양 기관이 재판소에 가하는 압력을 최소화하고 양 기관에 굴복하려는 재판소의 유혹을 감소시키기 위해서였다.

- 이 원칙은 고위 정치에 국한되지 않는다. 어린이들이 뛰어놀지도 모를 주차빌딩이나 도로를 설계하는 이들은 운전자가 속도를 줄일 수 있도록 도로에 과속 방지턱을 둔다. 이러한 구조는 속도제한이나 과속금지의 규범과 동일한 목적을 가진다. 이는 구조가 규제를 할 수 있도록 구조를 수정하는 구실을 한다.

- 이 원칙은 고결한 규제에만 국한되는 것이 아니다. 로버트 모제스(Robert Moses)는 주로 공공 교통기관에 의존했던 흑인들이 쉽게 공용 해변에 도달할 수 없도록 하기 위해 롱아일랜드에 버스의 진입을 봉쇄하는 다리를 건설했다. 그것은 고약하지만 아직도 흔히 찾아볼 수 있는 구조에 의한 규제방식의 예이다.

- 그것은 정부에만 국한되는 것도 아니다. 유수의 미국 항공은 월요일 새벽 비행기 승객들이 비행기에서 가방을 회수하는 데 걸리는 시간 때문에 심하게 짜증을 내고 있음을 발견했다. 그들은 가방을 회수하기까지의 시간이 평균보다 길지 않음에도 불구하고, 다른 요일 승객들에 비해 훨씬 더 성을 냈던 것이다. 항공사는 승객들이 수하물 반환소에 도착하는 시점에 짐이 이미 도착해 있도록 일부러 월요일 새벽 비행기를 수하물 반환소에서 훨씬 멀리 떨어진 게이트에다 정차시키기 시작했다. 그 결과 수하물 취급 씨스템에 대한 불만은 없어졌다.

• 미국 도시의 대형 호텔은 저속 엘리베이터에 대한 많은 불만을 접수받았다. 그래서 엘리베이터 문 옆에 거울을 설치했다. 불만은 종식되었다.

각 사례에서 구조에 의한 제약은 집단적·사회적 목적을 실현하기 위해 변경되었다. (비록 과학에 대한 언급이긴 하지만) 위 내용에 대한 신뢰라 할 만한 것이 1933년 시카고 월드페어의 정문에 새겨진 구절인데 이는 다음과 같다. "과학은 탐구한다. 기술은 응용한다. 인간은 순응한다."

비록 상당수의 헌법연구가들이 이를 망각하고 있는 것 같긴 하지만, 법은 윤리규범 역시 변경할 수 있다. 교육은 가장 명백한 예이다. 서굿 마샬(Thurgood Marshall)이 말했듯이, "교육은 3R을 가르치는 것이 아니고 전반적인 시민의식을 가르치는 것이며, 그렇게 함으로써 동료 시민들과 함께 살고 법에 따르는 것을 배우는 것이다."[8] 교육은 적어도 부분적으로는 어린이들에게 특정한 행위규범을 주입시키는 과정이다. 우리는 그들에게 쎅스와 마약에 대해 '노(NO)라고 하는' 법을 가르치며, 그들의 내면에 무엇이 올바른가에 대한 인식이 자라나게 한다. 이러한 인식은 법의 목적에 맞게 그들을 규제한다.

분명히, 교육내용은 대부분 법에 의해 규제를 받는다. 예를 들어 보수주의자들은 성교육을 통해 성적 금욕규범이 느슨하게 변경될까 봐 염려한다. 옳건 그르건 법은 확실히 어린이들이 지켜야 할 규범을 바꾸는 데 이용되고 있다. 만일 보수주의자들이 옳다면 법은 금욕규범을 제거하게 될 것이고 자유주의자들이 옳다면 안전한 성의 규범을 주입시키는 데 사용될 것이다. 어떤 방법이건 규범은 그 스스로 제약을 가지고 있고, 법은 그 제약을 변경하는 것을 목표로 한다.

법이 어떤 역할을 한다고 해서 늘 긍정적인 역할만 한다는 것은 아니다. 법은 규범을 발전시킬 뿐만 아니라 못쓰게 만들기도 한다. 그러

8) Thurgood Marshall, Esq., Oral argument on behalf of respondents, Cooper v Aaron, 358 US 1 (1958) (no. 1), Philip B. Kurland and Gerhard Casper, eds., *Fifty-four Landmark Briefs and Arguments of the Supreme Court of the United States: Constitutional Law*, Washington, D.C.: University Publications of America 1975, 533, 713면.

나 내가 후자가 전자보다 더 일반적이라고 주장하는 것은 아니다. 중요한 것은 그 역할을 깨닫는 것이지 그것을 칭찬하거나 비난하는 것이 아니다. 나의 목표는 이를 서술하는 것이다. 당위는 그후에야 나오는 것이다.

각각의 경우에, 법은 직접 규제법과 간접 규제법 사이에서 하나를 선택한다. 이는 어떤 방법이 규제자가 목적한 바를 가장 잘 진척시키고 규제자가 마음속에서 품고 있을 제약(규범적이건 실제적이건)에 잘 부합할 수 있는가를 정하는 문제이다. 우리는 두번째 그림을 다음과 같이 수정하여 이 점을 표현할 수 있다.

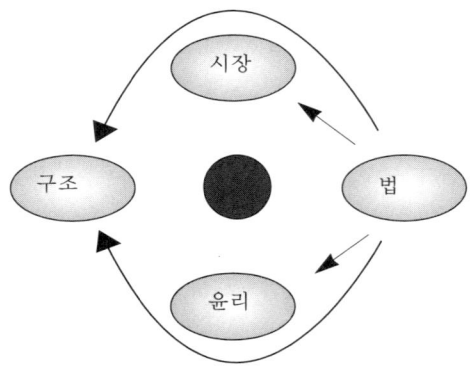

법의 규제는 낯익은 것이며, 이를 설명할 사례들은 많이 있다.

- **안전벨트**: 정부는 시민들이 안전벨트를 더 자주 착용하기를 원한다. 이럴 때 정부는 안전벨트 착용을 요구하는 법을 통과시킬 수 있다.(이 경우 법은 행위를 직접 규제하게 된다.) 또한 안전벨트를 착용하지 않는 사람들에게 창피를 주는 공공 캠페인에 자금을 지원할 수도 있다.(이 경우 법은 행위규제의 수단으로 윤리규범을 규제한다.) 또한 보험회사가 안전벨트 착용자에게 할인율을 적용하도록 보조금을 지급할 수도 있다.(이 경우 법은 행위규제

의 방법으로 시장을 규제한다.) 마지막으로 법은 자동 안전벨트 또는 시동장치 잠금 씨스템을 지시할 수도 있다(벨트 착용 행위를 규제하는 수단으로서 자동차의 코드를 변경한다). 각각의 행위는 안전벨트 사용에 일정한 영향을 준다고 할 수 있다. 각각에는 어느정도의 비용도 든다. 정부에 있어서 문제는 어떻게 최소 비용으로 가장 많이 안전벨트를 사용하게 하느냐는 것이다.

- **장애인차별:** 장애인들은 일상생활에서 심각한 사회적·육체적 장벽의 부담을 지니고 있다. 정부는 이러한 장벽에 관하여 무엇인가 조치를 취해야 할 것이다. 전통적인 답변은 법으로 행위를 직접 규제하는 것이다. 법은 육체적 장애를 이유로 한 차별을 금지하고 있다. 그러나 법은 그 이상의 것을 할 수도 있다. 예를 들어 자라나는 어린이들에게 장애인차별 금지 교육을 함으로써 차츰 사회규범이 변경되게 할 수도 있을 것이다.(이 경우 법은 행위를 규제하기 위해 윤리규범을 규제한다.) 또 장애인들을 고용하도록 회사들에게 보조금을 지급할 수도 있을 것이며(행위를 규제하기 위해 시장을 규제한다), 건물을 짓는 코드를 규제하여 장애인들이 출입하기 쉽도록 만들 수도 있을 것이다(행위를 규제하기 위해 '자연환경' 또는 현실세계 코드를 규제한다). 이러한 각각의 규제는 차별대우에 영향을 미칠 것이고, 비용 또한 소요된다. 정부는 이익과 비용의 형평을 고려해서 가장 효과적인 규제방법을 선택할 것이다.

- **약물:** 정부는 불법약물 소비를 감소시키기 위해 고민한다. 주된 전략은 약물법 위반행위를 한 사람을 잔인할 정도로 긴 시간 동안 수감한다는 위협을 통해 직접 행위를 규제하는 것이다. 이러한 정책은 명백히 많은 비용이 드는 대신 그에 합당한 이득이 얻어질지가 분명하지 않다. 그러나 나의 관점에서 가장 흥미로운 것은 분명하게 드러나지 않는 비용이다. 트레이시 미어리스

(Tracey Meares)는 불법약물 소비를 규제하는 또하나의 효과적인 구조가 개인이 사는 공동체의 사회적 구조라고 설득력있게 주장한다.[9] 나는 이것들을 사회규범(망신주기, 따돌리기, 겁주기 등과 같은 소속집단의 제재에 의해 강제되는 바른 생활 양식)에 의한 제약이라고 말한다.

정부가 이 사회규범에 의한 제약들을 강화할 수 있듯이 이를 약화시킬 수도 있음은 분명하다. 그 한가지 방법은 규범이 작용하는 공동체를 약화시키는 것이다. 미어리스는 형법의 극단적인 제재가 이런 역효과를 낳는다고 말한다. 극단성과 효과 면에서 형법은 사회정책을 지탱하는 사회구조를 손상시킨다. 이것은 법에 의한 직접규제 방식의 간접효과인데, 어떤 점에서 이 효과는 법의 효과를 압도할 수도 있다. 우리는 이것을 형법에서의 래퍼(Laffer)곡선(형량이 지나치게 높으면 준법의욕을 해쳐서 범죄는 오히려 더 증가한다는 이론—옮긴이)이라 부른다.

- 서로 다른 제약들의 효과를 순수 합산한 값은 선험적으로 연역될 수 없다. 정부는 다양한 방법으로 약물소비를 규제하는 행위를 한다. 약물소비를 비난하는 강도높은 공공교육 캠페인을 지원하며(행위를 규제하기 위하여 사회규범을 규제한다), 국경지대에서 약물을 몰수하여 공급을 줄임으로써 가격을 높여서 수요를 줄어들게 한다(행위를 규제하기 위하여 시장을 규제한다). 그리고 때때로 약물을 더욱 위험하게 하여 소비에 대한 제약을 증가시키는 것처럼 약간은 엽기적인 방법으로 약물의 '코드'를 규제하기도 한다(예를 들어 마리화나 밭에 제초제를 뿌림으로써). 이 모든 것은 함께 약물소비에 영향을 준다. 그러나 약물 합법화론자들이 주장하듯이, 이런 모든 규제는 다른 범죄행위의 발생에 영향을 미친다. 정책입안자는 전체적으로 이들 규제가 사회적 비용을 증가시키는지 또는 감소시키는지를 고려하여 효과의 순수 합계를

9) Tracey L. Meares, "Social Organization and Drug Law Enforcement," *American Criminal Law Review* 35 (1998), 191면.

계산해내야 한다.

- **낙태**: 이야기를 마무리지을 마지막 사례이다. 로-웨이드(Roe v. Wade) 판결 이래로 법원은 낙태에 대한 여성의 헌법상 권리를 인정했다. 하지만 이 권리 때문에 정부가 낙태를 없애거나 줄이려는 모색을 멈춘 것은 아니다. 정부는 다시 낙태에 대한 직접규제에 의존할 필요가 없다.(로우Roe 판결에 따르면 이는 위헌이다.) 정부는 대신 같은 목적에 대하여 간접적인 수단을 사용할 수 있다. 러스트-설리번(Rust v. Sullivan) 판결에서 법원은 '정부로부터 보조를 받는' 전문병원 소속 의사들이 낙태를 가족계획 수단으로 환자에게 언급하는 것을 금함으로써 가족계획 상담을 편향되게 할 수 있는 행정권력을 지지했다. 이것은 (의료보험의 사회구조 내에서) 행위를 규제하기 위하여 사회적 규범을 규제한 것이다. 매처-로(Macher v. Roe) 판결의 경우에 법원은 선택적으로 낙태를 위한 의료재원모금을 할 수 없게 하는 정부의 권한을 지지했다. 이것은 행위를 규제하기 위하여 시장을 이용한 예이다. 호지슨-미네소타(Hodgson v. Minnesota) 판결에서 법원은 미성년 여성들이 낙태를 하기 전에 48시간을 기다리게 하는 주의 권한을 지지했다. 이것은 낙태를 규제하기 위해 현실세계 코드(시간제약)를 이용하는 것이다. 이 모든 경우에 있어 정부는 낙태를 원하는 여성의 행위를 규제할 수 있었다.[10]

각 사례들에 있어서 법은 두 가지 매우 다른 방법으로 작용한다. 법의 작용이 직접적일 때, 법은 개인들에게 어떻게 행동해야 하는지를 알려주고 만일 개인들이 그 행위로부터 일탈하면 형벌을 가하겠다고 위협한다. 법의 작용이 간접적일 때, 법은 법 이외의 제약구조들(시장, 윤리규범, 구조) 중 하나를 변경하려고 한다. 규제자는 이들 각각의 제약들이 표방하는 효율성과 가치에 따라 이 많은 기법들 중 하나를 고

---

10) Roe v. Wade, 410 US 113 (1973); Rust v Sullivan, 500 US 173 (1991); Maher v Roe, 432 US 464 (1977); Hodgson v Minnesota, 497 US 417 (1990).

르는 것이다.

이렇게 좀더 종합적으로 규제를 바라보면, 싸이버스페이스의 규제 불가능성이란 것이 얼마나 불확실한 것인가를 명백히 알 수 있을 것이다. 우리는 정부가 규제와 간섭을 할 수 있음을 충분히 감지할 수 있다. 싸이버스페이스는 정부규제의 수단을 더 확장시켰으며, 싸이버 페이스의 코드 자체가 단지 또다른 정부규제의 수단이 되어가고 있다. 코드제정을 규율함으로써 정부는, 규제를 직접 실행했을 경우 생겼을 지도 모르는 정치적 결과를 겪지 않고 규제의 목적을 달성할 수 있다.

네트의 코드

알다시피 인터넷상에는 다종다층의 코드가 있다. 따라서 우리가 코드의 규제에 대하여 이야기할 때, 어떤 코드를 언급하는가는 매우 중요하다. 인터넷은 TCP/IP[11]라고 불리는 프로토콜[12]의 묶음으로 정의된다. TCP/IP라는 호칭은 네트워크의 서로 다른 '층'(layer)을 유지하는 수많은 프로토콜을 가리키는 것이다. 네트워크의 층을 기술하는 표준적인 모델은 개방형 씨스템 연결모델인 OSI(open system interconnection) 모델[13]이다. 그것은 7개의 네트워크층을 규정하는데 각각은 네트워크의 응용영역들 사이에서 데이터가 전송될 때 수행되는 기능을 나타내고 있다. 그러나 TCP/IP 제어수순은 그렇게 명료한 것은 아니다. 크렉 헌트(Craig Hunt)에 따르면, 가장 단순하게 얘기할 때 TCP/IP는 프로토콜 구조에서 4개의 층을 기술한다고 하지만, 실제로는 프로토콜 구조에서 3~5가지의 기능적인 단계를 정의한다고 한다.[14] 이 간단한 4개 층이 (바닥에서부터 꼭대기까지 차례로) 데이터링크·네트워크·전송(transport)·응용(application) 층이라고 불리는 것들이다.

11) TCP/IP: Transmission Control Protocol/Internet Protocol. 전송제어 규약/인터넷 규약─옮긴이.
12) 프로토콜이란 컴퓨터와 컴퓨터 사이에 자료를 주고받는 데 이용되는 일정한 통신규약─옮긴이.
13) ISO에 의하여 제안된 7층의 표준 인터페이스 계층 모델 개방형 씨스템간 상호접속. ISO가 정한 네트워크 프로토콜의 표준으로 다른 기종의 컴퓨터와 다른 기종의 네트워크 간의 접속을 쉽게 하기 위하여 설정했다. OSI는 7층의 프로토콜로 분류된다. 최하위층은 물리층, 그 위는 데이터링크 층이며, 이후 네트워크·전송·쎄션·프리젠테이션·응용의 각 층이 존재한다─옮긴이.
14) Hunt, *TCP/IP: Network Administration*, 1~22, 6, 8면; Loshin, *TCP/IP: Clearly Explained*, 13~17면.

제일 낮은 층인 데이터링크층에서 작동되는 프로토콜은 거의 없는데, 그 이유는 이 층이 근거리 네트워크의 상호작용만 다루기 때문이다. 많은 프로토콜은 그 다음 층인 네트워크층에 존재한다. 이곳은 IP 프로토콜이 지배적이다. 이것은 호스트와 네트워크링크 사이를 이동하는 데이터를 발송분류(routing)하고 데이터가 가야 할 방향을 결정한다. 그 위층인 전송층에는 두 개의 프로토콜이 지배한다. 그것은 TCP와 UDP[15]이다. 이 둘은 두 개의 네트워크 호스트 사이의 데이터의 흐름을 중재한다.(TCP와 UDP 사이의 차이점은 신뢰성에 있다. UDP는 어떠한 신뢰도 보증해주지 않는다.)

이러한 세 개의 층은 네트의 장벽 안에 숨겨진 인터넷의 중요한 배관들이다(수도꼭지들은 다음 층인 응용층에서 작동하니 조금만 인내를).

프로토콜은 함께 일종의 UPS(미국의 우편물 배송 회사—옮긴이)로서 기능한다. 데이터가 응용층에서 전송층으로 전해지면, 거기서 데이터는 가상의 상자 안에 담기게 되고 가상의 레벨이 붙여진다. 레벨은 상자의 내용을 특정한 처리 단위로 묶어내는 구실을 한다. 이것이 TCP나 UDP가 하는 일이다. 그 상자가 이후 네트워크층으로 보내지면, 그곳에서 IP 프로토콜이 원래 레벨은 그대로 둔 채 한 묶음을 다른 묶음 속에 넣는다. 레벨에는 발송지와 도착지의 주소가 적혀 있다. 나아가 상자는 근거리 네트워크의 특성에 따라 (예를 들면 이서넷Ethernet 같은) 데이터링크층에서 포장될 수도 있다.

이 모든 과정은 일종의 기묘한 포장 게임이다. 새로운 상자가 각 층마다 더해지고, 각각의 상자에 붙여지는 레벨은 그 층에서 일어난 과정을 설명해준다. 이 상자를 받은 쪽에서는 포장과정을 거꾸로 돌린다. 인형 속에 또 인형이 들어 있는 러시아인형처럼. 각각의 포장은 적절한 층에서 개봉되고 마지막에 가서는 최초의 응용데이터가 드러나게 된다.

15) UDP: User Datagram Protocol. 사용자 데이터그램 프로토콜. 인터넷 표준 프로토콜 TCP/IP의 기반이 되는 프로토콜의 하나. UDP의 특징은 프로토콜 처리가 고속이라는 점이지만, TCP와 같이 오류정정이나 재송신 기능을 가지고 있지 않기 때문에 신뢰성이 낮다—옮긴이.

최상위층은 인터넷의 응용층이다. 여기에서 프로토콜의 수가 불어난다. 이들은 FTP(file transfer protocol, 파일전송규약), SMTP(simple mail transport protocol, 전자우편 전송규약), HTTP(hyper text transfer protocol, 하이퍼텍스트 전송규약)와 같은 아주 친근한 네트워크 응용 프로토콜이 포함된다. 이것들은 클라이언트(당신의 개인용 컴퓨터)가 데이터가 저장되어 있는 써버와 상호작용할 수 있는 방법을 정하는 규칙들이다.

이러한 네 개의 층의 프로토콜이 '인터넷'을 구성한다. 단순한 재료로 지어졌지만 이 씨스템은 엄청나게 놀랄 만한 범위의 상호작용을 가능케 한다. 아마 DNA 같은 자연현상만큼이야 놀랍진 않겠지만, 인터넷이라는 씨스템 역시 원재료를 단순하게 할수록 그 합성물은 놀랍도록 다채로워지는 DNA와 비슷한 원리로 구성되어 있다.

내가 코드의 규제에 대하여 말할 때, TCP/IP를 규제한다는 의미는 아니다.(물론 이론상, TCP/IP가 규제될 수 있고, 혹자는 이를 규제하여야 한다고 제안하기도 하지만 말이다.) 대신 나는 싸이버스페이스 코드의 다른 부분, 즉 TCP/IP와 연결된 부분을 염두에 두고 있다. 네트워크 이론상의 용어로 말하자면 '최종단계'를 염두에 두고 있는 것이다. 인터넷 교환의 가장 기본적인 단계에 관한 코드가 아니라 소프트웨어와 하드웨어 양자를 포함하여 그러한 프로토콜을 사용하고 이 위에서 실행되는 응용프로그램(application) 단계가 이에 해당한다.

당신이 차이점을 볼 수 있도록 다른 예에 빗대어보겠다. 팀 우(Tim Wu)는 인터넷을 가전제품을 꽂는 전기소켓에 비유한다. TCP/IP는 바로 그 소켓을 구성하는 구조이다. '프로그램'이라는 것은 (가전제품을 소켓에 꽂듯이) TCP/IP나 인터넷에 꽂혀진다. 최상위층의 프로토콜은 그 플러그의 구멍 모양을 규정하며, 아래 층들은 전류가 흘러가는 방식을 지배한다.[16] 이는 아주 유용한 묘사라고 볼 수 있다. 수많은 장치들이 전기소켓에 꽂혀질 수 있는 것처럼 수많은 프로그램이 인터넷에

16) Timothy Wu, "Internet v Application: An Introduction to Application-Centered Internet Analysis," *Virgina Law Review* 86 (1999).

사용될 수 있다. 이 다양함을 누리기 위해 필요한 것은 데이터 교환을 위한 프로토콜에 순응하는 것뿐이다.

나의 초점은 인터넷에 접속하게 해주는 코드에 관한 것이다. 나는 이를 인터넷의 '응용영역'에서의 코드라고 부를 것이다. 이것은 TCP/IP 프로토콜을 사용해 작동되는 응용 층의 모든 코드를 포함한다. 그것들은 브라우저, OS(운용체계), 암호화, 자바(Java),[17] 전자우편 씨스템 등을 지칭한다. 이러한 응용영역에서의 코드는 내가 지금까지 설명해온 규제 이야기의 표적이 될 것이다. 지금부터 거론할 문제는 코드를 규제하기 쉽게 만드는 특징이 무엇인가 하는 점이다.

네트 코드의 약사

초기 네트에는 응용프로그램들이 거의 없었다. 네트는 단지 데이터 교환을 위한 프로토콜에 불과하였다. 그리고 최초의 프로그램들은 단순히 이러한 프로토콜을 이용하는 것뿐이었다. 파일전송 프로토콜(FTP)은 네트 역사의 초기에 태어났고, 전자우편 프로토콜(SMTP)이 곧이어 생겨났다. 얼마 안 가 디렉토리를 그래픽적인 방법으로 보여주는 프로토콜 고퍼(Gopher)가 개발되었다. 그리고 1991년에는 가장 유명한 프로토콜인 HTTP(hyper text transfer protocol)와 HTML (hyper text markup language)이 나와 월드와이드웹(World Wide Web)을 탄생시켰다.

각 프로토콜은 많은 응용프로그램을 배출해냈다. 어느 누구도 프로토콜이나, 컴퓨터 씨스템을 이용하기 위해 필요로 하는 프로그래밍 언어나 운영체제를 독점하지 못했기 때문이다. 많은 FTP 응용도구들과 전자우편 써버들이 나왔고 다양한 브라우저들도 생겨났다. 위 프로토콜은 '인터넷기술 특별조사위원회'(Internet Engineering Task

---

17) 미국의 Sun Micro System사가 개발한 인터넷용의 프로그래밍 언어. 서로 다른 기종간의 네트워크 환경에 강력한 기능을 발휘한다—옮긴이.

Force, IETF)나 W3C[18]와 같은 표준 심의단체로부터 인가를 받은 공개된 표준규격이었다. 일단 프로토콜이 지정되면 프로그래머들은 그것을 활용하는 프로그램을 만들 수 있었다.

초창기에는 프로토콜을 활용하는 소프트웨어의 대다수가 '공개'되었다. 즉 소프트웨어의 소스 코드(source code)를 오브젝트 코드(object code)와 함께 획득할 수 있었다.[19] 이런 공개성은 초기 네트의 성장에 지대한 역할을 했다. 다른 사람들은 이런 소스 코드를 들여다봄으로써 프로그램이 실행되는 방법을 탐구할 수 있었고, 이로부터 장차 그 프로토콜을 더 낫게 활용할 수 있는 방법을 발견할 수 있었다.

웹은 이 점을 잘 보여주는 가장 훌륭한 사례이다. 웹페이지를 만드는 코드는 HTML이라 불리며, 이 HTML을 가지고 웹페이지가 보여지는 방법과 웹페이지에 링크시키는 것을 지정할 수 있다.

최초의 HTML은 1991년에 유럽입자물리연구소(CERN)의 연구원이었던 팀 버너스-리(Tim Berners-Lee)가 제안했다. 이것은 연구소에서 문서를 링크시키기 편리하게 하기 위하여 고안되었다. 그러나 곧 이를 통하면 네트상의 어느 컴퓨터에 저장된 문서라도 링크시킬 수 있음이 명백해졌다. 버너스-리와 케일리오(Cailliau)는 누구나 사용하기에 편리한 HTML 및 그 단짝인 HTTP를 만들어 누구나 이를 자유롭게 사용할 수 있도록 했다.

사람들이 이것들을 가져가는 속도는 처음에는 느렸지만, 얼마 안가 놀랄 만한 속도가 되었다. 사람들은 웹페이지를 만들고 이를 다른 웹페이지에 링크시키기 시작하였다. HTML은 컴퓨터의 역사에서 가장 빠르게 성장한 컴퓨터 언어가 되었다.

왜? HTML이 항상 '공개 코드'였다는 것이 중요한 이유 중 하나였다. 심지어 오늘날에 시장을 양분하고 있는 두 개의 주요 브라우저(익스플로러와 넷스케이프—옮긴이)에서 당신은 언제든 웹페이지의 소스를 밝힐 수 있고, 그것이 어떻게 만들어졌는지 볼 수 있다. 소스는 공개되

18) World Wide Web Consortium. 월드와이드웹의 공통규격을 개발하기 위하여 1994년에 MIT에 설립된 국제 컨소시엄—옮긴이.

19) 소스 코드는 프로그래머가 만드는 코드이다. 이것은 자연어와 유사하나, 자연어는 아니다. 프로그램은 소스 코드로 씌어지나, 컴퓨터가 읽을 수 있는 언어로 변환되어야 작동된다. 몇몇 소스 코드는 베이직(BASIC)상에서—예를 들면 베이직은 일반적으로 베이직 프로그램이 운용되는 컴퓨터에 의해 해석될 수 있다—변화된다. 그러나 대부분의 소스 코드는 그것이 운용되기 전에 컴파일링(compiling, 프로그래밍 언어를 컴퓨터가 이해할 수 있는 기계어로 바꾸는 것)된다. 컴파일러는 소스 코드를 전문가만이 읽을 수 있는 어셈블리 코드(assembly code)나 오로지 천재들과 기계만이 읽을 수 있는 오브젝트 코드(object code)로 바꾼다. 오브젝트 코드는 기계가 읽을 수 있다. 수행할 임무를 기계에 가르치는 것은 0과 1의 문자열 조합이다. 프로그래머 몇몇은 그것을 해독할 수 있다고 해도 직접 오브젝트 코드를 쓰지는 않는다. 즉 프로그래머는 소스 코드를 만든다. 오브젝트 코드는 컴퓨터만 읽을 수 있는 언어이고, 소스 코드는 사람과 컴퓨터(컴파일러) 모두 읽을 수 있고, 어셈블리 코드는 전문가와 컴퓨터만 읽을 수 있다.

어 있다. 그래서 그것을 다운로드받을 수 있고, 복사할 수 있으며, 원하는 대로 수정할 수도 있다. 저작권법으로 웹페이지의 소스 코드를 보호할 수 있겠지만 현실적으로 그 보호란 매우 불완전할 수밖에 없다. HTML은 복사하기 매우 쉽게 되어 있어 가장 인기있는 것이 되었다. 누구나, 언제든지, HTML 문서의 뚜껑을 열어볼 수 있고, 제작자가 이를 어떻게 만들었는지 배울 수 있다.

공개성──재산권이나 계약으로 차단시키지 않고 코드를 공개함으로써 자유로운 접근을 허용하는 것──은 우리가 현재 알고 있는 인터넷을 탄생시킨 붐의 근원이었다. 장사꾼들이 인터넷을 주목한 것은 바로 이러한 붐이었다. 이러한 붐이 있었기에, 장사꾼들은 즉각 인터넷이 돈이 된다는 것을 알아차린 것이다.

역사상 소프트웨어 제작의 상업적 모델은 이와 달랐다. 소스 코드 공개운동이 시작된 이래 그 역사가 계속되고 있으나, 상용 소프트웨어 판매상들은 소스 코드가 공개된 '자유'(free)소프트웨어를 만들지는 않았다. 그들은 소스가 전해지지 않도록 비공개로 소프트웨어를 제작했고 이의 변경을 막기 위해 법과 코드로 보호장치를 만들어놓았다.

인터넷 검색엔진을 끼워 판 마이크로소프트사의 윈도우95에서 잘 드러나듯이 상용 소프트웨어 판매상들은 1990년대 중반부터 '응용영역'의 코드를 만들기 시작했다. 이 코드는 점점 더 네트에 연결되었고 갈수록 인터넷의 코드로 변해갔지만, 이들 대부분은 비공개를 고수했다. 우리가 Y2K를 헤쳐나가기 위하여 준비하고 있을 때, 시중에 있던 중요 소프트웨어의 태반이 비공개 코드로 되어 있었다. 그럼에도 불구하고 이런 소프트웨어들은 인터넷과 연결되곤 했다.

우리가 찾아내야 할 것은 네트상에서 공개 코드와 비공개 코드 간의 균형이다. 일반 사용자들이 현재 이용하고 있는 응용영역의 대부분은 비공개 상태이다. 예외도 많이 있긴 하다. 공개 소프트웨어인 아파치(Apache)는 부지불식간에 사용자들이 가장 많이 쓰는 써버이고, 역시 공개 소프트웨어인 쎈드메일(SENDMAIL) 역시 전자우편을 전송하는 데 가장 널리 쓰이는 프로그램이다. 그러나 만약 우리가 네트에 연결된 씨스템 운용체제(OS)를 응용영역에 포함시킨다면, 네트상의 응용영역의 코드는 꽉 닫힌 것이 되어버린다.

네트상의 코드 공개

그러나 위와 같은 균형은 변하고 있다. 인터넷상의 코드를 비공개로 하려는 흐름은 일찍부터 비공개 코드가 공개 코드보다 효율이 떨어진다고 믿는 사람들, 그리고 비공개 코드가 인터넷의 중요한 가치를 훼손시킨다고 믿는 많은 사람들로부터 저항을 받아왔다.

리처드 스톨먼(Richard Stallman)은 후자 쪽의 사람이다. 1985년에 스톨먼은 네트상에서 공개 자유소프트웨어의 성장을 장려하기 위해 자유소프트웨어재단(Free Software Foundation)을 세웠다. 스톨먼은 하던 일을 버린 채 소신대로 자신의 인생을 '자유'소프트웨어에 바쳤다. 네트가 실제로 출범하기 이전인 1984년에 그는 공개 코드 운영체제인 그누(GNU)[20]의 개발을 시작하였다. 그누(GNU)는 운영체제부터 응용 소프트웨어에 이르기까지 모든 코드를 공개하는 공개 코드세계의 주춧돌이 되었다.

리처드 스톨먼

지지자가 많았음에도 불구하고 GNU는 시기적으로 좀 빠른 것이었다. 인터넷에 손쉽게 접속할 수 없던 세상에서, 운영체제를 개발하는 것과 같은 거대한 프로젝트를 조정하는 힘든 일이었다. 1990년대초 부상 때문에 스톨먼의 행보가 더뎌지자 비슷한 이상을 가진 다른 프로젝트가 GNU를 앞질러갔다.

1991년 헬싱키대학의 한 대학생이 운영체제의 '커넬'(kernel)을 인터넷상에 게재하였다. 이 대학생이 바로 리누스 토발즈(Linus

20) GNU는 'GNU는 유닉스가 아니다'(GNU's Not Unix)를 의미한다. GNU에 관한 상세한 내용을 보려면 GNU 국내 공식 홈페이지인 http://www.kr.gnu.org/home.ko.html나 이 책의 홍성태의 글 참조—옮긴이.

리누스 토발즈

Torvalds)였다. 그가 생각해낸 운영체제의 커널은 리눅스(Linux)를 만드는 시발점이 되었다. 그는 커널을 게시하고 전세계 네티즌들에게 이것이 소스 코드가 함께 제공되는 공개 자유 운영체제로 변화될 수 있도록 해달라고 도움을 구하였다.

사람들은 그러한 도전을 후원하였고, 1990년대초 천천히 이 커널을 운영체제로 성장시켰다. 그들은 리눅스와 스톨먼의 그누를 결합시킴으로써 이를 이룰 수 있었다.(이것이 위 운영체제를 그누/리눅스라고 부르는 것이 정확한 이유이다.) 그 계보가 어떻든간에 1998년이 되자 리눅스는 마이크로소프트 운영체제의 중요한 경쟁자로 부각되었다. 1995년경에 마이크로소프트사는 2000년쯤에는 윈도우 N/T를 제외하고는 쓸 만한 다른 어떤 써버 운용씨스템도 없을 것이라고 상상했을지도 모른다. 그러나 2000년이 되었을 때는 그누/리눅스가 있었다.

그누/리눅스는 많은 면에서 놀라운 것이었다. 무엇보다 이것은 이론적으로 불완전하지만 실제적으로 탁월하다는 점에서 놀랍다. 토발즈는 컴퓨터과학자들이 운용씨스템 디자인의 이상이라고 간주하는 것을 거부하였다. 즉 그는 리눅스를 다양한 프로세서의 플랫폼하에서 작동하게 만드는 대신에 단 하나의 프로세서(인텔 386)에 적합하도록 고안했다. 그렇지만 창조적인 발전과 고양된 에너지는 점차 그누/리눅스를 매우 강력한 씨스템으로 변모시켰으며, 지금 이것은 인텔 칩, 애플에서 사용되는 파워PC 칩, 썬(Sun)의 SPARC 칩과 같은 다른 칩 환경에서도 잘 기능한다. 최초에는 하나의 언어로 말해지도록 고안되었음에도 불구하고, 그누/리눅스는 공개 코드 운용씨스템의 세계 공용어가 되어버린 것이다.

씨스템의 소스를 공개한다는 것은 개발자들에게는 핵심 코드를 공개한다는 것이고, 그것은 자동차의 본네트를 잠그지 않는 것과 같은 행동이다. 이러한 약속은 단지 상대방의 선의에만 의존하지는 않는다. 스톨먼은 수많은 공개 소스 소프트웨어의 향후 사용을 통제하기 위해 일정한 조건을 단 계약문서를 입안하였다. 이것이 자유소프트웨어재단의 일반 공용 라이센스(GPL, General Public License)이며, 그 내용은 GPL의 인준을 받은 모든 코드가 소스를 자유롭게 사용할 수 있도록 해야 한다는 것이다. 그누/리눅스는 코드를 공개하여 누구나 그 프로젝트에 참여할 수 있게 하였다는 그 이유 하나만으로 전세계의 수많은 해커들에 의해서 성장해간 것이다.

다른 말로 하자면, 그 소스는 '광장'에 놓여진 것이다. 누구든 원한다면 그것을 가질 수 있고 사용할 수 있다. 그누/리눅스의 코드는 그 결과를 누구나 볼 수 있도록 공개하는 연구 프로그램과도 같은 것이다. 여기에는 모든 것이 공공의 것이다. 즉 누구의 승낙 없이도 아무나 이 계획에 참여할 수 있는 것이다.

그누/리눅스 계획이 인터넷의 공개 코드의 미래에 가장 중요한 요소라 하더라도, 유일한 것은 아니다. 또하나의 결정적인 예는 넷스케이프이다. 넷스케이프는 1998년에 그 코드를 모질라(Mozilla)라는 회사에 넘기면서 이를 공개하였다.[21] 누구든 넷스케이프의 소스 코드를 모질라로부터 다운로드받을 수 있다. 즉 누구든지 그것을 가질 수 있고 개선할 수 있다. 넷스케이프 같은 회사의 후원과 리눅스에 대한 IBM 같은 회사의 지원이 이뤄진다면 인터넷의 응용영역 코드는 가까운 미래에 의미심장한 방식으로 공개 코드화될 것으로 보인다.

리눅스의 펭귄 로고

공개 소스의 규제

응용영역 코드의 상당부분이 공개 코드인 미래를 상상해보자. 그것이 통제 가능성에 대해 의미하는 바는 무엇일까? 그것은 싸이버스페이스를 규제하는 정부의 힘이 커지고 있다는 나의 주장에 어떤 영향을 미칠 것인가? 정부가 전화나 텔레비전 같은 통신씨스템을 통제하는

21) AOL은 2000년 4월 넷스케이프 6.0을 발표하면서 과거의 프로그램 코드를 모두 폐기하고 새롭게 넷스케이프를 개발해 그 코드를 공개하였다. 「중앙일보」 2000년 4월 10일자 기사 참조―옮긴이.

예를 생각해보자. 어떻게 그러한 통제가 이루어지는가?

두 가지를 고려해보자. 정부는 전화회사에 통신망이 어떻게 설계되어야 하는지, 텔레비전 제작사에게 어떤 종류의 칩이 내장되어야 하는지 지시할 수 있다. 어떻게 이러한 규제들이 일어날 수 있는가?

대답은 명백하다. 코드는 오로지 코드제작자가 통제할 수 있기 때문에 규제가 가능한 것이다. 정부가 전화회사에 무엇인가를 지시할 때 전화회사가 그에 저항할 것이라고는 생각되지 않는다. 저항은 처벌을 불러올 것이고, 처벌은 비싼 비용을 초래할 것이기 때문이다. 다른 기업과 마찬가지로 전화회사도 사업비용을 줄이기 원한다. 만약 정부의 규제가 합리적이라면 정부의 지시에 불복종함으로써 얻을 수 있는 이익보다 더 많은 비용을 부담하게 될 것이다. 즉 만약 규제대상이 정부의 힘의 영향범위 안에 있다면 그 규제는 효과적일 수 있다. 전화의 통신망구조에 대한 CALEA(Communications Assistance for Law Enforcement Act)의 규제는 이것의 명백한 사례이다.

움직일 수 없고, 움직이지 않는 규제대상은 규제를 가능케 하는 전제조건이 된다. 그리고 이러한 명제는 규제 가능한 코드가 비공개 코드일 것이라는 재미있는 추론을 상정하게 한다. 전화통신망에 대하여 다시 한번 생각해보라. 정부가 전화통신망 회사로 하여금 그들의 통신망 소프트웨어를 변경하도록 유도한다면 전화 사용자들은 이러한 변경을 채택할 것인지 안할 것인지에 대해 아무런 선택권도 갖지 못할 것이다. 당신이 할 수 있는 것은 수화기를 들어 전화회사에서 부여한 발신음을 듣는 것일 뿐이다. 내가 아는 한 어느 누구도 또다른 전화통신망을 고안해보기 위하여 기존 전화회사의 코드를 해킹하지 않는다. '브이 칩'(V-chip)[22]도 마찬가지다. 칩을 빼내기 위해 텔레비전을 부수는 위험을 감수할 사람은 많지 않을 것이고, 아무도 별개의 필터링 기술을 알아내기 위하여 그 칩을 다시 녹이지는 않을 것이다. 위 두 가지 사례에서 정부의 규제가 먹히는 이유는 규제대상 회사가 순순히 응

22) 선정적이거나 폭력적인 방송물을 필터링(내용물을 일정 기준에 따라 선별적으로 걸러주는 기능)하기 위해 텔레비전에 장착한 컴퓨터 칩—옮긴이.

하고, 회사의 고객은 받아들일 뾰족한 다른 대안이 없기 때문이다.

공개 코드는 다르다. 넷스케이프의 법률자문인 피터 하터(Peter Harter)가 넷스케이프와 프랑스정부에 대해 한 말을 통해 여기에 무언가 다른 점이 존재한다는 것을 알 수 있을 것이다.[23] 암호화된 데이터를 교환하기 위해 넷스케이프는 브라우저와 써버 사이에 안전한 교환을 보장해주는 SSL[24]이란 프로토콜을 사용한다. 프랑스정부는 SSL이 제공하는 안전도를 달가워하지 않았다. 그들은 SSL 규약을 깨고 들어가길(cracking) 원했다. 그들은 데이터를 염탐할 수 있도록 SSL을 변경시켜줄 것을 넷스케이프에 요청했다.

넷스케이프가 SSL을 일반에게 공공표준의 형태로 이미 던져주었다는 문제말고도 SSL을 변경시킬 수 있는 넷스케이프의 능력에는 수많은 제약이 따른다. 그러나 일단 이런 일이 없었다고 가정하고, 넷스케이프가 SSL에 대한 표준을 장악하고 있으며 프랑스정부가 염탐할 수 있도록 그 코드를 변형시키는 것이 가능하다고 해보자. 그렇다면 넷스케이프는 프랑스정부의 요구에 순응할 수 있을까?

천만에. 기술적으로는 넷스케이프 커뮤니케이터의 코드를 변경하고, 프랑스정부에 의한 해킹을 가능하게 하는 새로운 모듈을 덧붙임으로써 위 요구에 따를 수 있을 것이다. 그러나 그러한 모듈이 설치되었다고 해서 그것이 코드에 채택된다는 보장이 없다. 넷스케이프 코드는 공개 코드이기 때문에 사용자들은 오로지 그들이 원하는 것을 선택적으로 취할 수 있다. 넷스케이프에서 프랑스가 원하는 특징을 제공할지라도, 사용자가 같은 특징을 원할 것이라고 믿을 어떠한 이유도 없다. 의심할 나위 없이, 또다른 공급자가 프랑스정부에서 요구한 변경부분을 탑재하지 않은 SSL 모듈을 제공할 것이기 대문이다.

요점은 간단하지만, 그것이 함의는 심오하다. 코드가 공개 코드인 한 정부의 힘은 제한된다는 것이다. 정부는 요구하고 위협할 수 있다. 그러나 규제대상이 유연하다면 정부는 자신이 원하는 대로 그 규제대

23) 피터 하터가 '법과 기술에 대한 버클리쎈터'에서 열린 학회(1999년 3월 5~6일)에서 한 코멘트.
24) Secure Sockets Layer. 웹브라우저와 웹써버 간에 데이터를 보안상 안전하게 교환하기 위한 업계 표준 프로토콜로서 넷스케이프사가 개발.

상이 남아 있기를 기대할 수는 없는 것이다.

당신이 소련의 선동가이고 사람들이 스딸린에 대한 많은 책자를 읽기를 원한다고 가정해보자. 그래서 소련에서 출판되는 모든 책에 스딸린을 칭송하는 내용이 실린 장을 수록해야 한다고 선포했다고 치자. 그런 책이 독자들에게 실제 미치는 영향이 얼마나 될까?

책은 공개 소스 소프트웨어이다. 책은 아무것도 숨기지 못하며, 그대로 소스를 드러낸다. 사실 책 자체가 소스라고 할 수 있다. 책의 사용자나 채택자는 항상 그가 원하는 장만을 읽을 수 있다. 만약 그 책이 전자공학에 관한 책이라면 독자는 확실히 스딸린에 대한 장은 읽지 않을 것이다. 이러한 점에서 독자의 권한을 변경하기 위하여 정부가 할 수 있는 것은 거의 없다.

같은 생각이 공개 코드를 해방시킨다. 정부의 규제는 피규제자들이 수긍할 만한 제한을 부과하는 경우에만 규제다울 수 있다. 정부는 표준을 조율할 수는 있다. 그러나 확실히 사용자들이 제한받기를 원하지 않는 방식으로 그들을 제한하는 표준을 부과할 수는 없다. 이 구조는 정부의 규제권한에 대한 중요한 견제수단이다. 공개 코드는 공개된 통제이다. 통제는 존재하되 사용자도 이를 인식하고 있는 것이다.

비공개 코드는 이와 다르게 기능한다. 비공개 코드로는 사용자가 코드에 결부된 통제를 쉽게 변경할 수 없다. 해커들과 매우 숙련된 프로그래머들은 그것을 할 수 있을지도 모르겠다. 그러나 거의 모든 사용자들은 어떤 부분이 필요하고 어떤 부분이 필요하지 않은지를 알지 못할 것이다. 더욱 정확하게 말하자면 사용자는 필요한 부분과 필요하지 않은 부분을 볼 수도 없을 것이다. 비공개 코드는 소스 코드를 제공하지 않기 때문이다. 비공개 코드는 선동가들에게는 최고의 전략이다. 사용자가 무시할 수 있는 별도의 장이 아니라, 책의 줄거리 전반에 걸쳐서 선동가가 원하는 방향으로 이야기를 풀어가면서 지속적이고 무의식적으로 영향을 미칠 수 있기 때문이다.

맺음말

지금까지 나의 주장은 단순한 경로를 걸어왔다. 네트가 통제될 수 없다고 주장하는 사람들에 대한 응답으로, 나는 네트의 통제가 그것의 구조에 달려 있다고 주장했다. 몇가지 구조는 통제가 가능하고 다른 몇가지는 그렇지 못하다. 그리고 나는 그 구조의 통제 가능 여부를 결정하는 데 정부가 역할을 수행할 수 있다고 주장했다. 정부는 통제 불가능한 구조를 통제 가능한 것으로 바꾸도록 조치를 취할 수 있는 것이다.

규제의 진행단계에서의 마지막 수순으로 나는 최근에야 중요하게 여겨지는 제약에 대해 이야기했다. 그것은 코드를 통제하고 통제 가능한 코드 내에서 행동하도록 강제하는 정부권한의 상당부분이 코드의 특성에 좌우된다는 것이다. 즉 공개 코드는 비공개 코드보다 규제를 덜 받는다는 점이다. 코드가 공개될수록 정부의 힘은 줄어들게 된다.

공개 코드는 정부의 권력에 대한 중요한 견제수단이다. 그러나 투명성이란 가치를 일반적으로 지지하는가와는 별개로, 지금까지의 나의 목적은 연결관계를 도식화하여 보여주는 것이었다. 규제 가능성은 코드의 특성에 달려 있다. 그리고 공개 코드는 그러한 특성을 변화시킨다. 이것은 규제권한을 무력화하지는 않을지라도 이를 변화시킴으로써 정부의 규제권한에 한계를 지우는 것이다. 〔윤웅기 옮김〕

정보공유운동을 위하여

홍성태

　1990년대는 현실 사회주의의 몰락으로 시작되었다. 이로써 '혁명'이라는 용어 자체가 역사의 뒤안으로 사라질 것처럼 보였다. 그러나 역설적이게도 우리는 오늘날 과거 그 어느 때보다도 '혁명'이라는 용어를 더 많이 사용하고 있는 듯하다. 물론 오늘날 여기저기서 외쳐지고 있는 '혁명'이 가리키는 것은 과거의 그것, 특히 맑스주의의 그것과는 크게 다르다. 그것은 무엇보다 다양한 종류의 기술혁명을 뜻한다.

　기술혁명은 단순히 기술의 급격한 변화를 뜻하는 데 그치지 않는다. 그것의 중요성은 그것이 새로운 유형의 사회혁명을 뜻한다는 데 있다. 맑스주의로 대표되는 고전적 사회혁명론은 정치혁명을 통해 인간의 해방을 추구하는 것이었다. 이러한 고전적인 사회혁명론의 시대는 현실 사회주의의 몰락과 함께 일단 종말을 고했다. 그리고 이러한 역사적 변화를 배경으로 기술혁명론이 마침내 새로운 사회혁명론의 자리를 차지하게 되었다. 그 요체는 기술혁명을 통해 인간의 해방을 결국 이루게 되리라는 것이다. 기술혁명론은 냉전이 한창이던 1960년대에 미국을 중심으로 형성되었으며, 그뒤 30년의 시간이 지난 지금 세계를 본격적으로 장악하고 있다.

　기술이 사회의 변화에 미치는 영향력을 부정하기는 물론 대단히 어렵다. 여기서 더 나아가 '한 방울의 물로도 죽일 수 있는' 연약한 존재인 인간이 만물의 영장이 될 수 있었던 것은 결국 기술 덕택이라고 할 수 있다. 기술도 물론 사회의 산물이다. 그러나 자연을 통제하고 이용하는 직접적인 수단이라는 점에서 우리는 기술이 사회의 운명을 결정한다고 볼 수도 있을 것이다. 예컨대 앨빈 토플러(Alvin Toffler) 같은 사람에게서 우리는 이러한 주장을 쉽게 찾아볼 수 있다(Toffler 1987, 1989). 그는 이 세계에 만연한 비관론을 타파할 수 있는 강력한 힘을 언제나 기술에서 찾아낸다. 이 점에서 그는 기술낙관론과 기술결정론의 전도사라고 할 수 있다. 그러나 토플러처럼 기술의 사회적 영향력을 낙관론적이고 결정론적으로 받아들여서는 곤란하다. 기술은 언제나 사회의 산물이다. 그러므로 기술의 영향력을 인정하되 사회의 선택과정에 충분한 주의를 기울여야 한다(윤영민 1997).

현재의 기술혁명론을 주도하고 있는 것은 바로 정보기술이다. 1980년대초의 '컴퓨터혁명'이 1990년대에 들어와 '인터넷혁명'으로 이어지면서 정보기술은 바야흐로 기술혁명의 시대를 활짝 열어가고 있다. 완벽한 인공지능이나 인조인간을 만들어내지는 못했다고 하더라도 정보기술은 이미 전대미문의 기술혁명을 이루어냈으며, 이러한 놀라운 성과에 힘입어 인류는 새로운 사회혁명의 시대로 빠르게 접어들고 있다는 주장이 연일 각종 매체를 뒤덮고 있다. 그러나 과연 어떤 사회혁명인가? 약육강식과 적자생존의 정글법칙을 당연시하는 다윈적 사회를 구현하는 사회혁명인가? 그렇지만 혁명이 정글법칙을 넘어서 인간의 해방을 추구하는 것이어야 한다면, 그것은 혁명이라기보다는 오히려 '반혁명'이라고 해야 타당한 것이 아닐까?

여기서 우리는 정보기술의 발달과 함께 그 이용방식을 사회적으로 규정하는 제도인 지적 재산권의 확대·강화에 주목할 필요가 있다.[1] 지적 재산권은 본래 공공재인 정보와 지식을 사적으로 소유할 수 있도록 해주는 제도이다. 이것은 정보와 지식의 생산을 촉진하는 데 여러모로 유용한 제도이지만, 그와 함께 정보와 지식의 사적 소유를 보편화함으로써 많은 문제를 낳고 있기도 하다. 정보와 지식마저 경제적 이윤동

1) 인간의 지식이 방대하고 복잡한 만큼 지적 재산권(Intellectual Property Rights)은 대단히 방대하고 복잡하다. 그 목적이 지식의 생산과 공유를 촉진하는 것이라고 했을 때, 가장 대표적인 것으로는 역시 특허권(Patent)과 저작권(Copyright)을 들 수 있다. 특허권은 표현이 아니라 그 내용에 대해 독점적 소유권을 허용하는 것이며, 저작권은 그 내용이 아니라 표현 자체에 독점적 소유권을 허용하는 것이다. 예컨대 생명정보는 그 내용이 중요한 것이기 때문에 특허권의 대상이 되며, 소프트웨어는 표현 자체가 중요하기 때문에 대체로 저작물로 다루어진다.

기에서 비롯된 정글법칙의 지배를 받게 된 것은 그 대표적인 예이다. 이러한 지배적 경향에 맞서서 정보화의 새로운 길을 열어가는 사회운동이 바로 정보공유운동이다. 이 운동은 무엇보다 지적 재산권이라는 제도에 대한 도전을 통해 정보기술을 개발하고 이용하는 새로운 사회적 방식을 구축하고자 한다. 요컨대 정보공유운동은 정보와 지식의 공유화에 기초를 둔 정보사회를 추구한다. 이 점에서 우리는 이 운동을 통해 현재의 기술혁명 및 정보사회에 대해 한층 깊은 이해를 도모할 수 있을 것이다.

현실 정보사회와 정보공유운동

현실 정보사회와 지적 재산권

'현실 정보사회'란 정보사회라는 용어와 연관되어 있는 두 가지 상반된 선입관에 대한 비판적 관점에서 내가 고안한 용어이다(홍성태 1999). 그 하나는 기술유토피아적 선입관이다. 토플러와 드러커(Peter Drucker)로 대표되는 주류 정보사회론이 제시하는 정보사회의 상이 여기에 해당된다. 탈자본주의와 탈산업주의의 기치를 높이 내걸고 있지만, 그것은 사실 극자본주의와 극산업주의의 이데올로기라고 할 수 있다(홍성태 2000). 다른 하나는 기술디스토피아적 선입관이다. 조지 오웰(George Orwell)의 『1984』에서 그려진 전체주의적 감시사회로 대표되는 이 정보사회의 상은 비판적 정보사회론의 중요한 이론적 출발점을 구성한다.

사실 인류의 역사에서 정보가 중요하지 않은 적은 한 순간도 없었다. 정보 자체는 최근에 새롭게 발견된 현상이 아니다. 그것은 질량, 에너지와 함께 이 세계를 구성하는 기본요소이며, 모든 유기체는 정보의 적절한 소통을 통해 자신의 항상성을 유지해간다(Wiener 1978). 새로운 것은 전자공학에 바탕을 둔 정보기술이며, 이 기술의 발달과 함께 변화하는 정보의 생산 및 소통 방식이다. 그러므로 정보사회라는 용어가 변별성을 가지기 위해서는 정보의 사회적 구실이나 의의를 강조하는 것으로는 충분하지 않다. 정보사회는 크게 두 가지 점에서 이전의 사회와 구별된다. 첫째 정보사회는 컴퓨터와 각종 유무선 통신으로 대표되는 정보기술이 일상적으로 폭넓게 사용되는 사회이다. 정보기술의 영향은 경제와 정치와 문화를 위시한 사회의 전영역으로 확장되고 있다. 둘째, 정보사회는 정보재의 공공재적 성격이 약화되고 사유재적 성격이 크게 강화되는 사회이다. 정보의 사유화를 위해 지적 재산권이 지속적으로 확대·강화되고 있다.

지적 재산권의 확대·강화에 주목했을 때, 정보사회는 주류 정보사회론자들의 주장과는 달리 자본주의의 탈피가 아니라 그 확장으로 파악된다. 현실 정보사회라는 용어는 무엇보다 이러한 사실을 지적하기 위해 고안된 것이다. 자본주의의 확장은 분명히 현실 정보사회의 지배적 속성이지만, 그와 함께 나타나는 새로운 유형의 모순과 사회적 저항에도 우리는 주목해야만 한다. 그 모순은 정보재의 공공재적 성격과 사유재적 성격에서 후자를 일방적으로 확대·강화하는 데서 빚어지고 있으며, 따라서 새로운 사회적 저항은 이러한 사유화 경향의 사회적 위험을 직시하고 개선하려는 데 초점을 맞추고 있다. 이러한 저항에 초점을 맞추었을 때, 현실 정보사회는 자본주의의 지배력이 일방적으로 관철되는 사회가 아니라 새로운 질서의 형성을 둘러싸고 내적으로 동요하는 사회로 파악된다. 정보공유운동은 이러한 동요를 가져오는 핵심적 요인이다.

정보주의와 정보공유운동

1993년 미국의 클린턴행정부가 '정보고속도로 구상'(NII, National Information Infrastructure, 보통 Information Highway로 불림)을 발표하

자 세계 각국은 이에 뒤질세라 각종 정보화계획을 경쟁적으로 내놓았다(Egan 1993; 김정탁 1997). 당시는 인터넷의 상업화가 정책적으로 결정되고 그 대중화가 본격적으로 시작되던 때였다.[2] 각국의 정보화계획에서 쉽게 알 수 있듯이, 미국의 '정보고속도로 구상'으로 촉발된 세계적인 정보화경쟁은 정보기술의 발달에 걸맞는 새로운 기술적 하부구조를 서둘러 조성하는 것에 초점이 맞춰져 있었다. 관점의 차이는 있을지라도 이에 관한 논의들이 대체로 기술유토피아적 편향을 보였던 것은 이 때문이다. 이는 새로운 정보기술이 엄청난 경제성장의 원동력일 뿐만 아니라 인류문명의 고양자라는 것으로 요약된다. 요컨대 토플러가 오래 전부터 주장해온 '문명의 전환'이 바야흐로 실현된다는 것이다.

그러나 유토피아를 선언한다고 해서 유토피아가 실현되는 것은 아니다. 현대의 다른 주요 기술들의 경우와 마찬가지로, 정보기술에 관한 낙관론의 이면에도 무엇보다 관련 업계의 이윤욕이 도사리고 있다. 그러므로 기술주의적 편향은 언제나 경제주의적 편향과 결합되어 나타나게 된다. 요컨대 기술주의의 당근은 언제나 경제주의의 채찍과 짝을 이루는 법이다. 현실 사회주의의 몰락과 함께 도래한 자본주의의 무한경쟁에서 살아남으려면 정보기술을 중심으로 한 기술개발 경쟁에서 뒤처져서는 안된다는 주장에서 이러한 사실을 쉽게 확인할 수 있다. 정보기술을 중심으로 기술주의와 경제주의가 융합하여 나타나는 이데올로기를 필자는 '정보주의'로 부르고자 한다. 까스뗄스(M. Castells)는 산업주의를 넘어선 새로운 발전양식을 가리키기 위해 이 용어를 사용하지만, 필자는 정보기술의 발달로 고도화된 산업주의의 이데올로기로 정보주의를 정의한다.

정보주의는 자본주의의 정보적 확장이 지니는 여러 문제들을 '문명의 전환'에 따르는 부차적인 것으로 폄하한다는 문제를 안고 있다. 예를 들어 생명특허의 경우를 보자. 생명특허란 인간을 포함한 생명체의 유전정보에 대한 독점적 소유권을 특정인에게 부여하는 것이다. 의료

2) 기술적인 견지에서 보자면, 여기에는 1989년에 그 개념이 제안되고 1991년에 공개된 '월드와이드웹'(WWW)과 이것을 쉽게 이용할 수 있도록 개발되어 1993년에 발표된 프로그램인 '모자익'이 가장 큰 영향을 미쳤다.

분야에서 이러한 특허는 그 소유권자에게 엄청난 이윤을 제공하지만, 이와 함께 그 정보를 자유롭게 이용하려는 시도는 원칙적으로 봉쇄되고 만다. 이런 점에서 정보주의는 현대 정보자본주의의 지배이데올로기가 된다. 정보공유운동은 이러한 정보주의에 정면으로 맞서 새로운 방식으로 정보기술을 개발하고 이용하려는 사회적 기획이다.

본래 정보공유운동은 소프트웨어산업의 형성을 계기로 등장하였다. 1980년대에 접어들어 소프트웨어산업이 팽창하면서 소프트웨어를 자유롭게 이용하고 개발하던 시대는 종말을 고하게 되었고, 지적 재산권이 소프트웨어의 개발과 이용을 지배하는 규율이 되었다. 이것은 소프트웨어를 개발하고 이용하기 위해서 경제적 대가를 지불해야 한다는 것을 훨씬 뛰어넘는 의미를 지니는 변화였다. 정보의 공유를 자연스러운 것으로 여기던 문화 자체가 파괴되고 범죄시되기에 이른 것이다. 정보공유운동은 이 점에서 일종의 문화운동이라고 할 수 있다. 문화운동으로서 그것은 시장의 지배력에 맞서 파괴된 공동체를 새롭게 재건하고자 한다. 그러나 그것을 단순히 복고적 취향의 운동이라고 보아서는 안된다. 그것은 사적 소유에 기초한 정보의 생산 및 이용 방식이 안고 있는 문제점을 시정하고 더욱 자유롭고 효율적인 정보의 생산 및 이용 방식을 확립하려는 목표를 추구하고 있기 때문이다.

미국의 정보공유운동

정보공유운동은 1984년에 미국의 리처드 스톨먼(Richard Stallman)이라는 컴퓨터 공학자가 소프트웨어의 산업화에 맞서 '자유 소프트웨어운동'을 제창하면서 시작되었다. 그는 정보공유의 원칙에 입각하여 새로운 운영체제[3]를 만드는 것을 '자유소프트웨어운동'의 핵심으로 보았으며, 이를 위해 1984년 1월부터 '그누 프로젝트'(GNU

3) 소프트웨어는 크게 운영체제와 응용프로그램으로 나뉜다. 운영체제는 이를테면 소프트웨어의 공용어이다. 응용프로그램은 운영체제에 기반을 두고 작성된다. 따라서 운영체제를 장악하면 전체 소프트웨어를 장악할 수 있다. 마이크로소프트의 경우에서 이를 쉽게 알 수 있다.

Project)[4]를 시작했다. 그렇지만 자타가 공인하는 천재 해커[5]였던 스톨먼도 독자적으로 운영체제의 '커널'을 개발하는 데는 실패하고 말았다. '커널'은 1991년에 리누스 토발즈(Linus Torvalds)라는 당시 21세의 핀란드 대학생에 의해 개발되었으며, 이것이 바로 리눅스(Linux)이다(와키 히데오 2000, 2장).

스톨먼의 그누 프로젝트는 그누에 '커널'인 토발즈의 리눅스가 결합됨으로써 일단락되었고, 리눅스는 대안의 운영체제를 상징하기에 이르렀다. 그러나 '커널'이 운영체제의 핵심이기는 하지만, 운영체제는 '커널'을 포함한 훨씬 더 방대한 프로그램들로 구성된다. 그러므로 스톨먼은 대안의 운영체제를 단순히 리눅스로 부르는 것은 잘못이라고 주장한다. 그에 따르면 정확한 명칭은 '그누/리눅스'여야 한다. 리눅스가 그누를 이용하여 개발되었다는 점에서도 스톨먼의 주장은 올바른 것이라고 할 수 있다. 사실 이러한 명칭을 둘러싼 논란은 정보공유운동의 현상황을 요약적으로 보여준다. 그 이면에는 근본주의와 실용주의의 대립이 자리잡고 있기 때문이다(홍성태 1999, 153~66면).

근본주의: 자유소프트웨어

정보공유운동에서 근본주의는 스톨먼이 제창하고 주도해온 '자유소프트웨어' 방식을 가리킨다. 이 운동을 위해 그는 1985년에 '자유소프트웨어재단'을 설립했다. 여기서 자유소프트웨어(Free Software)란 종종 '무료 소프트웨어'로 오해되기도 한다. 영어의 Free에 무료라는 뜻이 있기 때문이다. 그러나 Free는 무료를 뜻하지 않으며, 자유소프트웨어는 유료로 판매되기도 한다. 물론 그 가격은 일반 상업 소프트웨어에 비하자면 거의 무료나 다름없기는 하지만, 자유소프트웨어의 판매수익은 이 운동을 지속적으로 전개하는 데 필요한 경제적 자원을 제공해준다.

자유소프트웨어에서 자유란 무엇보다 지적 재산권에 구속되지 않

4) GNU(그누)는 'GNU is Not Unix' 즉 '그누는 유닉스가 아니다'라는 뜻이다. 이 묘한 이름에는 두 가지 뜻이 담겨 있다. 첫째, GNU는 보통명사로 '누우'인데, 이것은 아프리카의 초원생태계를 지탱하는 커다란 영양류이다. 스톨먼은 새로운 운영체제가 전체 소프트웨어를 지탱하기를 바라는 뜻에서 이 이름을 택했다고 한다. 둘째, 그누가 유닉스가 아니라고 강조한 것은 1984년부터 유닉스가 상용화된 것과 관련된다(와키 히데오 2000, 27~28면). 1969년에 개발된 유닉스는 그 소유자인 AT&T가 컴퓨터산업에 진출할 수 없었기 때문에 일종의 자유소프트웨어처럼 사용되고 있었는데, 1984년에 AT&T가 반독점법에 의해 분할되면서 컴퓨터산업에 진출할 수 있게 되자 갑자기 고가의 상업용 소프트웨어로 둔갑했다. 스톨먼은 이에 맞서 유닉스만큼 뛰어난 성능의 운영체제를 자유소프트웨어로 개발하려고 했던 것이다.
5) 해커(Hacker)란 컴퓨터기술의 개발에 몰두하는 사람을 뜻한다. 해커를 무정부주의적 파괴자나 자본주의적 범죄자로 보는 것은 대단히 잘못된 것이다. 그런 사람은 크래커(Cracker)라고 불러야 한다. Levy 1996 참조.

고 이용자가 소프트웨어를 마음대로 수정하고 배포할 수 있는 자유를 뜻한다. 스톨먼에게 무엇보다 중요한 것은 바로 이 '자유의 철학'으로, 이것을 그는 다음과 같이 네 가지로 규정한다(Stallman 2000, 101면).

- 목적에 상관없이 프로그램을 실행할 수 있는 자유.
- 필요에 따라서 프로그램을 개작할 수 있는 자유.(이러한 자유가 실제로 보장되기 위해서는 소스 코드[6]를 이용할 수 있어야 한다. 왜냐하면 소스 코드 없이 프로그램을 개작한다는 것은 매우 어려운 일이기 때문이다.)
- 무료 또는 유료로 프로그램을 재배포할 수 있는 자유.
- 개작된 프로그램의 이익을 공동체 전체가 얻을 수 있도록 이를 배포할 수 있는 자유.

이것은 소프트웨어의 자유로운 복제·개작·재배포를 천명한 것인데, 그러나 이것만으로는 누군가 자유소프트웨어를 이용하여 상업 소프트웨어를 만드는 것을 막을 수 없다. 상업 소프트웨어의 문제는 단지 그것이 비싸게 판매된다는 데 있는 것이 아니라, 소프트웨어를 구성하는 정보의 사적 전유가 결국 소프트웨어의 자유로운 개발과 이용을 막는다는 것에 있다. 이 때문에 자유소프트웨어는 상업적 '사유 소프트웨어'(proprietary software) 자체를 비판한다.[7]

소프트웨어의 사유화에 맞서 자유소프트웨어를 확산시키기 위해 스톨먼은 '카피레프트'(Copyleft) 방식을 개발했다. 그 주요 내용은 다음과 같다.

카피레프트의 핵심은 프로그램을 실행하고 복제할 수 있는 권리와 함께 개작된 프로그램에 대한 배포상의 제한조건을 별도로 설정하지 않는 한, 개작과 배포에 대한 권리 또한 모든 사람에게 허용하는 것이다. 즉 프

6) 기계어로 전환되기 이전의 프로그램 언어 상태의 코드로 이것을 보아야 해당 프로그램의 논리와 작동방식을 알 수 있다.
7) 그러므로 '사유 소프트웨어'를 '독점 소프트웨어'로 번역하는 것은 잘못이다. 이것은 마이크로소프트로 대표되는 독점기업의 소프트웨어를 떠올리게 하기 때문이다. 스톨먼 자신이 밝히고 있듯이 그의 자유소프트웨어는 독점기업에 반대하는 것이 아니라 소프트웨어의 사유화 자체를 거부한다.

로그램에 대한 실행과 복제, 개작, 배포의 모든 자유를 허용하는 것이다. 이러한 방법을 통해서 '자유소프트웨어'라는 용어의 핵심인 '자유'를 모든 사람들에게 보장할 수 있고, 프로그램을 입수한 사람은 그 누구도 빼앗을 수 없는 권리를 갖게 된다. (Stallman 2000, 108면)

스톨먼의 자유소프트웨어 방식이 근본주의로 불리는 까닭은 '사유 소프트웨어' 일반에 반대할뿐더러 이를 위해 카피레프트와 같은 엄격한 면허방식을 채택하고 있기 때문이다. 이것은 '저작권법을 그 근간으로 하지만 저작권법이 갖고 있는 주된 목적을 반대로 이용해서 소프트웨어를 개인의 소유로 사유화하는 대신 자유로운 상태로 유지하는 수단으로 삼는 것'이다. 카피레프트는 '공유저작권' 즉 정보의 공유를 위한 저작권이다. 요컨대 카피레프트의 정신은 카피라이트에 반대하는 것이지만, 그 방식은 카피라이트를 이용하여 프로그램의 사유화를 막는 것이다. 카피레프트된 프로그램을 이용하여 새로운 프로그램을 만들게 되면, 그 새로운 프로그램도 자동적으로 카피레프트된다. 이런 식으로 자유소프트웨어의 세계는 확장된다.

실용주의: 공개 소스 소프트웨어

정보공유운동에서 실용주의는 에릭 레이먼드(Eric Raymond)가 주도하고 있는 '공개 소스 소프트웨어' 방식을 가리킨다. 이것은 스톨먼의 근본주의에 맞서 자유소프트웨어의 개발과 이용을 촉진하기 위한 실용적 방식으로 제창되었다. 그 단초는 레이먼드가 1997년에 인터넷을 통해 발표한 「성당과 장터」라는 논문이었다. 이 논문에서 그는 스톨먼의 소프트웨어 개발방식을 중세시대에 성당을 짓는 것처럼 폐쇄적인 방식이라고 비판하고, 리눅스의 개발방식을 수많은 정보가 쉽게 오고가는 장터에 비유하면서 그 효율성을 강조하였다.

얼마 뒤인 1998년 1월 22일에 넷스케이프(Netscape)는 '넷스케이프 커뮤니케이터'의 소스 코드를 공개할 계획을 발표하였는데, 이 결정이 레이먼드의 논문에서 큰 영향을 받았다는 사실이 알려지면서 '소스 공개운동'이 본격적으로 전개되었다. 레이먼드와 그의 동료들은 1998년 2월 3일에 넷스케이프의 결정에 대응하기 위한 전략회의를 열고, 이 자리에서 처음으로 '공개 소스'라는 명칭을 채택하였다. 이어서 '공개 소스 정의'(OSD)를 결정하고 운동조직으로 '공개 소스 발의'(Open Source Initiative)를 구성하였다(홍성태 1999, 159~61면).

'소스 공개운동'의 핵심은 소스 코드의 공개와 자유로운 이용에 있다. 그 특징을 규정한 것이 '공개 소스 정의'로 그 주요 내용은 다음과 같다(Perens 2000, 304~10면).

- **자유로운 재배포**: 라이센스는 여러 다른 소스들로 구성된 프로그램들을 포함하는 조합된 소프트웨어 배포판의 한 구성요소로서 공개 소스 소프트웨어의 배포 혹은 판매를 제한할 수 없다.
- **소스 코드**: 프로그램은 반드시 소스 코드를 포함해야 하며, 컴파일된 형태뿐만 아니라 소스 코드의 배포도 허용해야 한다. 한 제품의 어떤 형태가 소스 코드를 포함하고 배포되지 않을 때, 인터넷을 통해 무료로 소스 코드를 다운로드받을 수 있는 방법을 명시해야 한다.
- **파생 작업**: 라이센스는 반드시 개작과 파생 작업을 허락해야 한다. 그리고 원래 소프트웨어의 라이센스와 동일한 조건의 라이센스에 따라 배포되어야 한다.
- **저작자 소스 코드의 통합**: 원래 소프트웨어를 만들 때부터 개작을 위해 소스 코드와 '패치 파일'을 함께 배포하는 것을 허락할 경우에만 원래 소스 코드가 수정된 형태로 배포되는 것을 제한할 수 있다. 라이센스는 소스 코드를 수정해 조립된 소프트웨어의 배포를 분명히 허용해야 한다.

- 라이센스의 배포: 프로그램에 부여된 권리는 당사자들이 라이센스를 추가로 작성할 필요 없이 프로그램이 재배포되는 모든 사람에게 적용되어야 한다.
- 라이센스는 한 제품에 국한되지 않음: 공개 소스 프로그램에 부여된 권리는 그 프로그램이 특정한 소프트웨어 배포판의 부분이라는 사실에 좌우되어서는 안된다.
- 라이센스는 다른 소프트웨어를 오염시켜서는 안됨: 라이센스는 라이센스받은 소프트웨어와 함께 배포되는 다른 소프트웨어에 제한을 둘 수 없다. 예를 들어 라이센스는 동일한 매체로 배포되는 다른 모든 프로그램들이 공개 소스 소프트웨어라고 주장해서는 안된다.

이 정의에서 알 수 있듯이 공개 소스 소프트웨어도 소프트웨어의 자유로운 개발과 이용을 보장하려 한다는 점에서 자유소프트웨어라고 할 수 있다.

그러나 레이먼드 등이 구태여 공개 소스 소프트웨어라는 명칭을 채택한 데는 크게 두 가지 이유가 있다. 첫째, 영어에서 Free라는 말이 지니는 모호성이다. 앞에서도 보았듯이 이 말이 무료라는 뜻을 가지고 있기 때문에 일반인들이 자유소프트웨어의 의미를 자주 혼동하게 된다는 것이다. 둘째, 스톨먼의 카피레프트 방식이 지니고 있는 엄격성이다. 이것은 정보를 사유화하기 위한 수단으로 저작권을 이용하지 못하도록 저작권을 이용하는 방식이다. 이 방식을 따르자면 자유소프트웨어로 상업적 사유 소프트웨어를 만드는 것은 원천적으로 봉쇄된다. 레이먼드 등은 이 방식이 자유소프트웨어에 대한 산업계의 불신을 초래해 자유소프트웨어 자체의 확산을 저지하고 있다고 본다. 레이먼드 등은 소스 코드의 공개와 자유로운 이용이 보장되는 한, 프로그램의 저작권 자체를 문제삼을 이유는 없다고 보는 것이다. 즉 소스 코드만 공개된다면, 상업적 사유 소프트웨어에 반대하지 않는다. 소스 공개운동이 정보공유운동의 실용주의로 평가되는 것은 이 때문이다.

한국의 정보공유운동

한국에서 정보공유운동에 대한 관심이 커진 것은 아주 최근의 일이다.[8] 물론 정보화에 따른 새로운 사회운동으로서 정보사회운동은 이미 1980년대말부터 전개되어왔다. 그러나 최근에 이르기까지 한국의 정보사회운동은 대체로 표현의 자유를 초점으로 삼고 있었다. 컴퓨터통신에서의 정치적 발언이 문제가 되어 통신인들이 구속되었던 사건들에서 잘 드러났듯이 한국에서 컴퓨터통신에 대한 국가권력의 개입수준은 상당히 높은 것이었다. 이 때문에 그동안 한국에서 정보사회운동은 대체로 '정보통신 검열'에 대한 비판과 저항을 중심으로 전개되어왔다.

그러나 1990년대말로 접어들면서 상황은 훨씬 더 복잡해졌다. 검열과 규제의 문제가 별로 개선되지 않은 가운데 새롭게 디지털정보의 자유로운 이용을 강력히 억제하는 상황이 전개되었던 것이다. 더욱이 이것은 컴퓨터통신만을 대상으로 하는 것이 아니라 일상적인 디지털정보의 이용 자체를 대상으로 하는 것이었다. 예컨대 1999년 봄에 기업·학교·관공서 등을 대상으로 강력하게 전개되었던 소프트웨어 불법복제의 단속을 보자. 불법복제는 물론 사유저작권뿐만 아니라 공유저작권으로도 합리화될 수 없는 것이지만, 그 단속과정에서 '공정한 사용'[9]의 원칙 같은 것이 사실상 전적으로 무시되었다는 것은 심각한 문제가 아닐 수 없었다.

이러한 변화의 직접적인 원인은 자본주의의 정보적 확장[10]이었다. 그리고 세계적 차원에서 지적 재산권의 강력한 보호를 요구한 세계무역기구의 무역관련 지적 재산권 협정(1994년)과 세계 지적 재산권 기구

8) 국내 해커들의 소프트웨어 개발과 공유에 초점을 맞춘다면, 한국 정보공유운동의 시발은 1980년대말로 거슬러올라갈 수 있다(김강호 1997, 219~20면).
9) 이것은 학교교육이나 시사보도와 같이 공공의 복리나 비영리적 목적으로 지적 재산을 이용할 경우에 지적 재산권의 적용을 완화하거나 면제해주는 것을 뜻한다.
10) 정보재에 대한 자본주의의 지배력이 확대·강화되는 뜻한다. 이것은 크게 두 가지로 나누어볼 수 있는데, 하나는 디지털정보에 대한 지적 재산권의 강화이고, 다른 하나는 생명정보에 대한 지적 재산권의 확대이다.

의 저작권협약(1996년)은 그 구체적인 사례이다. 1990년대 중반을 지나면서 세계는 본격적인 정보자본주의의 시대로 접어들게 되었던 것이다(강남훈 2000). 정보공유운동에 대한 관심이 커진 것은 이러한 구조적 변화를 배경으로 한다. 이에 따라 종래에 개발자나 매니아의 전유물이 다시피 했던 리눅스가 대중적 관심사로 급부상하는가 하면, 2000년 6월에는 리처드 스톨먼이 방한하여 두 차례에 걸쳐 대중강연을 하기도 했고, 스톨먼의 이념에 입각하여 정보공유운동을 전개하려는 그누 코리아(GNU Korea) 같은 단체도 결성중이다.

열린흔글 프로젝트

리처드 스톨먼이 정보공유운동의 형성 및 발전에 가장 큰 영향을 미친 사람이라면, 가장 큰 영향을 미친 기술은 바로 리눅스이다. 리눅스는 소스 공개운동이라는 형태로 정보공유운동이 확장되는 직접적인 계기를 제공했다. 그러나 정보공유운동이 이렇게 확장된 구조적 계기는 바로 마이크로소프트의 엄청난 시장독점이었다. 미국에서는 마이크로소프트를 견제하려는 업계의 전략이 리눅스의 확산에 큰 영향을 미쳤던 것이다. 이와는 상황이 다르지만, 마이크로소프트가 정보공유운동의 발전에 큰 영향을 미친 것은 한국에서도 마찬가지였다.

1998년 6월 15일 한글과컴퓨터의 이찬진 사장은 마이크로소프트 한국지사와 공동기자회견을 열었다. 그 내용은 마이크로소프트가 한글과컴퓨터측에 1천만 달러에서 2천만 달러 정도를 투자하는 대신에 한글과컴퓨터는 '흔글'의 개발을 전면 중지하고 1년 안에 판매도 중단한다는 것이었다. 한마디로 '흔글'을 역사적 유물로 만들기로 했다는 내용이었다. 이에 대한 대응들 중에서 정보공유운동의 형태로 제안된 것이 바로 '열린흔글 프로젝트'였다.

이 프로젝트는 기술적으로 '자유로운 재배포가 가능한 다중 플랫폼 지원 워드프로세서'로서 '열린흔글'을 만드는 것을 목표로 했다. 이 운동의 사회적 원칙으로 가장 중요한 것은 "공공개발, 공동이용의 원칙을 지키는 소프트웨어의 사회화를 위해 진행되어야" 한다는 점이다(윤기현 1998). 이 프로젝트는 완결되지 못한 채 끝나버렸다. 마이크로소프트에 대항하여 '혼글'을 지킨다는 일종의 민족주의적 열기에 의해 추동되었으나, 이러한 열기를 '열린혼글'이라는 새로운 프로그램의 개발로까지 승화시키기에는 기술적이고 재정적인 어려움이 너무나 컸던 것으로 보인다. 그러나 실패했음에도 불구하고 이 프로젝트는 '한국에서는 처음으로 시작된 본격적인 자유소프트웨어운동'이라는 의의를 갖는다고 할 수 있다(열린한글 프로젝트 1998).

공유 지적 재산권

기술적으로 보아서 자본주의의 정보적 확장은 크게 두 분야로 진행된다. 하나는 정보통신기술의 영역이고, 다른 하나는 유전공학기술의 영역이다. 전자가 소프트웨어나 인터넷의 자유로운 이용을 억제한다면, 후자는 생명정보를 사적 이윤의 대상으로 만들어버린다는 점에서 큰 문제를 안고 있다. 이제 지적 재산권은 정보의 자유로운 이용을 억제하는 차원을 넘어서 인간과 생명의 가치 자체를 위협하는 수준에까지 이른 것이다.

'공유 지적 재산권'(IPLeft) 모임은 카피레프트, 즉 공유저작권의 정신에 바탕을 두고 이러한 자본주의의 정보적 확장에 대응하고자 만들어졌다. 그 직접적인 계기는 1999년 2월에 '지적 재산권과 독점문제'를 주제로 열린 토론회였다. 이 토론회의 발제자들을 중심으로 지속적인 연구를 통해 자본주의의 정보적 확장에 대한 사회운동의 대응방안을 탐구하기로 결정되었다. 그뒤 격주 간격으로 모임을 계속 가졌으며, 그 성과는 2000년 3월과 4월에 열린 '정보·생명과 지적 재산권' 토론회에서 발표되었다(http://ip.jinbo.net).

'공유 지적 재산권' 모임은 1998년에 사회운동의 네트워크를 표방하고 설립된 '진보넷'과 밀접하게 연계되어 있다. 진보넷은 최근에 카피레프트를 소프트웨어뿐만 아니라 문서로까지 확대하는 운동을 벌이고 있다. 특히 홈페이지를 카피레프트로 운영할 것을 적극 권고한다(www.jinbo.net).[11] '공유 지적 재산권' 모임과 진보넷이 함께 전개하는 운동으로는 '인터넷 비즈니스 모델 특허'[12]에 대한 반대가 있다.

맺음말

최근 들어 다른 분야로까지 확대되고 있지만, 아직까지 정보공유운동의 핵심은 자유소프트웨어운동이라고 할 수 있다. 앞에서 보았듯이 현재 이 운동은 스톨먼의 공동체주의와 레이먼드 등의 시장주의로 크게 양분되어 있다. 스톨먼이 공동체의 형성을 통해 소프트웨어의 사유화를 원천적으로 막으려 한다면, 레이먼드 등은 자유소프트웨어의 빠른 확산을 위해 산업계와 제휴하는 길을 적극적으로 찾는다.

최근의 '리눅스 열풍'에는 '소스 공개운동'의 시장주의가 큰 영향을 미쳤다. 산업계가 카피레프트의 부담을 지지 않고 리눅스를 적극적으로 사용할 수 있도록 했던 것이다. 이 점에서 레이먼드 등의 '소스 공개운동'이 거둔 성과는 괄목할 만하다. 그러나 '반마이크로소프트'의 영향을 감안한다면, 이 성과는 상당부분 관련업체들간의 대립의 산물이라고 할 수 있다. 이 점에서 '소스 공개운동'이 자유소프트웨어의 상업화를 촉진할 수도 있다는 스톨먼의 우려를 단순히 완고한 원칙론으로 치부할 수는 없을 것 같다.

한편 '공개 소스 소프트웨어'의 약진에서 새로운 시대의 개막을 읽어내는 한 연구자의 글에서도 문제의 핵심은 단순히 '공개 소스'가 아님을 잘 알 수 있다.

11) 국내의 많은 사회운동단체들이 홈페이지에 카피라이트를 설정해놓고 있다. 이것은 문제가 아닐 수 없다. 이렇게 되면 그 홈페이지에 있는 여러 문서들을 자유롭게 이용할 수 없기 때문이다. 카피라이트를 엄격히 적용할 경우에는 심지어 그 홈페이지에 접속하여 살펴보는 것조차 허락을 받아야 한다.
12) 종래 특허는 '자연법칙'을 이용한 발명에 대해 주어졌다. '비즈니스 모델'은 여기에 해당되지 않기 때문에 특허의 대상이 될 수 없었다. '인터넷 비즈니스 모델 특허'는 인터넷의 상업적 이용을 촉진하기 위해 특허의 범위를 크게 확장하고 그 개념 자체를 수정하는 것이라고 할 수 있다.

공개 소스 소프트웨어가 마이크로소프트의 적이 된 것은, 운영체제를 저작권으로 지켜 응용프로그램의 기술적인 주도권을 장악하는 마이크로소프트의 사업모델 자체를 위협하기 때문이다. 이것은 소유권이라는 자본주의의 핵심에 자리잡은 씨스템이, 전세계가 네트워크로 연결되어 정보를 공유하는 시대에는 적합하지 않다는 것을 시사하고 있다. (이케다 노부오 2000, 157면)

노부오는 성능과 개발방식의 면에서 '공개 소스 소프트웨어'의 우수성에 크게 매료되었지만, 궁극적인 변화의 대상으로 간주하는 것은 다름아니라 지적 재산권이다. 그러나 오히려 이것은 '소스 공개운동' 측에서는 그리 달가워하지 않는 주장이며, 사실 리처드 스톨먼의 지론인 것이다.

한국의 상황은 더욱 재미있다. 정부가 나서서 리눅스를 이용한 정보산업의 발전을 선도하려 하고 있기 때문이다. 이런 상황을 진보넷은 다음과 같이 비판한다.

GNU 프로젝트는 초기의 컴퓨터공동체 안에 충만해 있던 호의적인 상호협력의 정신을 재건하기 위한 방법으로 '자유'소프트웨어들을 개발함으로써, 독점 소프트웨어의 소유자들이 만든 장벽들을 제거하고 상호협력의 풍토를 다시 한번 부활시키는 것을 그 목적으로 한다. … 하지만 최근 남한사회의 GNU/LINUX 열풍이 리처드 스톨먼이 비판했던 것들로부터 자유롭지 못하다는 것은 하나의 아이러니이다. 한국에 불어닥쳤던 GNU/LINUX 열풍의 많은 부분은 GNU운동 또는 공동체의 발전을 지향한다기보다는, 마이크로소프트의 독점에 대한 반발에서 비롯된 LINUX의 잠재적 시장성이나, 윈도우 NT에 대항한 써버(Server) 시장의 장악이라는 상업성을 지향한 것이기 때문이다. (진보네트워크 2000, 6면)

요컨대 원칙을 제대로 세운 뒤라야 응용을 제대로 할 수 있는 법이다. 스톨먼이 주장하는 '자유의 철학'이 더욱 넓게 뿌리내리지 못한다면 '리눅스 열풍'은 또하나의 '벤처 열풍'으로 전락하고 말 것이다.

앞으로 정보공유운동은 소프트웨어의 영역을 넘어 다른 모든 정보재의 분야로 확대되어갈 것이다. 그것은 결국 지적 재산권 자체의 정당성에 대한 심각한 도전으로 발전하게 될 것이다. 여기서 현재의 정보공유운동이 주는 교훈은 정보를 공유하는 데서 큰 보람과 만족을 느끼는 공동체가 건설되고 발전되어야 한다는 것이다. 다시 말해서 이 세상에 존재하는 다양한 유형의 정보재들만큼이나 다양한 유형의 정보공유 공동체들이 건설되어야 한다. 물론 이와 함께 정보공유를 위한 새로운 경제적 보상책에 관한 논의도 더욱 깊이있게 진행되어야 할 것이다. 예컨대 '열린한글' 같은 프로젝트를 공적으로 지원하는 방안을 생각해볼 수 있다. 공공성이 높은 소프트웨어에 대한 전문적인 정보생산자들의 참여를 확대하기 위해서 이러한 보상책의 마련은 필수 과제이다.

마지막으로 정보공유운동의 범위를 일반 정보로까지 확장한다면, 한국의 상황에서 정보공유운동은 정보공개운동과 긴밀하게 연관되어야 한다. 국가나 기업이 보유하고 있는 공적 정보의 공개는 그 자체로 정보공유운동의 중요한 대상이 된다. 공개되지 않는 정보는 공유될 수 없다. 공개되는 정보는 일단 공유될 수 있는 개연성을 갖는다. 이런 이유로 한국에서 정보공유운동은 사회의 민주화와 체계화를 위한 다양한 사회운동들과 긴밀한 연관을 맺고 전개되어야 한다. 물론 그것은 정보화에 따른 기술적이고 제도적인 변화에 주도적으로 대응한다는 독자적인 과제를 잊어서는 안된다.

참고문헌

강남훈 (2000) 「신경제의 가치론적 해석」, 『경제와사회』 2000년 가을호.

김강호 (1997) 『해커를 해킹한다: 해커의 사회학』, 개마고원.

김정탁 (1997) 『새로운 커뮤니케이션 정책 연구: 미국, 일본, EU를 중심으로』, 커뮤니케이션북스.

열린한글 프로젝트 (1998) 「열린한글이란」, http://www.openhwp. org(현재는 폐쇄되었음).

윤기현 (1998) 「사회화된 한글워드프로세서를 위한 제언」, 『아래아 한글의 사회적 대안 마련을 위한 토론회』, http://www.hani.co.kr/special/hangultoron9807/b_oh.html.

윤영민 (1997) 「기술적 혁신과 사회적 진보: 정보 테크놀로지의 창조적 수용을 위한 서설」, 경희대 정보사회연구소·삼성경제연구소 편 『네트워크 트렌드: 정보기술혁명과 사회변화』, 삼성경제연구소.

진보네트워크 (2000) 「이 시대 마지막 해커인 리차드 스톨만」, 『소프트웨어 특허의 문제점』, 리차드 스톨만 초청 강연회 자료집.

홍성태 (1999) 「정보화 경쟁의 이데올로기에 관한 연구: 정보주의와 정보공유론을 중심으로」, 서울대학교 사회학과 박사학위논문.

_____ (2000) 「지식사회와 탈근대: 주류 정보사회론 비판」, 『문화과학』 2000년 여름호.

와키 히데오 (2000) 『리눅스가 윈도우를 능가하는 날』, 홍영의 역, 혜지원.

이케다 노부오 (2000) 『인터넷 자본주의 혁명』, 이규원 역, 거름.

Egan, B. (1993) 『정보고속도로: 첨단 공중통신망의 경제성』, 통신개발연구원 감역.

Levy, S. (1996) 『해커, 그 광기와 비밀의 기록』, 김동광 역, 사민서각.

Perelman, M. (1998) *Class Warfare in the Information Age*, St. Martin's Press.

Perens, B. (2000) 「오픈 소스에 대한 정의」, 송창훈 외 역 『오픈 소스』, 한빛미디어(http://www.opensource.org/osd.html).

Stallman, R. (2000) 「GNU 운영체제와 자유소프트웨어운동」, 송창훈 외 역 『오픈 소스』, 한빛미디어.

Toffler, A. (1987) 『제3의 물결』, 정해근 역, 도서출판 정암.

_____(1989) 『미래쇼크』, 이규행 감역, 한국경제신문사.

Wiener, N. (1978) 『인간활용: 싸이버네틱스와 사회』, 최동철 역, 전파과학사.

싸이버스페이스의 열린 공동체

이 건

우리에게 공동체는 조금은 낯선 용어다. 1980년대까지만 해도 공동체는 종교활동을 하는 사람들 사이에서나 들어볼 수 있던 말이었다. 그렇다고 우리 사회에 공동체가 없었던 것은 아니다. 사람들 모두가 서로 알고 지내고, 바쁜 일이 생기면 서로 품앗이하던 우리의 농촌마을은 전형적인 공동체였다.

지난 반세기를 거치면서 우리 사회는 점차 공동체적인 삶으로부터 멀어져왔다. 이제 대부분의 사람들에게 농촌마을의 공동체적 삶은 추억 속의 낭만으로 남아 있다. 그러나 1990년대 중반 이후 인터넷이 보편화되면서 공동체는 다시 관심의 대상이 되기 시작하였다. 특히 전자상거래를 위한 인터넷 싸이트들이 공동체를 마케팅의 수단으로 활용하면서 싸이버 공동체에 대한 관심은 빠르게 증가하고 있다.

그러나 싸이버 공동체가 과연 공동체인가에 대한 의구심은 여전히 남아 있다. 현실세계에 존재하는 대부분의 공동체는 닫힌 집단이다. 공동체의 성원들은 밖으로 닫혀 있어 서로가 서로를 알며, 그들만의 영역을 갖고, 그들만의 문화를 형성한다. 반면 싸이버스페이스에서 이루어지는 만남은 얼굴 없는 만남이며, 자신을 드러내지 않은 채 이루어질 수 있다. 싸이버스페이스를 거니는(surfing) 사람들은 어떤 구속도 받지 않은 채 이곳저곳을 자유롭게 드나들 수 있다. 싸이버스페이스는 기본적으로 열린 공간이다. 따라서 싸이버스페이스에서 현실세

＊ 이 글을 읽고 상세히 논평 해주신 이현희 박사(에스원범죄예방연구소), 박순성 교수(동국대 북한학과)께 감사한다.

118

계와 비슷한 모습의 공동체를 형성하기란 그다지 쉬운 일이 아니다.

그렇지만 싸이버스페이스에서 어떤 집단은 공동체적 모습을 강하게 나타낸다. 라인골드(Howard Rheingold)에 의해 세상에 알려진 WELL은 그러한 싸이버 공동체의 전형으로 정착하였다.[1] 반면 싸이버스페이스에서 어떤 집단은 전혀 공동체적이지 않다. 대부분의 대화방은 사람들이 일시적으로 만났다 헤어지는 장소로 공동체적 지속성을 갖지 못한다. 또한 전자상거래가 마케팅 전략으로 공동체를 표방하면서 싸이버 공동체에 대한 혼란은 더욱 가중되고 있다. 예를 들어 PC통신의 동호회나 포털싸이트의 커뮤니티 등은 그나마 공동체적 모습을 갖는다고 하더라도, 증권투자자들이 모여 증권정보를 교환하는 싸이트를 과연 공동체라고 할 수 있는지에 대해서는 많은 사람들이 의문을 가진다.

이렇듯 싸이버 공동체의 공동체성에 대해 많은 혼란이 있음에도 이를 정비하려는 노력은 별로 없었다. 현실 공간과 마찬가지로 싸이버스페이스에는 다양한 형태의 집단들이 있다. 이들 집단의 성격과 사람들 사이의 관계와 행위를 파악하기 위해서는 집단의 성격을 규정할 도구가 필요하다. 몇몇 연구자들이 싸이버 공동체에 관한 분석적 연구를 위한 개념적 작업을 하였으나(이건 1997; Healy 1997), 아직 실제 분석에 활용되기에는 미흡한 편이다. 이런 상황에서 이 글은 다양한 싸이버스페이스의 만남들을 살펴봄으로써 싸이버 공동체의 공동체적 모습을 이해하는 데 도움을 주고자 한다.

싸이버 공동체는 새로운 문화현상이다. 싸이버스페이스에는 국경이 없으나 싸이버 공동체는 대체로 같은 언어권에 속한 사람들간에 만들어지기 때문에 우리 사회의 특성을 반영한다. 그러나 우리 사회에서 한동안 싸이버 공동체가 가능할 것인지에 대한 의문이 있었다. 토론문화가 발달하지 않았으며, 인간관계에서 지위나 나이의 위계질서가 강조되고, 혈연·지연·학연 등으로 이루어진 폐쇄적 관계가 인간관계의

1) WELL(Whole Earth 'Lectronic Link)은 1985년 미국 캘리포니아 쌘프란씨스코 지역에 설립된 전자게시판 중심의 BBS(Bulletin Board Service)이다. 『가상공동체』(Virtual Community)는 라인골드가 7년 동안 WELL의 경험을 토대로 싸이버스페이스에서 형성되는 공동체적 인간관계를 상세히 묘사한 책이다.

큰 몫을 차지하는 우리 사회에서 열린 관계 중심의 싸이버 공동체는 그다지 가능할 것 같지 않았다. 그러나 이러한 우려는 지난 2년 동안 인터넷 커뮤니티 싸이트의 급속한 성장으로 기우였음이 밝혀졌다. 사실 지난날 PC통신에서 대화방이 크게 성황을 이루었던 것을 보면 싸이버 공동체의 가능성은 일찍부터 있었다고도 할 수 있다. 이런 측면에서 이 글은 우리 사회에 싸이버 공동체가 어떤 의미에서 새로운 문화현상인지를 살펴볼 것이다.

에셔 「상대성」. 수학적 상상의 세계의 기묘함을 보여주고 있는 이 그림처럼 싸이버스페이스에서는 일상적인 거리감각이 혼란에 빠진다. 이처럼 경이로운 공간에서 인간상호작용은 어떻게 이루어지는가?

싸이버 공동체 연구의 방향

싸이버스페이스에서 형성되는 집단이 공동체인지 아닌지를 파악하기 위해서는 먼저 공동체가 무엇인지 규정해야 한다. 그러나 이에 앞서 우리는 코헨(Anthony Cohen)과 힐러리(George Hillery)의 경고를 기억할 필요가 있다(Cohen 1985; Hillery 1982). 먼저 코헨은 공동체의 구조적 요소를 객관적으로 정의하는 것은 공동체의 삶을 질적으로 연구하는 데 도움이 되지 않는다고 보았다. "(공동체 연구에서) 우리는 잘 정리된 분석적 분류를 위해 고심하는 것이 아니다. 우리는 '공동체에 소속되어 있다는 사람들의 느낌'이라는 경험적인 현상을 접하고 있다."(Cohen 1985, 38면)

또한 힐러리는 7년간의 공동체연구를 정리한 후 회고하기를 "나는 모든 공동체에 대한 정의에서 어떤 공통점을 발견하여 연역적으로 논증하고자 노력했다. … 이러한 연역적 시도는 내 생애의 가장 중요한 실패 가운데 하나다"라고 하였다(Hillery 1982, 14면). 그는 공동체에 대한 94개의 사회학적 연구에서 이들 전체를 포괄하여 어떤 집단이 공동체인지 혹은 아닌지를 명확히 구분할 수 있는 공동체에 대한 보편적 정의를 찾지 못했다. 단지 그는 모든 공동체연구는 어떤 형태로든 촌

락으로부터 공동체의 요소를 추출한다는 사실을 발견하였다.

이들의 경고는 싸이버 공동체 연구에서 고려해야 할 두 가지 방향을 제시한다. 첫째, 싸이버스페이스에 형성된 집단은 전혀 공동체적 성향을 갖지 못한 것에서부터 공동체의 이념형에 가까운 것까지 다양한 형태가 있다. 따라서 싸이버 공동체 연구에서도 공동체를 연역적으로 정의하고 그 기준에 따라 싸이버스페이스에 형성된 집단이 공동체인지 아닌지를 판정하는 이분법적 접근방식은 그다지 유용하지 않다. 그 대신 싸이버스페이스에 형성된 집단을 공동체성 정도에 따라 서열적으로 파악하는 접근방식이 바람직하다(이건 1997; 윤영민 2000a).

둘째, 현대사회는 촌락공동체가 형성되었던 농경사회와 물리적 환경이 다르며, 공동체가 형성되는 사회적 배경도 다르다. 더욱이 싸이버스페이스는 물리적 환경으로부터 거의 영향을 받지 않는 상태에서 형성되기 때문에 더욱 그러하다. 그러나 시대적 환경의 차이에도 불구하고 촌락공동체에서의 삶의 모습들은 아직도 공동체의 전형으로 남아 많은 경우 현대 사회집단의 공동체성을 인식하는 데 기본적인 틀을 제공한다. 이런 측면에서 촌락공동체의 공동체성을 이해하고, 현대사회에 적용할 수 있는 부분과 그렇지 못한 부분을 구분하여, 그것을 바탕으로 싸이버 공동체의 공동체성을 파악하는 것이 바람직하다.

공동체의 필요성: 전통사회와 현대사회

전통사회에서 개인은 삶의 전반적인 영역에서 다른 사람들과 직접적으로 관계를 맺는다. 이때 개인은 총체적 인격체(whole person)로 다른 사람들과 만난다. 일반적으로 공동체의 이념형은 이러한 관계를 바탕으로 형성된 집단의 특성을 반영한다. 그러한 집단에서 사람들은 정서적으로 서로 이해하고, 친밀하며, 이를 바탕으로 협동하며, 상호호혜적인 관계를 갖는다.

이것은 기든스(Anthony Giddens)의 '순수한 관계'(pure relationship)와 유사하다(Giddens 1991, 6~7면). 순수한 관계는 친족 내의 기준이나, 사회적 의무, 전통적으로 주어진 책임 등 관계외적 기준과 무관하게 관계 자체만을 위해 형성되는 관계이다. 이러한 관계에서는 상호 자신을 드러내는 과정을 통해 '신뢰'(trust)가 형성되며, 신뢰는 상호 '헌신'(commitment)으로 표현되며, 헌신은 '친밀성의 요구'(demand for intimacy)로 나타난다.

그러나 공동체의 이념형은 총체적인 인격체로 직접 만나 이루어지는 인간관계의 효과를 지나치게 중시하는 경향이 있다. 특히 인간관계를 중심으로 보편적인 공동체의 이념형을 설정할 경우, 촌락공동체가 형성될 당시의 정치·경제·사회적 배경이나 공동체 안에서의 사회적 지위(status)와 역할(role)의 관계가 간과된다(Cohen 1985, 28~33면). 그러므로 촌락공동체의 인간관계를 바탕으로 만들어진 공동체의 이념형은 현대사회에서 사회집단들의 공동체성을 파악하기에는 너무 경직되어 있다. 이를 극복하기 위하여 여기서는 인간관계 중심의 공동체 정의로부터 벗어나 전통사회와 현대사회의 공동체들을 정치·경제·사회의 측면에서 살펴봄으로써 싸이버 공동체를 파악할 수 있는 개념의 배경을 마련하고자 한다.

도덕경제와 전통사회의 공동체

힐러리는 촌락공동체의 특성을 파악하기 위해 8개의 농촌과 2개의 어촌에 관한 촌락연구들을 비교하였다(Hillery 1982). 이 촌락들은 모두 다음과 같은 공통의 요소들을 가졌다. 마을에 사는 사람들은 모두 알고 지내며, 협동하고, 상호호혜의 규범을 가지며, 마을 전체를 공동운명체로 인식하고, 대체로 마을 안에서 거의 모든 활동을 하며, 그 마을에서 태어나 자랐고, 마을을 중심으로 세상을 이해하며, 거의 비슷한 경제활동을 하고, 가족이 경제활동의 단위이자 사회화의 중심이며, 사회적 지위에 따라 계층화되어 마을의 유지와 지도자가 누구인지 알고, 공통의 종교적인 믿음을 가지며, 공통의 놀이와 의식(ritual)이 있고, 마을 안에 함께 사용하는 공간이 있으며, 마을의 경계를 비록 똑같지는 않더라도 인식하고 있다. 그 결과 이들 촌락의 정치·경제·사회·문화적 활동은 대부분이 마을 안에서 자기충족적인 형태로 이루어진다.

이러한 요소의 상당부분은 교통수단의 제약으로 먼 거리를 여행하기 어려웠던 시절에 한 지역에서 오랜 세월을 함께 살아온 사람들 사이에서 자연발생적으로 형성되었다. 마을 안의 활동과 마을중심의 세계관, 사람들의 비슷한 활동내역, 마을 안의 자기충족, 면대면의 인간관계, 공통의 의식과 믿음 등은 한 지역에서 함께 살아가기 때문에 자연스럽게 형성된 것들이다. 이에 반해 경제활동이 가족중심인데도 불구하고 마을 단위에서 경제적 협동과 상호호혜의 공동체적 규범이 나타난 것은 촌락의 정치경제적 필요성 때문이었다. 인류학적 관점은 촌락공동체의 형성을 도덕경제(moral economy)로 이해한다.

도덕경제는 시장경제와 대비되는 개념으로 시장경제가 들어서기 전의 농경사회에서 찾아볼 수 있는 경제체제이다. 시장경제에서 사람들은 이윤의 극대화를 목적으로 생산하고, 이 과정에서 개인들은 경쟁하며, 그 결과 생산력이 증가하였다. 그러나 시장경제가 등장하기 이전 사회에서 이윤의 극대화나 경제적 성장은 생소한 개념이었다. 폴라니는 농경사회에 일반 사람들의 경제적 욕망이 얼마나 소박했는지를 1607년의 공식문서를 인용하여 잘 보여준다. "가난한 사람들은 삶의 터전을 확보하는 데 만족하며, 귀족들은 욕망을 좇아 성장을 추구한다."(Polanyi 1957, 34면)

사실 가뭄, 홍수, 수확기의 기상변화, 병충해의 확산, 가축의 역병 등과 같은 예측할 수 없는 자연재해로 매해 생계를 유지할 만큼 생산할 수 있는지 불확실한 상태에서 사람들은 그다지 높은 수준의 경제적 욕망을 갖지 않았다. 뿐만 아니라 농민들은 정치적 환경 변화에도 대응할 만한 적절한 제도나 힘을 갖지 못하였다. 자신들이 통제할 수 없는 변덕스러운 자연·정치 환경에서 농민들은 이윤창출보다는 안정된 생계유지를 더욱 중요하게 생각하였다. 이런 의미에서 안정된 생계유지는 경제운영의 도덕적 원리이며 동시에 개인의 권리로 인식되었으며, 그 결과 도덕경제는 사회보장의 성격을 가졌다(Scott 1976, 6~7면).

도덕경제에서 가족은 생산의 단위이며 동시에 소비의 단위였다. 가족의 범위를 벗어난 친구·이웃·유지·군주와의 관계는 사회보장의 성격이 강했다. "마을은 위험을 줄이는 동시에 안정을 확보하기 위해 자원을 공유하고, 힘있는 유지와 인연을 맺었으며, 중앙정부는 이러한 관계를 인정하였다."(Wolf 1969, 279면) 이웃들 사이에는 품앗이와 같은 상호호혜적 규범이, 지주와 군주는 사람들이 어려울 때 자신의 창고를 열어 소작인들을 돌보는 가부장의 규범이 정착되었다. 이와 함께 일부의 자원을 공유함으로써 공동의 이해가 발생하고, 이를 위해 경제적 협동의 규범이 만들어졌다(Scott 1976). 더 나아가서 공동체의 사회보장적 성격으로 평등성이 강조되었다. 예를 들어 구성원 전체가 기근으로 고통을 느끼는 경우는 있어도 혼자서만 굶어죽는 경우는 흔치 않았다. 따라서 공동체는 단지 개인들이 모여사는 공동체가 아니라 모두가 운명을 같이하는 운명공동체였으며, 이로부터 공동체의 안정을 개인의 이익보다 더 중요하게 여기는 도덕적 사회규범이 형성되었다.

소외와 현대사회의 공동체

현대사회에서 형성되는 공동체는 모습이나 형성배경이 촌락공동체와 같지 않다. 먼저 현대사회에서 거주의 영역과 활동의 영역은 분리되어 있다. 따라서 사람들은 같은 지역에 살아도 같이 활동하지 않으며, 활동 내역과 범위도 다르기 때문에 지역은 사회경제적으로 자기충족의 단위가 아니다. 또한 같은 믿음을 갖지 않으며, 함께 의식에 참여하지도 않고, 지역 안에서 인간관계를 형성하는 경우도 많지 않다.

이러한 현상은 동일한 거주지역이 공동체 형성의 필요조건일 수는 있으나 충분조건은 아니라는 사실을 보여준다. 한편 촌락의 공동체적 규범 형성에 중요한 역할을 한 도덕경제의 정치경제적 요소를 현대사회에서는 찾기 어렵다. 특히 경제적 풍요와 시민권리가 상당히 보장되어 있는 현대사회에서 생계유지의 윤리를 기대하기는 어렵다. 따라서 현대사회에서 공동체가 필요하다면 정치경제적 이유는 아니다. 니스벳(Robert Nisbet)은 현대사회에서 공동체의 추구는 문화적 목적에서 소속·지위·연속성의 느낌을 필요로 하는 인간본성의 욕구로부터 나온다고 보았다(Nisbet 1969, 73면).

현대사회에서 개인은 삶의 특별한 영역에서 각기 제한된 역할을 하며, 그 영역에서만 다른 사람들과 관계를 맺는다(Tönies 1955; Durkheim 1964). 제한된 관계 안에서 지정된 역할의 수행자로서 개인은 특정한 목적을 위해 개인의 합리성(rationality)에 따라 행위한다. 행위의 합리성은 목적달성을 위한 수단의 효율성에 의해 개별적으로 판단되며, 이 과정에서 개인주의가 성장하였다.

한편 시장경제의 보편적 교환수단은 인간관계를 신분이나 소속과 같은 질적인 관계로부터 계약관계로 변화시켰다(Weber 1948). 전통사회에서 인간관계의 특징은 혈통에 의해 성립된 신분관계 중심의 지위인 데 반해, 현대사회에서 인간관계의 특징은 법적 동의에 의해 자유로이 맺어지는 관계 중심의 계약이다. 인간관계가 계약관계 중심으로 변하면서 인간관계를 형성하는 신분이나 소속과 같은 사회적 맥락은 중요하지 않게 되었으며, 인간관계에서 사회적 맥락의 상실은 전통과 관습의 영향력을 감소시켰다(Simmel 1950; Durkheim 1964).

개인주의와 사회적 맥락의 상실은 현대인들에게 사회로부터의 소외를 가져왔다. 소외는 사회질서와 무관하며, 희망을 찾지 못하며, 삶의 지루함을 느끼는 마음의 상태이다. 이러한 현상은 현대사회에서 개인의 경험이 주변세계와의 관계에서 연속성을 갖지 못하고 단절된 채, 개인이 홀로 자신에게 부여하는 의미만을 갖기 때문에 나타난다. 그 결과 개인은 주변세계로부터 고립되어, 뿌리를 잃고, 위치를 상실한 상태에서 심리적인 안정감을 찾지 못하고, 존재의 의미마저 상실하게 되었다(Nisbet 1969; Giddens 1991).

현대인들에게 필요한 것은 사회적 맥락을 회복함으로써 심리적 안정의 기반을 찾고, 삶의 의미를 발견하는 것이다. 공동체는 사람들에게 사회적 상호작용을 통해 다른 사람과 자신의 행위를 이해하고, 행위에 의미를 부여하며, 이를 통해 공동체의 문화를 창출하고 재생산할 수 있는 기회를 제공한다(Geertz 1975). 이제 사람들은 다른 사람들과 인격체로서 관계를 맺고, 그러한 관계 속에서 삶의 의미를 확인하고 심리적 안정감을 되찾고자 공동체를 추구한다. 즉 농경사회에서 사람들은 정치경제적으로 발생한 물질적 필요에 의해 공동체를 형성한 데 반해, 현대사회에서 사람들은 문화적으로 발생한 사회심리적 필요에 의해 공동체를 형성한다.

싸이버 공동체: 상징적 구성체

싸이버스페이스의 공동체적 현상들은 현대인들의 공동체에 대한 욕구를 반영하고 있다. 라인골드는 자신의 경험을 토대로 싸이버 공간의 만남에서 경험하는 공동체적 감흥을 보여주었다(Rheingold 1993). 싸이버 공동체는 "싸이버스페이스에서 인간관계를 맺고자 사람들이 인간적 느낌으로 충분히 오랫동안 이야기를 나눌 때 형성된다"(같은 책 5면). 그가 묘사한 싸이버 공동체는 구성원들이 오랫동안 관계를 맺으면서, 서로 도울 일이 생기면 싸이버스페이스에서 혹은 현실세계에서 도움을 주는 과정을 통해 성장하였다. 이런 모습의 싸이버 공동체를 그는 "작고 포근한 세계"로 그렸다(같은 책 1면). 이것은 싸이버 공동체가 현대인의 사회심리적 욕구에 얼마나 잘 부응하는지를 정확히 표현한다. 현대인들은 '인간적' 느낌을 가질 수 있는 인간관계가 필요하다. 싸이버 공동체는 그러한 인간관계를 유지하는 장소로서 '포근한' 느낌을 주며, 그 안에서 '인간적' 느낌을 충족시킬 수 있는, 작지만 심리적으로는 충분히 큰 '세계'이다.

사회심리적 필요에 의해 발생하는 공동체는 물질적 기반이 약하다.[2] 현실 공동체는 지연·혈연·학연 등을 기반으로 형성됨으로써 구성원들이 공동체의 실체를 물리적으로 확인할 수 있다. 그러나 싸이버 스페이스에서 물리적 실체는 큰 의미를 갖지 못하기 때문에 실체성에 대한 논란이 많다. 싸이버 공동체가 실체성을 갖기 위해서는 현실 공동체의 물리적 기반을 대신할 다른 종류의 기반이 필요하다. 현실세계가 물질로 이루어진 세계라면, 싸이버스페이스는 상징으로 이루어진 세계이다. 그러므로 여기서는 싸이버 공동체를 상징을 기반으로 형성되는 상징적 구성체로 파악하고자 한다.

상징적 구성체의 형성

싸이버 공동체가 형성될 수 있는 기반은 일차적으로 공통의 관심이다. 공통의 관심은 싸이버스페이스에서 사람들이 서로 만날 수 있는 기회를 제공한다. 일단 사람들이 만나 어느정도 관계를 지속하면 자연스럽게 '그들만'의 경험들을 만들어간다. 만남이 지속되면 그들은 그들 사이에서만 의미있는 언어·행위·의례·징표 등 상징적 도구(symbolic devices)를 만들어 '그들만'의 것을 확인하고자 한다(Cohen 1985). 일단 그러한 상징적 도구들이 만들어지면 구성원들은 상징적 도구를 매개로 공동체성을 구체적으로 경험하고, 공동체에 의미를 부여한다. 즉 싸이버 공동체는 구성원들이 공유하는 상징적 도구들을 기반으로 존재한다.

2) 이런 측면에서 현대사회의 공동체를 상상의 공동체(imagined community)라고 부르기도 하고(Benedict Anderson 1991), 준공동체(pseudo-community)라고 부르기도 한다(Beniger 1987; Peck 1987; Jones 1995).

싸이버스페이스의 커뮤니케이션은 주로 키보드의 문자판을 통해 이루어진다. 이런 제약 때문에 싸이버스페이스의 상징물은 문자 중심이다. 처음 싸이버스페이스에 접속하는 사람들은 다른 사람과 대화하기 위해서 몇가지 축약문자를 익혀야 한다. 1990년대 초까지만 해도 유즈넷(Usenet)에 처음 접속하는 사람들이 가장 많이 질문하는 것이 축약문자였다. 그 가운데는 FAQ(Frequently Asked Questions)나 DIY(Do It Yourself)와 같이 지금은 보편화되어 유즈넷 사용자들만의 전용물은 아닌 것도 있으며, 덜 보편화된 FYI(For Your Information), BTW(By The Way) 등도 있다. 우리나라의 경우 중딩(중학생)이나 고딩(고등학생) 같은 용어는 중고등학생들이 PC통신 대화방의 주된 고객이던 시절에 만들어진 그들의 문화성을 함축적으로 표현하는 축약문자이다. 그외에도 대화방에서 타자속도를 높이기 위해 조사생략이나 용언축약 등 많은 축약문자들이 사용되었다. 이 축약문자들은 한동안 사용자들 사이에서만 통용되어 그들만의 것으로 인식되었다.

문자의 제약을 벗어나려는 시도도 있다. 이모티콘(emoticon)은 가장 대표적인 예이다. 영어문화권에서는 주로 옆으로 뉘어놓은 얼굴 모양이 사용된다. 예를 들어 :)는 웃는 모습, :(는 화난 모습 등, 수십 가지의 모양이 있다. 이에 반해 우리나라에서는 가로 읽기 형태의 모양을 사용한다. 특히 ^-^의 웃는 모습과 T_T의 우는 모습은 가장 많이 사용되는 이모티콘이다.

싸이버스페이스에서 고정된 사람들과 만나면 그들 사이에서 그들만의 상징적 표현들이 만들어진다. 어떤 3,40대 대화방의 예를 보면 고정적으로 참여하는 사람들은 "몇날 몇시에 방 따로 잡겠소"라는 표현을 그 시간에 비공개 대화방에서 만나자는 의미로 이해한다. 이들 사이에는 이미 공유된 대화방 이름과 패스워드가 있다. 특히 대화방에 새로운 사람이 나타나 말썽을 부리는 경우에 종종 이런 방법을 사용한

Lucy,
You go, girlfriend.
Jennifer

다. 이 예는 한 개인이 공동체에 편입되는 과정은 공동체가 공유하는 상징물들을 이해하는 배움의 과정이라는 사실을 보여준다. 또한 공동체의 소속감은 상징물의 이해를 통해 구체적으로 확인된다.

하지만 어떤 상징을 문화적으로 공유한다고 해서 그 의미에 대한 해석이 모두 동일한 것은 아니며 각자의 상황이나 경험세계에 따라 미묘한 차이를 갖는다. 예를 들어 신앙에 대해 어떤 신도는 종교적 의식을 잘 수행하는 것을 진정한 믿음으로 생각하며, 어떤 신도는 마음속으로 계율을 잘 지키는 것이 진정한 믿음이라고 생각할 수 있다. 싸이버스페이스에서도 상징의 의미는 다양하게 해석된다. 예를 들면 웃는 모습은 때로는 장난기를, 때로는 머쓱함을, 때로는 기쁨을 표시한다. 상징에 대한 대응 또한 다르다. 위의 "방 따로 잡겠소" 예를 보면 그 시간에 비공개 대화방 대신에 공개 대화방에서 따로 만나는 사람들도 있다. 이들은 그들의 만남이 외부인에게 노출될 위험에도 불구하고 새로운 사람들을 만날 수 있는 기회를 살리기 위해 공개 대화방을 선택한다.

이를 종합하면, 싸이버 공동체는 한편으로 구성원들에게 표현과 해석 및 의사소통의 수단을 제공하는 상징물의 저장소이며, 다른 한편으로 공유한 상징에 대해 공통의 이해를 바탕으로 저마다 다양한 의미와 해석을 허용하는 소통의 영역이다. 더 나아가서 싸이버 공동체의 구성원들은 상징에 대한 이해를 바탕으로 소통의 영역에 참여하여 자신의 소속감을 구체적으로 확인한다. 이런 의미에서 싸이버 공동체는 상징적 구성체이다.

상징으로서의 경계

일반적으로 현실 공동체에는 물리적 경계가 존재하며 공동체의 경계에 대한 인식은 누구에게나 거의 동일하다. 예를 들어 전통적인 농촌마을의 경우, 공동체의 경계는 대체로 마을의 경계와 일치한다.[3] 그

3) 도어(Ronald Dore)는 일본 농촌마을 연구에서 공동체의 경계가 마을의 지역적 경계와 동일하다는 것을 보여주었다(Dore 1978). "시노하따에 살면 외부세계는 길을 따라 300야드 밖에 있다."(같은 책 60면)

러나 싸이버스페이스에는 물리적 경계가 존재하지 않는다. 그 대신 사람들은 공동체의 경험을 통해 '그들만'의 영역을 갖으며, 이 영역의 공유를 통해 공동체의 경계를 상징적으로 형성한다. 앞의 이모티콘의 예에서 보듯이, 영어문화권과 한국은 이모티콘 사용에 차이가 있으며, 그 차이는 바로 두 문화권의 경계이다. 또한 "방 따로 잡겠소"의 예에서 보았듯이 이 상징적 표현의 의미를 이해하는 사람과 이해하지 못하는 사람들 사이에 공동체의 경계가 있다. 이렇듯 공동체의 구성원들은 공동체의 독특한 성향을 인지하고, 그것을 유지하는 상징적 도구를 고안하여 공동체의 경계를 인식한다.

상징화된 공동체의 경계는 구성원들의 합의와 인식에 따라 다양한 형태를 가진다. 구성원들이 그러한 경계를 강조하는 경우 경계의 구분을 명확히함으로써 내부의 결속력을 강화하여 공동체적 성향이 강해지는 반면 폐쇄적이 되기 쉽다. 만약 구성원들이 경계를 강조하지 않는 경우 공동체는 덜 폐쇄적이다. 이것은 인종의 예를 들면 인종 사이의 경계를 강조하는 경우 인종 안에서 결속력은 강화되고, 인종 사이는 폐쇄적이 되는 것과 비슷하다.

닫힌 싸이버 공동체의 전형은 비공개 동호회이다. 일반적으로 동호회는 학연·지연·연령·관심 등의 명시된 기준으로 구성원들을 제한한다. 이들은 대체로 학연이나 지연과 같이 현실사회에도 적용할 수 있는 기준을 회원의 요건으로 하고 있기 때문에 경계의 상징은 명확하다. 예를 들어, 아이러브스쿨(iloveschool.co.kr)과 같은 싸이트는 같은 학교 출신을 회원의 요건으로 하며, 학교 마크를 홈페이지의 로고로 채택하고, 홈페이지에 접속하면 교가가 연주되기도 한다. 이들은 전형적인 닫힌 공동체이다. 관심을 중심으로 형성된 싸이버 공동체의 경우도 현실세계의 연구회나 산악회 등과 같은 기존의 모임을 바탕으로 싸이버 공동체를 형성하는 경우 닫힌 모습을 갖기 쉽다.

공개 동호회는 대체로 관심을 중심으로 형성되는 만남의 장이다.

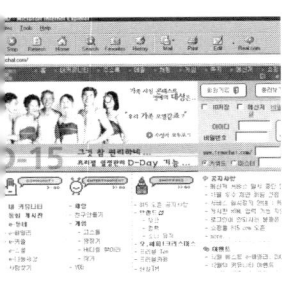

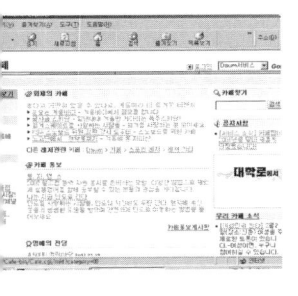

다음(www.daum.net) 카페나 프리챌(www.freechal.com) 커뮤니티와 PC통신의 동호회 등은 대체로 공개 동호회의 형태로 운영된다. 대부분은 게시판을 통해 의견을 나누고 정보를 교환하며, 개인적인 이야기는 전자우편을 이용한다. 하지만 게시판에 올리는 글이 반드시 동호회의 관심과 일치하는 것은 아니며 신변잡기에 관한 글을 올리는 경우도 많다.

공개 동호회는 형식적으로는 닫힌 모습이지만 실제로는 열려 있다. 동호회의 회원이 되기 위해서는 가입절차를 거쳐야 하지만 가입에 제한을 두는 경우는 극히 드물다. 다만 간단하더라도 가입절차를 거치는 수고와 번거로움 정도를 감수할 정도의 열의는 있어야 한다. 이런 측면에서 가입절차는 어느정도 관심이 있는 사람을 걸러내는 역할을 하며, 회원가입은 경계의 상징으로 작용한다.

대부분의 공개 동호회는 회원과 비회원 사이에 권한의 차이를 두고 있다. 예를 들어 '다음'에서는 특정 카페의 회원이 되면 다른 회원들이 첨부한 글이나 그림과 자료들을 볼 수 있으며 자신의 글도 올릴 수 있다. 회원으로 가입하지 않은 사람들은 게시판에 올린 글을 읽을 수 있을 뿐 첨부한 것들은 볼 수 없다. 이 경우 접근권한은 경계의 상징이다.

또한 회원이 되기 위해서는 개인 신상정보를 회원들에게 공개하는 절차가 있다. 이렇게 만들어진 정보는 회원들이 공유한다. 회원들 사이의 신상정보 공유는 한편으로는 신상정보에 대한 접근권이란 의미에서 경계의 상징이다. 다른 한편으로 신상정보는 구성원들 사이에 신뢰의 관계를 만들어갈 수 있는 기초자료를 제공함으로써 만남이 안정적으로 유지되어 공동체를 형성할 수 있는 밑바탕의 역할을 한다.

공개 동호회와 비슷한 공동체적 모습을 가지면서도 회원/비회원의 구분이 없는 싸이버스페이스의 만남에는 관심별 게시판이 있다. 관심별 게시판의 전형은 유즈넷에서 찾아볼 수 있다. 유즈넷은 누구나 자신의 관심에 따라 접속할 수 있는 뉴스그룹이라는 관심별 전자게시판의 집합이다. 유즈넷은 열린 관계를 강조하였으며, 이러한 정신은 인터넷 발전에 중요한 역할을 하였다(Hauben and Hauben 1997).

유즈넷의 많은 뉴스그룹은 라인골드의 말처럼 '작고 포근한 세계'다. 유즈넷에서 사람들은 개인적으로 모르는 상태에서 의견을 나누고, 질문에 답하며, 함께 일을 도모하기도 하고, 어려운 일이 생기면 도와주기도 한다. 이런 만남의 과정에서 많은 사람들이 인간적인 따스함을 확인한다. 그러나 극렬한 논쟁에 의해 격분하거나 마음의 상처를 받고 뉴스그룹을 떠나는 사람도 있을 만큼 갈등도 많다. 마치 현실세계의 공동체처럼 유즈넷에도 인간적 포근함을 느끼는 순간도 생기고 갈등의 불편함을 느끼는 순간도 생기면서 나름의 역사가 만들어진다.

오랜 역사를 가진 뉴스그룹에는 중요한 인물들이 있다. 상당 기간 뉴스그룹에 접속한 사람이면 그들이 어떤 사람이고 그룹 안에서 어떤 역할을 하는지를 안다. 많은 사람들은 그들의 전문적 식견에 대해 권위를 인정하며, 때로는 인간적인 면에 대해 존경심을 갖는다. 즉 그들은 그룹 안에서 상징적 지위를 갖고 있다. 만약 그들에 대해 어떤 사람이 그들의 지위에 적절하지 않은 방식으로 응답하는 경우 많은 사람들로부터 공개적으로나 전자우편 등의 비공개적 방법으로 공격을 받는다. 이 경우 뉴스그룹 안의 중요 인물을 인지하는지 못하는지의 구별은 공동체의 상징적 경계를 구성하는 요소이다.

관심별 게시판처럼 공개 대화방도 열린 형태의 만남이다. 공개 대화방은 누구나 참여할 수 있지만, 이곳에도 안정된 만남의 집단이 있다. 충분한 기간 동안 대화방을 찾은 사람들은 늘 만나서 이야기를 나누는 고정된 사람들이 있다.[4] 고정적 대화자들끼리 나누는 이야기 내용은 마치 술자리에서 친구들, 점심시간에 사원들, 우물가의 아낙네들이 모여 나누는 것과 비슷한 잡다한 신변잡기들이다. 이런 현상은 대화방에 참여하는 사람들간에도 시간이 지나면 점차로 친구가 만들어

4) 내가 1996년에 조사한 천리안 대화방 참여자 1903명 가운데 607명(31%)은 고정적인 대화자가 있었다.

지고, 이들간에 서로 의지하는 공동체적 모습이 있음을 보여준다.

대화방에 오랫동안 참여하는 사람들은 일정한 대화명을 사용하고, 일정한 대화방 이름을 유지하려고 한다. 이는 대화명이나 대화방의 이름이 대화자를 구별하는 기준이기 때문이다. 이 경우 대화명과 대화방 이름을 인지하는 사람과 인지하지 못하는 사람 사이에 공동체의 경계가 있다.

대화방의 이름은 또다른 의미에서 경계의 상징이다. 대화방을 선택하는 기준 가운데 우리 사회의 독특한 모습을 보여주는 것이 연령이다. 대화방 이름에 연령을 명시하는 대화방이 적지 않다. 싸이버스페이스에서는 아무도 실제 나이를 알 수 없지만 대다수의 사람들은 자신의 연령에 맞는 대화방을 찾는다. 자신의 나이와 다른 연령층의 방에 들어가는 것은 그다지 바람직한 일이 아니며, 침입자로 취급받는 경우도 많다. 이것은 현실사회에서와 같이 싸이버스페이스에서도 연령이 집단들 사이에서 경계의 상징임을 나타낸다(이건 1996).

열린 싸이버 공동체: 커뮤니타스와 약한 연줄

우리 사회에서 혈연·학연·지연을 바탕으로 한 닫힌 공동체는 많다. 싸이버스페이스의 닫힌 공동체는 현실세계의 공동체와 큰 차이가 없으며, 대체로 현실세계에 이미 존재하는 사회적 관계를 바탕으로 형성된다. 이에 반해 싸이버스페이스의 열린 공동체는 우리가 경험해보지 못한 새로운 현상이다.

싸이버스페이스에서 형성되는 열린 공동체는 주로 공개 게시판을 통해 이루어진다. 물론 공동체가 형성되는 과정에서 참여하는 사람들은 대화방도 이용하고 전자우편도 이용하지만, 싸이버스페이스에서 사람들은 주로 공개 게시판을 통해 공동체적 경험을 한다. 이것은 공동체가 형성되기 위해서는 일정한 수의 고정된 사람들이 오랜 기간 동안 지속적으로 만나야 하기 때문이다. 먼저 만남이 지속되기 위해서는 감정의 조절이 필요하다. 매순간마다 즉각적 의견교환이 이루어지는 대화방은 감정을 조절할 수 있는 여유를 주지 않지만, 비동시적 커뮤니케이션 매체로서 게시판은 감정을 조절할 수 있는 감정지연이 구조화(built-in delay-loop mechanism)되어 있다(Etzioni and Etzioni 1999). 또한 공동체가 만들어지기 위해서는 개인들의 공동체적 느낌이 개인적인 상태로만 있어서는 안되며 참여자들 사이에 공유되어야 한다. 공동체는 긴 시간을 두고 형성되는데 그 기간 동안 한 사람 한 사람의 공동체적 경험은 누적되어 구성원들이 공유하게 된다. 이 과정에서 지나온 일들을 잊지 않고 기억할 수 있어야 하는데 대화방에는 이런 장치가 없다. 반면 게시판에는 게시판에서 이루어진 모든 논의가 남아 있다. 사실 게시판의 보관능력은 사람들의 기억보다 우월하다(같은 글). 게시판의 우월한 보관능력은 모든 공동체적 경험들을 누적하여 구성원들이 공유할 수 있는 공간을 제공한다. 한편 게시판의 논의는 다시 보며 검토하고 음미할 수 있다. 이로 인해 게시판에서 이루어지는 논의는 시간이 지나면 논리적인 것들이 감정적인 것들보다 더 우세해지는 경향을 갖는다.[5]

공개 게시판에서 많은 사람들은 도움을 청하는 글을 게시판에 올려 도움을 받을 때 공동체적 느낌을 경험한다. 게시판에 도움을 청하면 누군가가 도움을 준다. 이때 한편으로는 도움을 준 사람(들)에게 고마움을 느끼면서 다른 한편으로는 도움을 청한 집단 전체에 대해 풋풋한 느낌을 갖는다. 이것은 마치 길을 가다가 갑자기 어려운 일이 생겼을 때 누군가가 도와주면, 한편으로 그 사람에게 고마움을 느끼면서, 다른 한편으로는 사람에 대해 풋풋한 느낌을 갖는 것과 비슷하다.

이러한 느낌은 터너(Victor Turner)의 커뮤니타스(communitas)에 가깝다(Turner 1969). 커뮤니타스는 일시적으로 나타나는 공동체적 느

5) 싸이버스페이스의 토론에서 감정에 비해 논리가 우세해지는 경향에 관한 실증적 연구는 윤영민 2000b를 참조할 것.

낌이다. 의식이 진행되는 과정에서 어느 순간 의식에 참여한 사람들 사이에 일상의 지위·신분·계층의 구분이 사라지고 모두 함께 '하나되는' 느낌을 갖는 상태가 커뮤니타스다. 예를 들어 올림픽 개막식 같은 곳에서 사람들이 인류화합의 감동적 느낌을 갖는 상태이다. 이런 느낌은 그 순간 인류애를 확인시켜준다.

싸이버스페이스에서 경험하는 커뮤니타스는 대상이 구체적이지 않다. 그러나 이러한 경험이 같은 장소에서 반복되면 대상은 조금씩 구체화한다. 공개 게시판의 경우 고정 참여자들 가운데 늘 도움을 많이 주는 사람들은 그런 대상이 된다. 이 과정에서 자주 도움을 주는 사람들은 다른 사람들, 특히 도움을 받은 적이 있는 사람들로부터 집단에서 중요한 사람으로 인정받으며, 일반 참여자와는 다른 상징적인 지위를 가진다. 이와 함께 도움을 주는 사람과 받은 사람들은 보이지 않는 끈으로 엮여 공동체적 모습을 갖게 된다.

그러나 싸이버스페이스에서 만들어지는 공동체적 모습은 현실세계의 것과 다르다. 현실세계의 공동체는 일반적으로 강한 연줄(strong ties) 관계를 바탕으로 한다.[6] 강한 연줄 관계는 서로 잘 아는 사람들이 자주 만나 도움을 주고받으면서 만들어진다. 이에 반해 싸이버스페이스의 공동체는 약한 연줄(weak ties) 관계를 바탕으로 한다. 약한 연줄 관계는 그다지 잘 알지 못하는 사람들 사이에서 만들어지며, 더욱이 싸이버스페이스에서는 약한 연줄 관계를 유지할 수 있는 장치조차 없다. 그렇지만 싸이버스페이스에서 우리는 약한 연줄의 관계에서도 서로 도움을 주고받는 모습을, 더 나아가서는 만남이 지속되어 공동체적 모습을 갖는 경우를 종종 볼 수 있다(Constant et al 1996; Wellman and Gulia 1999; Kollock and Smith 1996).

이러한 만남은 현실세계에서 경험해보지 못하는 새로운 형태의 만남이다. 싸이버스페이스는 현실세계에서 만날 기회가 없는 사람들에게 만남의 기회를, 더 나아가서 그들이 친분을 맺고 도움을 주고받으

6) 강한/약한 연줄 관계에 대한 정의와 논의는 Wellman et al 1996을 참조할 것.

며 공동체적 느낌을 나누는 장소를 제공한다. 그러한 공동체는 약한 연줄에 바탕을 두고 있으며, 누구에게나 열린 상태에서 유지된다. 그것은 특정한 개인들 사이의 구체적 친분을 바탕으로 하기보다는 확장된 커뮤니타스, 즉 사람 일반에 대해 보편적으로 느끼는 따스함을 바탕으로 하는 공동체이다. 이런 측면에서 싸이버스페이스의 열린 공동체는 우리 사회가 문화적으로 받아들여야 할 새로운 형태의 공동체이며 새로운 의미의 인간관계이다.

결론

이 글은 싸이버 공동체를 현대인의 사회심리적 욕구를 적절히 충족시켜줄 수 있는 새로운 문화현상으로 보았다. 싸이버 공동체는 물질적 기반이 없는 상태에서 구성원들이 만들어낸 상징적 도구를 통해 공동체성을 구체적으로 경험하는 상징적 구성체이다. 상징적 도구 가운데 경계의 명확성은 공동체의 닫힌(열린) 정도를 나타낸다. 비공개 동호회는 닫힌 싸이버 공동체의 전형이며, 공개 동호회, 관심별 게시판, 공개 대화방 등은 대체로 열린 형태의 공동체이다. 이런 형태의 공동체 가운데서도 공동체적 경험은 주로 공개 게시판을 통해 발생한다. 이때 사람들이 경험하는 공동체적 느낌은 일시적으로 나타나는 커뮤니타스에 가까우며, 이러한 경험이 반복되면서 참여자들 사이에서 공동체적 모습은 점점 구체화된다. 이러한 공동체는 약한 연줄의 인간관계를 바탕으로 하는 열린 공동체의 모습을 갖는다.

지난 몇년 사이에 우리 사회에서 싸이버스페이스는 만남의 영역으로 빠르게 자리잡아가고 있다. 특히 인터넷 커뮤니티 싸이트들이 성장한 과정을 보면 열린 공동체를 지향하는 모습이 두드러진다. 성공적인 '다음 카페'의 경우를 보면 1998년 처음 개설되었을 당시에는 대부분의 동호회가 비공개 형태로 운영되었다. 한가지 재미있는 사실은 이 커뮤니티 싸이트가 동호회를 비공개에서 공개 형태로 바꾼 후부터 회원수가 크게 늘었다는 점이다. 그 이후 대부분의 커뮤니티 싸이트들은 열린 형태의 동호회를 유지하고 있다.

우리 사회가 혈연·학연·지연의 닫힌 공동체 중심의 사회임에 비추어보면 싸이버스페이스에서 열린 공동체의 성장은 예상치 못했던 결과이다. 이러한 현상은 우리 사회에서 열린 공동체의 필요성과 앞으로의 성장 가능성을 보여준다. 그러나 자세히 보면 싸이버 공동체의 성장이 지속되기 위해서는 보완되어야 할 부분이 있다. 많은 커뮤니티 싸이트들이나 PC통신의 동호회는 자신들의 관심영역에서 전문적 사안들을 논의하기보다는 일상적 이야기를 나누는 친목모임의 성격을 갖는 경우가 많다. 공동체 형성에 친목의 성격은 반드시 필요하지만 본래의 관심영역에 대한 깊은 논의가 없으면 만남이 지속되기 어렵다. 동호회가 친목중심으로만 유지되는 현상은 싸이버스페이스에 참여하는 전문가집단이 많지 않아서일 수도 있으며, 전문적 견해를 나누고 토론하는 문화가 정착하지 못한 탓일 수도 있다.

싸이버스페이스의 열린 공동체는 전문지식인들이 영역별로 만나 의견을 교환하기에 적합한 장소이다. 싸이버스페이스는 어느 지역에 거주하든 관계없이 같은 관심을 가진 전문가들이 만날 기회를 제공하며, 전문영역에서 모두가 손쉽게 의견을 나눌 수 있는 공간을 제공하기 때문이다. 실제로 서구사회에서는 많은 전문지식인들이 유즈넷의 각종 뉴스그룹에 참여함으로써 일반인들의 인터넷에 대한 인식을 높이고 인터넷의 확산에 기여한 바가 크다. 우리 사회에서도 싸이버스페이스의 만남이 지속적으로 성장하기 위해서는 전문가들이 참여하는 열린 공동체가 활성화되어 싸이버 공동체에 대한 일반인들의 인식수준을 높여야 한다. 더 나아가서 싸이버스페이스에서 만들어지는 전문가들의 열린 공동체는 우리 사회에서 사라진 공동체를 회복하는 데 많은 도움을 줄 것이다.

참고문헌

윤영민 (2000a) 「정보사회의 공동체 연구: 쟁점과 관점」, 아산재단학술심포지움 발표문.

_____(2000b) 「공공영역으로서 온라인 토론의 가능성」, 정보사회학회 창립 1주년 기념 세미나 발표문.

이건 (1996) 「전자정보공간의 질서: 대화방을 중심으로」, 1996년 사회학회 추계 학술심포지움 발표문.

_____(1997) 「전자공동체의 공동체적 성격: 개념적 탐색」, 『네트워크 트랜드: 정보기술혁명과 사회변화』, 삼성경제연구소.

Anderson, Benedict. (1991) *Imagined Communities*. London: Verso.

Beniger, James. (1987) "Personalization of Mass Media and the Growth of Pseudo-community." *Communication Research* 14(3).

Cohen, Anthony. (1985) *The Symbolic Construction of Community*. London: Routledge.

Constant, David, Lee Sproull and Sara Kiesler. (1996) "The Kindness of Strangers: The Usefulness of Electronic Weak Ties for Technical Advice." *Organization Science* 7(2).

Dore, Ronald. (1978) *Shinohata: A Portrait of a Japanese Village*. New York: Pantheon.

Durkheim, Emile. (1964) *Suicide: A Study in Sociology*. New York: Free Press.

Etzioni, Amitai and Oren Etzioni. (1999) "Fact-to-Face and Computer-Mediated Communities." *The Information Society* 15(4).

Geertz, Clifford. (1975) *The Interpretation of Cultures*. London: Hutchinson.

Giddens, Anthony. (1991) *Modernity and Self-Identity: Self and Society in the Late Modern Age*. Stanford, CA: Stanford University Press.

Hauben, Michael and Ronda Hauben. (1997) *Netizens: On the History and Impact of Usenet and the Internet.* New York: IEEE Computer Society.

Healy, Dave. (1997) "Cyberspace and Place: The Internet as Middle Landscape on the Electronic Frontier." David Porter, ed. *Internet Culture.* London: Routledge.

Hillery, George. (1982) *A Research Odyssey: Developing and Testing Community Theory.* New Brunswick, NJ: Transaction Books.

Jones, Steve. (1995) "Community in the Information Age." Steve Jones, ed. *CyberSociety: Computer-Mediated Communication and Community.* Thousand Oaks: Sage.

Kollock, Peter and Marc Smith. (1996) "Managing the Virtual Commons: Cooperation and Conflict in Computer Communities." Susan Herring, ed. *Computer-Mediated Communication: Linguistic, Social and Cross-Cultural Perspectives.* Amstredam: John Benjamins.

Nisbet, Robert. (1969) *The Quest for Community.* Oxford: Oxford University.

Peck, Scott. (1987) *The Different Drum: Community Making and Peace.* New York: Simon and Schuster.

Polanyi, Karl. (1957) *The Great Transformation.* Boston: Beacon Press.

Rheingold, Howard. (1993) *Virtual Community: Homesteading on the Electronic Frontier.* Reading, MA: Addison-Wesley.

Scott, James. (1976) *The Moral Economy of the Peasant.* New Haven: Yale University.

Simmel, George. (1950) *The Sociology of Geroge Simmel.* Kurt Wolff, ed. New York: Free Press.

Tönies, Ferdinand. (1955) *Community and Association (Gemeinschaft und Gesellschaft).* Translated and supplemented by Charles P. Loomis. London: Routledge and Kegan Paul.

Turner, Victor. (1969) *The Ritual Process.* New York: Aldine de

Gruyter.

Weber, Max. (1948) *From Max Weber.* ed., H. H. Gerth and C. Wright Mills. London: Routledge and Kegan Paul.

Wellman, Barry and Milena Gulia. (1999) "Virtual Communities as Communities: Net Surfers Don't Ride Alone." Marc Smith and Peter Kollock, eds. *Communities in Cyberspace.* New York: Routledge.

Wellman, Barry, Janet Salaff, Dimitrina Dimitrova, Laura Garton, Milena Gulia and Caroline Haythornthwaite. (1996) "Computer Networks as Social Networks: Collaborative Work, Telework, and Virtual Community." *Annual Review of Sociology* 22.

Wolf, Eric. (1969) *Peasant Wars of the Twentieth Century.* New York: Harper and Row.

여성과 싸이버스페이스, 그 열림과 닫힘의 변증법

달나라딸세포

싸이버스페이스에서조차 우리는 여성이어야 할까?

분홍색 원피스, 긴 머리 인형, 예쁘거나 예쁘지 않은 것, 남자애들보다 빨리 달릴 수 없는 것, 피가 나와 몰래 감춰야 하는 것, 남자들이 쳐다보는 것, 포르노에 나오는 것들, 잘 되어봤자 미스코리아처럼 수치스러운 것, 못생기면 쳐다보지도 않는 것, 어쨌거나 늘 조심해야 하는 것, 정해져 있는 도약의 한계, 결국은 같이 사는 남자의 시중을 들어줘야 하는 것, 이런 것이 여성이라면 여성이 되고 싶지 않다.[1]

오랫동안 여성이라는 성정체성을 기쁘게 받아들일 수 없었다. 딸이고 여성이라는 것은 줄곧 억압과 소외, 수치의 이름이었으니까. 그때 우리에게 해방이란 '여성이 아닌 다른 것'이 되는 것이 아니었을까. 우리가 처음으로 싸이버스페이스에 접속하면서 느꼈던 짜릿함은 바로 여성이라는 질긴 육체성의 질곡으로부터 풀려났다는 느낌이었다. 육체라는 고깃덩이의 비속함을 비트(bit)와 바이트(byte)로 환원시키는 싸이버세계의 마술!

그러나 싸이버스페이스에 접속함으로써 탈성화(脫性化)하고자 하는 우리의 소망은 쉽게 이루어지지 않는다. 채팅방에 들어가면 무엇보다 먼저 성별을 밝힐 것을 요구받고, 게시판에서는 낯설고 공격적인 토론

* 이 글의 제 1·3절은 이난다, 2절은 야옹이, 4절은 완두와 묘루, 5절은 신딸기, 6절은 묘루가 집필했다. '달나라딸세포'는 '달나라딸세포'라는 페미니스트 웹진을 만드는 젊은 여성들의 모임으로, 모임에 대한 자세한 소개와 웹진은 http://dalara.jinbo.net에서 볼 수 있다.

관행에 손가락이 얼어붙는다. 곳곳에서 온라인 성폭력과 마주치고, 포르노와 같은 여성에 적대적인 이미지와 정보가 난무하는 반면, 여성에게 필요한 정보를 찾는 것은 쉽지 않다. 씨스템의 개발자와 사용자의 다수가 남성인 상황에서 싸이버스페이스는 이미 남성중심적인 문화와 관행이 지배적인 '남성'사회가 되어 있기 때문이다(Shade 1993).

우리는 질문을 바꾸었다. "싸이버스페이스라는 이상하고 남성적인 공간에서 우리는 여성이라는 정체성을 계속 지니면서, 그렇지만 동시에 그 한계를 넘어서면서 존재할 수 있을까?" 또는 "싸이버 남성의 몸을 빌리지 않고 우리의 경험을 부정하지 않으면서, 질곡인 여성성을 벗어버릴 수 있을까?"

싸이버스페이스는 기존의 여성성을 새롭게 구성할 것을 요구한다. 웹진 '달나라딸세포'(이하 달딸)는 그러한 시도 중 하나이다. 달딸이 여성싸이트라는 것은 그것이 여성에 의해, 여성독자[2]를 위해, 여성적 스타일을 추구하면서 만들어지고 있다는 뜻이다. 그러나 이 '여성'이라는 말이 모든 여성을 의미하지는 않는다. 우리는 달딸이 바탕으로 삼는 감수성, 만드는 사람과 독자들을 '딸'이라는 이름으로 한정짓기로 했다.

딸은 아버지라는 가장과의 예속적인 관계 속에 위치하는 이름이고, 한국사회라는 커다란 가정은 우리와 같은 젊은 여성을 그저 '딸아이'로 여긴다는 것을 알고 있다. 그러나 이처럼 새롭게 찾아낸 공간에서, 독립된 주체가 될 수 없는 현실의 딸아이가 아닌, 우리 자신의 딸을 낳을 수는 없을까? 수평적으로 분할하여 자기를 증식하는 딸세포, 인간과 기계적인 것의 결합으로서의 싸이보그(cyborg), 이것이 달딸이 주장하는 싸이버 여성주체로서의 딸이다. 우리는 생물학적 사실로서의 여성이 아니라 자기 언어를 가지지 못한 타자, 중심부에서 배제된 주변부, 주류를 거스르는 소수자의 대표라는 의미에서 딸이라는 여성의 존재에 주목했다. 딸됨에 대한 달딸의 상상은 여기서 시작한다.

1) '달나라딸세포' 여성전용 게시판에서.
2) 여기서 필자/독자의 구분은 편의적으로 전통적인 일방향 매체의 그것에 따르고 있다.

이 글은 우리들이 그동안 '달딸'이라는 여성싸이트를 구축하기 위해서 해왔던 시도들을 바탕으로 씌어졌다. 우리는 이 글을 통해 싸이버스페이스에서의 여성의 현황을 논의하고, '여성적 글쓰기'와 우리가 겪었던 온라인 성폭력과 이에 대한 대처를 소개하고, 싸이버스페이스에서 새롭게 구현되는 여성의 쎅슈얼러티에 대한 가능성을 제시하려 한다. 이러한 사례와 경험들은 '열린' 공간 싸이버스페이스를 여성에게 '닫힌' 공간으로 만들려는 다양한 남성적 시도와 폭력에 대한 우리의 저항과 노력의 기록이다.

웹진 달딸은 누구에게 다가갔는가?

커뮤니티로서 달딸은 여성으로서 서로를 알아가고 세상을 이해했던 몇몇 대학생들이 대학에서의 경험을 대학 밖, 졸업 이후까지 이을 수 있는 채널을 가지기 위해 시작한 것이다. 하지만 대학을 갓 나온 젊은 '여자애들'이 스스로를 발언하기 위해 가진 자원이라는 것은 현실적으로 매우 보잘것없었다. 게다가 그것은 대부분 '경제성'과는 상관없는 것들을 위해 퍼부어야 했다. 따라서 경제성과 여기에 따라오는 '현실구현'의 가능성을 보여준 웹진·싸이버스페이스·인터넷은 그 자체로 복음일 수 있었다. 하지만 유년시절의 과학 과목처럼 여성인 우리는 웹(web)이라는 것에 상당히 두려움을 느끼고 있었지만, 이 낯선 매체에 대한 불안보다는 값싼 매체라는 간소한 희망에 배팅했고 지금에 이르렀다.[3]

웹이라는 것을 통해서 만날 수 있는 대상은 누구일까?

정보통신부는 2000년말 한국의 네티즌이 2천만명이라고 하지만, 우리가 웹진을 기획했던 1998년초, 한국의 인터넷사용인구는 대략 300만 정도였다. 피부로 느껴지는 인터넷 이용자는 이보다 훨씬 적었

3) 웹진 달딸은 많이 알려진 싸이트는 아니다. 그러나 페미니즘 웹진이라는 것을 만들고 있는 우리들은 나름대로 뿌듯하다. IMF 초기 하늘 높은 줄 모르고 올라간 종이 값은 우리들이 인쇄매체로 가는 길을 막았는데, 그때 우리들이 발견한 것이 웹이라는 매체였다. 넷맹이었음에도 빈곤한 우리에게 웹은 아름다운 꿈을 오랫동안 꿀 수 있게 해준 멋진 공간이었다. 우리는 1998년 7월 가까스로 우리들의 공간을 만들 수 있었다. 그때까지 우리에게 싸이버페미니즘은 거창하고 대단한 것이 아니었다. 우리는 단지 인쇄매체 대용품으로 웹을 발견했을 뿐이니까. 힘겨운 1년이 지나자 더 힘겨운 다음해가 다가왔다. 인터넷 사용자가 늘어나고 인터넷산업이 발달할수록 여성들은 소외되고 수많은 폭력에 직면한다는 것을 깨닫게 되었다. 그리고 여성들을 위한 공간이 너무 적다는 것을 알게 되었다. 그리고 소수일지라도 달딸이 구축해놓은 커뮤니티에서 안심하고 속내를 털어놓을 수 있는 여성들이 있다는 것도 알게 되었다. 이것이 아직도 우리가 이 지겨운 싸이버스페이스를 벗어나지 못하는 이유이고 오직 웹진만을 고집하는 이유다. 우리는 아무것도 모른 채 싸이버스페이스에서 태어나 거기서 컸고 우리 자리를 지키기 위해 오늘도 노력하고 있다.

다. 결국 1998년 당시 싸이버스페이스를 채널로 선택하는 것은 상당히 작은 그룹만을 대상으로 얘기를 걸겠다는 것을 의미했다. 우리가 생각했던 대상은 인터넷이 낯설지 않은(을) 세대의, LAN이라는 기간 시설이 준비된 대학교나 직장에 다니는 여성들이었는데, 이렇게 대상을 한정하고 나니 너무나 적은 수의 여성들만 달딸에 접근할지 모른다는 우려 또한 컸다. 따라서 우리는 웹진 1호를 인쇄매체로 동시에 준비하는 번거로움을 감수하기도 했을 뿐 아니라, 몇명 안될 접속자수를 보고 실망할까 걱정되어 카운터를 달지 않기로 마음먹기까지 했다.

웹진이 10호를 넘으면서, 우리는 달딸이 앞으로 나아갈 방향을 가늠하고자 독자들에게 설문조사를 했고, 그 결과[4] 독자들 중 상당수가 2,30대의 대학생 또는 직장에 다니는 고졸 이상의 여성들임을 알 수 있었다. 달딸이 '여성'을 대상으로 하는 웹진이긴 하지만, 남성독자도 무시하지 못할 정도로 존재하고 있었다. 하지만 특정 시기에는 독자들의 성별비율이 역전되는 것처럼 보이도 하는데, 대개 군가산점 문제와 같이 오프라인에서 여성관련 사안이 불거질 때였다.

아래 표에서 보듯이 성별 차이는 달딸을 알게 된 경로 면에서 두드러진다. 남성독자의 경우 높은 순위를 차지한 '기타'는 여성문제에 대해서 달딸의 구성원이 다른 곳에 기고한 글 등을 통해서 달딸을 알게 되고 달딸에 접속하기 시작한 경우를 말한다. 즉 남성독자들은 우연적이고 사안중심적인 접속이 다수를 차지한 데 반해서, 여성들은 여성에

〈성별간 싸이트 인지 경로의 차이〉

(단위: 순위)

구분	on-line 기반		off-line 기반		기타
	웹 검색을 통해	타 (여성)싸이트 링크를 통해	아는 이(주로 여성모임 관련자)의 권유로	매체상의 소개를 통해	
여성	3	1	4	2	5
남성	1	5	3	4	2

자료: 웹진 11호 설문조사 결과

4) 설문응답은 총 100건이었으며, 이중 유효한 응답은 89건이었다. 설문에서 '여성'과 '남성'의 구분은 생물학적 성(sex)이 아닌 싸이버스페이스에서의 사회적 '성'(gende)에 기반한 것이었다.

144

게 친절한지 확인해보고 오는 경우와 장기적인 목적을 지닌 방문이 많았다.

실제로 달딸의 여성독자들은 상당히 개인적인 목적을 위해서 웹진에 접속한 것으로 나타난다.

달딸의 글들이 나를 자극한다. 20대에 대한 향수 같은 것도 없는 것은 아니다. 달딸에서 나의 보수적인 면을 발견하고 다시 생각해보는 습관이 내가 더 건강해지는 데 도움이 된다고 믿고 있다.

여성으로서의 자아 찾기는 제게 너무도 분명한 꼭지 중에 하납니다. 사람은 자신이 가진 여러가지 모습 중에서 어느 한 꼭지도 사실 버릴 수 없다면서요?

같은 입장에 서 있는 여성들의 모임이기에.

(이상 달나라딸세포 11호 설문조사에서)

'달딸에 어떤 목적으로 오는가'라는 질문에 대한 답에는 '자아실현' '자매애' '여성모임' '쉼터'란 단어들이 빈번하게 등장한다. 즉 '여성으로 살아가기'라는 분명한 화두를 가진 여성이나 페미니즘에 호의적인 여성이 싸이버상의 커뮤니티를 바라면서 웹진을 방문하고 있다고 판단된다. 이는 페미니즘에 호의적인 여성이 주대상이기를 바랐던 우리의 기대를 충족하고 있다.

성(gender)에 관한 달딸 독자들의 강한 관심과 태도는 달딸의 성격과 남성독자들에 대한 평가에서도 일관된 경향을 보인다.

사실 페미니즘 웹진이라는 말이 더 맞지 않을지.

나 한번 설득해봐라 하는 인간들 절대로 설득 못 시킵니다. 현재 여성운동이 설득해서 함께 가야 한다는 의무감에 잡혀서 갈 길도 못 가고 정체되어 있는 것 같습니다.

남자가 페미니스트가 될 수 있냐 없냐를 떠나서 달딸은 오로지 여자들만의 묘하고 너무나 자유로운 공간이 되기를 바라는 것이지요.

(이상 달나라딸세포 11호 설문조사에서)

달딸에 접속하는 여성들은 성별과 관련해 조금 더 독자를 한정했으면 하는 바람과 '소비자로서'의 여성을 대상으로 하는 여타의 여성싸이트와 분명한 차별을 그었으면 하는 바람을 강하게 보이고 있다. 전자의 경우에는 달딸이 여성싸이트임에도 불구하고, 남성독자들이 상대방 성에 대해 불편하게 하는 것을 100% 막을 수 없다는 불만족이 들어 있는 것이다.

여성으로서의 삶을 조금 더 진지하게 살아가려고 하는, 또한 '싸이버상'의 여성커뮤니티를 꿈꾸는──그리고 꿈꿀 수 있을 만큼 네트워킹 환경이 상대적으로 자유로운──여성이 달딸에 접속하는 '그녀'의 대체적인 밑그림이라 생각된다.

여성적 글쓰기의 가능성과 한계

글쓰기와 글읽기는 오랫동안 남성적 영역에 속하면서 권력의 기제로 작동해왔다. 신문, 잡지, 문학과 학술적 저작, 지하철에서 보게 되는 광고문구 등 우리가 일상적으로 대해온 글들을 성적 관점에 의거해서 분류해보면, 압도적인 비율이 남성에 의해 씌어진 것이며 그 글들이 상정하는 이상적인 독자 역시 남성이라는 사실을 발견하게 된다. 여성독자들이 쉽게 받아들일 수 없는 전제와 수사, 특정 영역에 집중된 소재와 관심, 반발하게 만드는 비유와 어투 등 여성을 배제하거나 차등화하는 장치들은 수없이 많이 찾아낼 수 있다.

그것이 뒤집어지면 어떨까? 여성에 의한 여성만을 위한 배타적인 글쓰기를 한다면 우리가 보여줄 수 있는 세계가 달라질까? 그러나 그것은 쉽지 않은 일이다. 만약 당신이 남성적으로 배타적인 글을 쓰고 싶다면, 그냥 그대로 쓰면 된다. 필요한 것은 많지 않다. 그러나 기어코 당신이 여성적으로 배타적인 글을 쓰려고 한다면, 당신은 우선 문자를 쓰거나 읽을 때 자동적으로 빌려 입는 남성성의 외피로부터 빠져나와야 한다. 우리가 딛고 선 전제와 관심을 기울이는 문제, 익숙한 스타일, 쉽게 선택하는 단어와 어구, 글쓰기의 시작부터 잠재되어 있는 독자 등 모든 것을 처음부터 의심해야 한다.

여성적 글쓰기를 하려고 노력하면서 우리는 몇가지 단서에 주목했다. 여성인 우리에게 필요한 주제를 찾는 일은 이미 알려져 있는 것을 발견하는 것이기도 하고, 이미 알려진 것을 다른 측면에서 새롭게 보는 것이기도 하고, 무시되어온 것을 개발하는 일이기도 했다. '달딸'에서 다뤘던 주제들을 다음과 같이 분류할 수 있다.

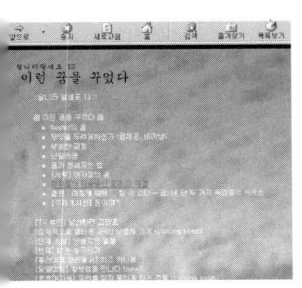

① 남한에서의 제2세대 여성운동, 페미니스트 포비아, 여러가지 성폭력, 여성실업, 싸이버페미니즘과 같은 페미니스트 이슈들.
② 군가산점 문제, 청소년 문제, 여성적 시각의 문화비평.
③ 사적인 역사와 이야기들, 일상에 대한 수다, 여성의 건강, 성욕, 피임 등.

사실 거의 모든 주제가 여성에게 필요한 주제가 될 수 있다. 중요한 것은 그것을 다루는 입장과 태도이다. 여성으로서의 경험을 통해서, 여성의 이익을 우선적으로 고려하면서 문제를 바라보는 것이 우리를 언제나 옳거나 정당하게 하는 것은 아니지만, 그러한 태도가 분명히 필요함에도 불구하고 이제껏 결여되어왔던 것 또한 사실이다. 당연히 우리는 오류를 통해서도 배운다. 두려운 것은 오류가 아니라 경험으로부터 차단되는 것이다. 여성중심적인 입장에서 실업·군가산점·낙태·

민족주의 같은 문제들에 대한 토론을 진행하면서 우리는 자주 스스로의 한계와 모순에 부딪혔지만, 그것은 우리의 입장을 발전시킬 수 있는 좋은 기회였다. 또한 사적인 감상의 토로에 그치는 것이 아닌가 걱정되었던 몇가지 주제들은 독자들의 글쓰기가 덧붙여지면서 사회적인 주제로 전화될 수 있었다. 경험을 공유하는 소수집단에서는 "모든 것이 정치성을 띠는" 것이다(들뢰즈·가타리 1992).

여성독자만을 상정하는 글쓰기는 달딸의 글들을 설득이나 주장보다는 공감에 호소하는 경향을 띠게 했다. '사적이다' '솔직하다' '자유롭다' '선정적이다'라는 독자들의 평가는 이와같은 설정을 드러낸다. 경험을 공유하며 적대적이지 않은 독자를 대상으로 글을 쓰는 것은, 방어적인 면을 떨치고 주제에 대해 좀더 자유롭게 접근할 수 있게 한다. 그러나 다른 한편으로는 특정한 독자를 배제하는 결과를 낳기도 했다. 많은 남성독자들과 약간의 여성독자들은 달딸이 낯설거나 불친절하고 때로는 불공정하다고 느낀다. 어떤 방향을 향한 '열림'이 다른 쪽으로는 접근을 막는 장애가 될 수도 있었던 것이다. 이와같은 열림과 닫힘 사이의 균형이 달딸에서는 매우 중요한 문제이다. 사회적 위치가 불안정한 젊은 여성이라는 소수집단에 기반하기 때문에 우리가 자아정체성과 사회적 인정을 추구하는 것은 자연스러운 일이지만, 더 이상 타자성(otherness)을 받아들이지 못하고 편안한 자기동일성 안에 머무르려고 한다면 결국은 어떤 변화도 불가능할 것이기 때문이다.

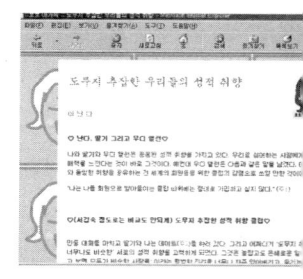

이에 덧붙여 우리가 달딸에 글을 쓰면서 겪게 된 글쓰기의 변화들, 새로 즐기게 된 말놀이들, 반복되는 몇가지 시도들에 대해 쓰고 싶다. 이러한 예들을 '형식적인 면에서의 여성적 글쓰기'의 징후로 볼 수 있을지도 모르겠다. ①이름 바꾸기. 달딸에 글을 쓸 때 우리는 '난다'이고 '딸기'이고 '별족'이다. 싸이버스페이스에 접속하는 순간 미묘하게 굴절되는 우리의 정체성은 현실세계에서와 다른 이름으로 분명하게 표시된다. ②주어의 변화. 일인칭의 고정된 주어 대신, 자주 인칭을

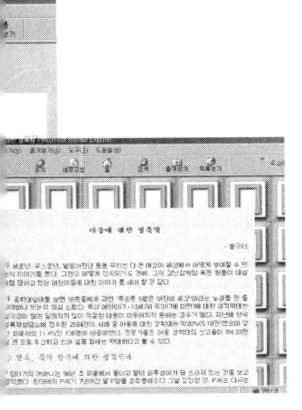

넘나들고 아예 주어를 없애버리기도 하는 문장들이 많이 보이는 것은 의식하는 자아의 여러가지 차이와 거리를 반영하면서 이러한 자아를 단일하고 폐쇄적인 것이 아니라 여기저기 편재하는 집단적 덩어리로 느껴지게 한다. ③구어체의 글쓰기. 구어체는 글쓰기를 문자들의 조합이 아니라 연속되는 목소리, 목소리의 다발로 여겨지게 한다. 이것은 글쓰기의 원천을 훨씬 육체적이고 구체적이고 부드러운 것에서 찾게 하는 한편, 필자와 독자와의 관계를 수평적으로 재설정한다. 또한 글쓰기의 처음부터 독자를 참여시킨다. 청자의 존재가 대화에서 그러하듯이 이 경우 독자의 존재는 글쓰기를 완결시키는 큰 동력으로 작용한다. ④비연속적인 글쓰기. 한 사람이 글을 쓰는 경우에도 사고의 과정이 집단적이거나 그 재료가 여러 사람에게서 비롯되는 경우가 많으므로, 각 부분이 서로 다른 스타일을 가지면서 하나로 연결되는 다성적 글쓰기가 자주 시도된다.

달딸의 '필자'는 웹진 제작자들에 국한되지 않는다. 몇 종류의 게시판에서 진행되는 '독자'들의 글쓰기는 양적으로도 달딸 컨텐츠의 가장 큰 부분을 차지하고 있으며 불완전하거나 빈약한 각각의 기획을 완성시키고 확장시키는 결정적인 역할을 한다. 그것으로부터 우리는 글쓰기에 대한 '여성의 욕망'에 대해 생각하게 되었다. 그것은 오랫동안 '수다'라는 이름으로 흔히 비하되어왔던 것이다. 우리는 또 글쓰기/글읽기가 자아를 확인하는 과정인 동시에 자아를 확장하는 과정이기도 하다는 것을 여러 기회를 통해 목격할 수 있었다. 최근 우리는 쓰기 권한을 싸이버 성(cyber gender)이 여성인 사용자에만 한정시킨 '여성 전용 게시판'이라는 시도를 하고 있다. 여성들이 서로를 발견하고 여성에게 필요한 경험과 정보를 나눌 수 있는 공간은 남성의 시선과 간섭으로부터 자유로울 때만 가능하다는 결론을 얻었기 때문이다.

온라인에도 존재하는 성차와 성폭력: '여성전용 게시판' 운영과 관련하여

싸이버스페이스에서 내가 여성이라는 걸 자각하게 된 것은 언제였을까? 누구도 나를 볼 수 없고 알지 못할 거라고 생각했던 이 공간에서 나는 처음부터 내가 여성임을 느낄 수밖에 없었다. 현실과는 다른 성정체성을 구성할 수 있다는 싸이버스페이스의 장밋빛 전망은 현재 온라인 성폭력을 걱정해야 하는 여성들에게는 환상에 불과하다. 우리는 '달딸' 게시판에서 나타나는 현상들을 이러한 문제의 한 사례로 제시하고자 한다.

은연중에 드러나는 개개인의 성은 남녀별로 다른 온라인 글쓰기 스타일을 보여준다. 어떤 사용자가 특별히 자신의 성에 대해 언급을 하지 않더라도 그 글을 읽는 사람들은 글쓰기 스타일을 통해 그의 성을 자연스레 알게 되는 것이다. 이러한 스타일의 차이는 단순한 안부인사 나누기로 시작되는 게시판 이용의 초기단계부터 점차 명확하게 드러나게 된다.

문제상황은 한 남성사용자가 특정 내용의 글들을 게시판에 '도배'를 하면서 시작된다. '도배'는 자극적인 글을 하루 4~5회 올린 후 이에 대해 반응하는 글이 있으면 바로 논쟁적인 답변을 올리는 방식으로 이루어진다. 이 남성사용자는 대부분 달딸의 여성사용자를 '페미니스트'들로 상정하고 그들을 의도적으로 자극하는 글들을 올렸다. 이런 글에 대한 반응에 있어서 성차가 나타난다. 여성들은 소수가 반박을 하다가 곧 무시해버리는 반면, 남성들은 격렬하게 논박하거나 이에 고무되어 함께 도배를 시작하면서 게시판의 다른 쟁점들을 완전히 제압하게 된다. 달딸의 경우에도 여성을 조롱하고 자극하는 글들로 도배를 하는 이러한 사용자의 출현으로 여성사용자들은 글쓰기에 있어 매우 소극적으로 되어갔다.

이 과정을 요약해보면 아래와 같다.

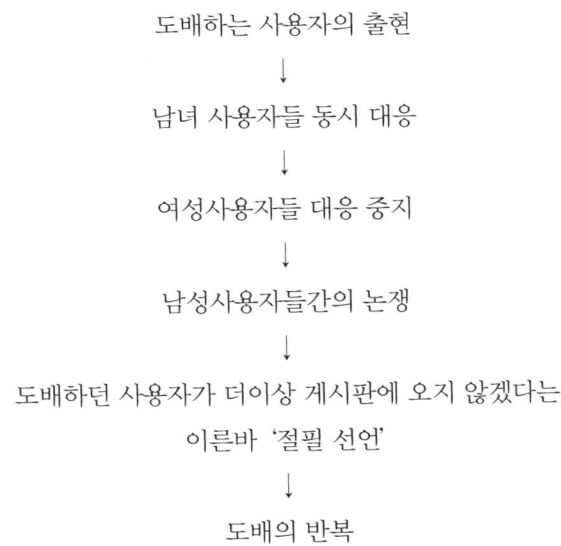

도배하는 사용자의 출현

↓

남녀 사용자들 동시 대응

↓

여성사용자들 대응 중지

↓

남성사용자들간의 논쟁

↓

도배하던 사용자가 더이상 게시판에 오지 않겠다는
이른바 '절필 선언'

↓

도배의 반복

    처음에 달딸의 게시판은 광고 외에는 무삭제를 원칙으로 하고 있었으며, '도배'의 문제는 게시판 사용자들간의 논쟁으로 자연스럽게 조절되기를 유도하는 방식을 고수하고 있었다. 그러나 이러한 문제가 장기화되면서 일부 독자들은 달딸 운영진이 수동적이고 방관자적인 자세를 취하고 있다고 비판하기도 했다. 그래서 운영진들 스스로 적극적으로 이 논쟁에 참여하여 도배하는 사용자의 견해를 반박하고 글쓰기를 회피하는 여성독자들을 격려하기로 결정했다. 그러나 이러한 대응을 하는 가운데 우리 운영진 또한 적극적인 글쓰기가 쉽지 않으며 이런 점에서 다른 여성독자들과 다를 바 없음을 깨닫곤 했다.
    수잔 헤링(Susan Herring)의 한 '어학포럼' 게시판에 관한 연구는 '달딸' 게시판 사례와 유사한 경우를 보여준다.

그들(여성들)은 남성들이 자신의 의견을 떠벌리고 주의를 모두 집중시키는 동안 주변에 머무는 듯 보였다. 여성들의 침묵을 이해하려는 시도에서 나는 '어학포럼'의 가입자들에게 그들이 이 토론에 대해 어떻게 생각하는지, 만약 자신이 참여하지 않는다면 이유는 무엇인지에 대해 익명조사의 형태로 편지를 보냈다.

우선 남성, 여성 모두 '어학포럼' 토론에 참여하지 않는 이유를 어떤 한 응답자가 비판받는 식이나 또는 참여자들이 모두 '거칠게 말하는' 식의 위협 때문이라고 했다. 그러나 재미있는 점은 남성과 여성이 위협을 느낄 때 다르게 반응한다는 것이다. 남성은 그런 행동을 학술적 의사교환의 일반적 특성이라고 받아들이는 것 같아 보였다. 결과에 대해서는 "실제적으로 비판이 나를 향해 있지는 않기 때문에 비판들을 즐기는 것"이라고 설명한다. 반면 많은 여성들은 깊은 혐오를 표시한다. "내가 피하는 것은 인간 상호작용의 한 종류일 것이다. 나는 사람들이 다른 이들을 그런 식으로 대하는 것이 당황스럽다. 그것은 세상을 위험한 곳으로 만들 것이다. 나는 그런 이들을 좋아할 수 없다. 그리고 나는 그들을 피하고 싶다." (Herring 1994)

이뿐만이 아니다. 주민등록번호 입력으로 남녀를 구분하고 더 나아가 남성은 남성 캐릭터만, 여성은 여성 캐릭터만 선택할 수 있는 온라인 게임에서는, 성차만 드러나고 개인의 정체성은 감추어지는 불완전한 익명성으로 인해 여성이 온라인 성폭력에 노출되어 있다. 온라인 게임에서 많은 여성사용자들이 남성사용자로부터 '나이는 몇이냐' 등의 질문을 받으며 원하지 않는 접근을 경험하고 있다. 이런 불쾌감, 위협받고 있다는 느낌으로 인해 여성들은 자신의 목소리를 내는 데 소극적이 될 수밖에 없으며 이러한 이유로 새로운 대륙이라고 일컬어지는 웹이라는 공간에서조차 성차가 나타나고 있는 것이다.

이로 인한 여성들의 불쾌한 경험은 1999년 12월에 본격화된 군가산

점 논쟁과 관련하여 성폭력의 수준으로 극대화되었다. 이 사건으로 군 가산점 위헌소송을 냈던 여성단체 및 여자대학 및 일부 여성관련 단체의 싸이트들이 폭주하는 협박 메일과 해킹으로 잠정 폐쇄되었으며 달딸도 정도는 덜했지만 예외는 아니었다. 게시판은 분개하는 남성임을 드러낸 욕설과 협박의 글들로 도배가 되기 시작했으며 다른 논의들은 사라졌다. 뿐만 아니라 이에 반박하는 글을 올리는 사람들은 오프라인 상의 신원까지 위협받게 되었다. 같은 내용의 협박이 담긴 메일을 한 꺼번에 수백통씩 받게 되는가 하면 실제로 스토킹을 당하고 자신과 가족의 신상정보가 온라인상에 공개되기도 했다.[5]

이런 가운데 달딸 게시판의 무삭제 원칙은 수정되었다. 온라인이 성차와 성폭력이라는 현실을 극복할 새로운 기회의 공간이라기보다는 부조리한 현실의 연장으로 성폭력의 수단으로까지 변질되는 것을 직접 목격하면서 우리도 현실적인 페미니스트운동의 방법들을 온라인으로 옮겨올 수밖에 없었던 것이다. 우리는 누구도 배제하지 않고 자유스러운 논의의 장을 연다는 이상적인 태도를 버리고 '여성전용 게시판'을 만들게 되었다. 달딸 운영진은 주로 이 게시판을 통해 독자들과 소통하면서 '여성전용'의 규칙을 어기고 남성임을 자처하든지,[6] 개인 혹은 여성 전체에 불쾌감을 주는 내용을 담은 게시물이 기재될 경우 곧바로 '화장실 게시판'으로 옮기는 작업을 하였다.

이 작업은 운영진과 더불어 여성독자들 스스로가 "어떤 게시물이 여성들에게 위협적이고 불쾌하게 느껴지는가" "글에서 성차를 발견할 수 있는가" 등등에 관하여 비록 과학적으로 검증될 수는 없지만 암묵적으로 서로 공감하고 있는 일정한 패턴들을 함께 찾아내는 계기가 되었다. 여성임을 가장한 위선적인 글들의 감식이나 불쾌한 글들에 대한 비판, 게시물 이동 건의에 있어 여성독자들의 참여는 활발했으며 이와 더불어 다양한 주제들에 대한 토론이 우호적인 분위기 속에서 전개되면서 여성전용 게시판은 이전에 볼 수 없었던, 점차 진지하고 상호적

달나라에서 수다떨기 (여/전/게시판)

5) 달딸 11호 「호빵/김유은정 인터뷰」참조.
6) 이런 사람들은 남성이용자도 쓸 수 있는 공용게시판—달나라에서 수다떨기(누구나)—을 두고 굳이 '여성전용' 게시판으로 들어와서 자신의 남성성을 과시하고 싶어했다. 공용게시판에서 성대결이 없었던 것도 아니고 토론이 없었던 것도 아닌데도 말이다. 여성전용 게시판이라 해도 남성임을 명확히 드러내지만 않는다면 '화장실 게시판'으로 이동하지 않음에도 불구하고, 이들은 단지 자신이 남성임을 밝히기 위해 '화장실'로 가는 '치욕'을 감수하면서 여성전용 게시판에 자신의 남성성을 과시하고 있다.

인 논의 장소가 되어갔다.

나아가 우리는 다른 여성 온라인 사용자들과의 연대활동에도 참여하였다. 이러한 여성들의 연대를 통해 '싸이버 마초 테러'에 대응하는 '씨스터 본드'라는 여성싸이트가 만들어졌다.[7] '씨스터 본드'는 아직 초기단계지만, 블랙리스트 작성과 온라인 성폭력에 대한 합동대처, 사적인 혹은 회원이 한정된 메일링리스트, 내용 혹은 송신자에 따라 메씨지를 거르는 여과 프로그램의 도입, 그리고 여성을 괴롭히는 자에 대한 공식적 메씨지 보내기 등의 실천 등을 구상하고 있다.

여성의 쎅슈얼러티는 남편의 도움 없이도 어떻게 가능한가?

인터넷과 웹써비스가 제공된 지 얼마 지나지 않아 우리나라는 인터넷 선진국의 반열에 올랐다. 이것을 가능케 했던 것은 포르노싸이트와 네트워크 게임, 그리고 채팅이라 해도 과언이 아니다. 특히 남학생들이 여학생들보다 먼저 네트워크에 접속하고 빠르게 학습하고 적응할 수 있던 것은 단연 포르노싸이트 덕이 컸다. 청계천이나 용산에서 적게 잡아도 몇천원은 주어야 살 수 있던 그 '화끈한 정보'를 이제 웹에서 공짜로 제공받을 수 있기 때문이었다. 초기에 웹을 사용하던 남성 사용자들이 이렇게 공짜 포르노싸이트를 통해 정보공유 정신을 배우고 한번도 만나보지 못한 사람들끼리 그 '끈끈한 우정'을 자랑하는 커뮤니티를 만드는 것은 자연스러운 일이었다.

정보공유 정신은 네트워크의 미덕인 동시에 네티즌이라면 누구든 갖추어야 할 네티켓이다. 금기와 금기를 다루는 은밀한 정보들에 대한 접근은 몰래 이루어지지만 충분히 매력적인 것이다. 그것은 비단 남성에게만 적용되는 것은 아니다. 어린아이에게도 어른에게도 마찬가지

7) http://sisterbond.jinbo.net.

다. 자신에게 허락되지 않은 정보들에 대해 매력을 느끼는 것은 누구나 마찬가지일 것이다. 그래서 인터넷과 웹은 여성에게도 유용하다. 나 역시 리포트 자료가 아니라, '국민의 영웅' 이승희의 누드 사진을 찾는 것으로 인터넷 검색을 시작했다. 남자 이성애자들을 위해 몸을 드러낸 그녀의 성기를 보고 흥분하기보다는 처음 본 다른 여성의 성기에 놀랐던 경험이 대다수의 남자들과 다르긴 했지만.

어떤 의미에서 인터넷과 웹은 여성에게 더 유용하다. 여성들을 위해 제작된 포르노그라피는 그것이 인쇄매체든, 영상물이든, 사진이든 남한에서 찾아보기 힘든 것이 사실이다. 포르노그라피가 남성들을 위한 것일지라도 여성이 그것을 접하거나 혹은 당당하게 소비할 수 있는 것은 더이상 여성적 매력을 갖지 않다고 여겨지는 아줌마(혹은 어머니로도 불리는)의 '지위'에 이르러서야 가능한 일이다. 그러나 웹은 다르다. 여성에게 성적 정보를 찾아보고 싶다는 욕망이 생기고 동시에 그 욕망을 그녀가 인식했다면, 다른 사람의 도움 없이도 웹을 쉽게 검색해볼 수 있다.[8]

여성에게 월드와이드웹의 접근이 허용되어 있지 않았을 때와 접근이 허용되었을 때 그녀의 행동은 엄청나게 달라질 수 있다. 웹에 접속할 수 없는 여성의 경우 자신의 욕망이 발생하고 발생했음을 인지한 후, 이것을 풀어야 할 것인지 모른 척 해야 할 것인지를 선택하고, 그 다음에 그 선택에 따라 행동할 것이다. 이 경우 그녀가 생물학 서적이나 성교육 책을 가지고 있지 않다면 그녀의 욕망은 해결되지 않은 채로 서서히 잊혀질 것이다. 그러나 웹에 접속해 있다면, 그녀가 자신의 욕망을 인식하기도 전에, 그녀의 손이 검색엔진에 키워드를 입력하고 있을 것이다. 그리고 원하는 정보를 다양하게 본 이후에야 자신의 마음속에서 나는 소리[9]에 귀를 기울이게 될 것이다. 여태 주입받아온 성교육(순결교육)에서보다 더 많은 정보를 얻게 될 것이고, 어쩌면 그녀가 지긋지긋한 순결교육의 굴레를 벗어나는 것은 더욱 쉬워질지도 모

8) 인터넷 장벽이 없다면 그렇다는 이야기다. 저학력·저임금의 여성노동자의 경우 적지 않은 요금을 지불해야 하는 PC방 등을 거쳐야 웹에 접속할 수 있기 때문에, 장벽이 없는 다른 여성들보다 그 정보에 접하기 어렵다.

9) 남한에서 순결교육을 받은 여성은 자기검열이 꽤 강한 편이다. 그래서 의식적으로 성적인 정보를 찾는 것이 어렵다. 게다가 자신에게 성적 욕망이 있다는 것을 알게 되는 순간 대부분은 부끄러워하거나 자신을 다시 돌이켜보려 한다. 그래서 포르노싸이트에 접속한 그녀가 정신을 차리고 나면, "내가 이런 걸 봐도 되나?" "내가 이러고 있는 걸 누가 보면 어쩌지?" "나는 이런 사람이 아닌데" "내가 언제부터 이런 걸 좋아하게 되었지?"와 같은 수퍼바이저의 소리를 듣게 된다.

른다.[10]

　누군가로부터 웹진 달딸이 '소프트포르노적'이라는 이야기를 전해 듣고 달딸에 실렸던 글을 살펴보았다. 그 분석에서 실제로 쎅슈얼러티를 다룬 글로 판명된 것은 전체 글의 5%도 안되는 5건의 글밖에 없었다. 그렇지만 5% 남짓의 쎅슈얼러티에 관한 글을 포함해서 쎅슈얼러티의 '냄새'가 약간 나는 글들은 항상 매력적으로 읽혀졌고 대부분 긍정적인 피드백을 불러왔다. "좀더 야해질 필요가 있다" "쎅슈얼해지는 것을 두려워할 필요가 없다"는 반응은 달딸의 여성독자들이 원하는 것이 무엇인지 잘 보여준다. 세상은 이런 면에서 몇년 전과 달라진 것이 틀림없다.

　최근에 여성들에게 쎅슈얼한 자극을 제공하겠다는 여성싸이트들이 늘어났다. 물론 그 써비스가 노골적으로 혹은 전면적으로 이루어지고 있는 것은 아니지만, 분명히 그 싸이트를 찾는 방문자들은 이른바 여성지에서의 성담론과 같은 측면을 기대하고 있고 싸이트들은 이에 부응하려고 애쓰고 있다. 그러나 대부분의 상업적 여성싸이트에서 제공되는 정보들은 남성적 시각에서 서술된 쎅슈얼러티인 경우가 많아서 여성이 주체가 되지 못하고 성적 대상물로 전락하는 모습을 여전히 보여주고 있다. 그렇지 않더라도 생산력을 가진 성만이 바람직하다는 전제하에 성적 쾌락은 부수적인 것으로 서술하고 있어서 성에 대한 논의는 임신과 출산 등의 재생산적인 부분에 국한되기 일쑤다. '여성=어머니'라는 등식을 전제하고 있는 이 싸이트들에서 여성방문자들은 어머니거나 예비 어머니이므로 생산하는 성 이외의 다른 것에 가치를 두는 모습을 감히 드러낼 수가 없다. 그러나 여성들 사이에도 남성과 마찬가지로 계급적·세대적인 차이로 인한 라이프스타일의 차이가 있다. 특히 이제는 경제적이고 문화적인 이유로 모든 여성이 '어머니'로서의 국면을 항상 거치는 것은 아니다. 그래서 사랑이 항상 모성을 기반으로 한 보살핌의 형태로 실천되는 것이 바람직하다고 여겨지는 '건전

10) 성교육이라는 이름으로 불리기도 하는 이 '순결교육'은 성(性)이란 여자가 알아서는 안될 것, 스스로 원해서도 안될 것으로 가르치고 있다. 아는 순간 그녀의 순결은 깨어져버리는 것으로, 순결을 잃어버리는 순간 그녀는 살아갈 가치가 없는 존재로 전락해버린다고 주입받아왔다. 순결교육에서 순결의 기준은 '처녀막이 보존되어 있는가 그렇지 않은가'인데, 성에 대해 아는 순간 여자애들이 충동을 참지 못해 삽입성교를 하고야 말 것이라는 전제는 언제 떠올려도 황당한 설정이다. 이성적으로는 동의하지 않더라도 이런 유의 교육을 10년 이상 받은 여성이라면 이것으로부터 자유롭기 힘들다. 그러나 남성들의 경우, 빠르게는 초등학교 고학년부터 아는 형이나 친구들을 통해서 성인남자가 해야 할 일을 전수받는다. 물론 여성이건 남성이건 성에 대해 왜곡된 정보를 얻기는 마찬가지다.

한' 태도에도 우리는 역시 '딴지'를 걸 수밖에 없는 것이다.

정보를 주는 사람과 받는 사람 모두에게 부담이 적고 정보를 받는 사람과 주는 사람의 경계가 명확하지 않으며, 정보공유가 쉽고 그것이 미덕인 싸이버스페이스는 분명히 희망적인 공간이다. 동시에 어느정도의 익명성을 담보로 하는 정보공유는 쎅슈얼러티에 관한 개인의 의견 교류를 매우 용이하게 한다. 웹은 어머니의 정체성을 지니지 않고도, 생산력을 담보하지 않고도, 여성이 주체가 되어 쎅슈얼러티를 이야기할 수 있는 유일하고도 덜 위험한 공간, 진정으로 민주적인 공간이 될 수 있는 가능성을 충분히 지니고 있다.

●●●● 싸이보그 여성주체들의 공간: 공동체 '달딸'

웹진 달딸은 이제 우리의 정체성, 스타일 혹은 문화를 대변하는 그 무엇이 되었다. 이 문화적 특성은 크게 나누어 웹이라는 온라인 환경과 테크놀로지의 활용, 싸이버페미니즘이라는 페미니스트 담론 (Wilding 1997; Plant 1997), 그리고 이미 앞서 논의된 바 있는 기존 페미니스트 정체성과 전략에 대한 대안으로 내세운 '딸됨의 정치학'으로 볼 수 있다.

우리가 웹진에 관심을 보인 일차적인 이유는 인쇄매체보다 낮은 비용으로 폭넓은 독자층을 확보할 수 있다는 경제적인 고려 때문이었다. 그러나 실제로 웹진을 제작해보면서 우리는 웹을 통해 우리가 다른 차원의 공간으로 진입하고 있음을 자각하게 되었다. 이는 온라인이 오프라인과 상호작용하지만 동시에 독자적인 영역을 형성하고 있음을 직접 체험하고, 온라인에서의 정체성과 쎅슈얼러티, 몸의 정치학이 오프라인과는 다른 모습을 띠며, 이를 여성이 전유함으로써 진정한 해방의 기틀을 잡아갈 수 있다는 미래지향적인 이론들을 접하게 된 것에 기인한다.

이른바 '싸이버스페이스'로 불리는 이 공간은 현재 제1세계의 주도로 형성되고 있는 후기자본주의의 산물로, 문화·정치적 운동집단이 그들의 활동을 확대·전개시켜야 할 필요를 지닌 영역이다. 동시에 싸이버스페이스는 "공간과 아이덴티티가 혼용되고 사적인 육체와 육체의 정치학의 경계가 상호 침투하는 이데올로기적 네트워크"로서 다양한 주체들의 정치학을 재설정할 수 있는 기회의 공간이기도 하다(해러웨이 1997, 189면). 적어도 개개인이 딛고 있는 현실사회의 토대에 부여되고 그들의 육체에 각인된 정체성들이 온라인에 접속한 주체, 싸이보그들과 갖는 관계는 상대적으로 느슨하다. 개인의 욕망을 구현하는 상상으로 만들어진 이들 주체는 테크놀로지의 도움으로 실질적 제약과 한계를 넘어 온라인에서 활동할 수 있기 때문이다. 그러므로 싸이버스페이스 속에 구현된 페미니스트 욕망의 발현인 싸이보그 여성주체로서 우리는 우선 온라인에까지 침투한 성 담론에 대한 대응으로 여성주체의 공간과 공동체를 구성하고, 실세계에서 구현하지 못했던 욕망들을 발산하는 계기를 만들어가고자 했다.

달딸 첫호를 발행한 1998년 무렵은 페미니스트 정치·윤리학, 포스트모더니즘 인식론, 문화·매체 비평이라는 다양한 페미니스트 담론이 오프라인에서 자리를 잡아가던 시기였다. 그렇지만 당시에 온라인에서 형성되는 '성'에 대한 관심은 미미했다. 온라인에 떠도는 수많은 아이디와 담론들이 웹사용자의 대다수가 '남성'이고 '여성'참여자는 소수라는 사실을 드러내고 있었기 때문이었을지도 모르겠지만, 더 중요한 이유는 당시 페미니스트 공동체들은 새로 편성된 이 공간에 적극적으로 접근하지 않았기 때문이었다. 이에 우리는 상대적으로 출현한 지 얼마 되지 않는 이 싸이버스페이스라는 공간에서조차 오프라인과 유사한 성차별적인 권력구조가 구축되고 있음을 비판하면서 여성주체를 독자로 상정한 담론을 생산하고 이들과 서로 교류할 수 있는 네트워크의 구축을 시도했던 것이다.

이 온라인 성의 문제가 가장 노골적으로 드러난 예는 최근 '군가산점 위헌 판결'과 관련되어 확산되었던 온라인 성폭력이었다. '남성'임을 드러낸 자들의 욕설과 협박이 각종 '여성'싸이트들을 폐쇄로 몰아넣었던 이 사건은 오프라인상의 이데올로기가 온라인에 그대로 옮겨짐과 동시에 이것이 확대·증폭되어가는 과정을 모두가 생생하게 목도하게 만들었다.

이는 딸딸의 구성원들이 지속적으로 우려했던 부분이 첨예하게 나타난 것이었다. 이 사건 이전에도 남성들의 이른바 '적대적 태도'로 일관된 글들, 개인적인 비방과 저속한 욕설, 혹은 논리로 제압하려는 과시벽을 주로 한 글들(Herring 1996), 플레임[11]들 때문에 여성참여자의 수가 감소하고 있었다. 그래도 인위적인 배제나 검열은 하지 않겠다는 방침을 고수하며 구성원들이 논쟁에 뛰어들기 시작할 즈음 군가산점 사건이 터진 것이다. 우리는 게시판에서 벌어지는 참담한 상황을 주시했고 결국 '여성전용 게시판'을 만들었다. 그리고 이 게시판의 효과적인 운영을 위해 남성의 글로 추정·확정되는 모든 글을 예고된 규칙에 따라 '화장실 게시판'으로 이동시켰다.

이것의 효과는 신속하고 명쾌하게 나타났다. '여성전용 게시판'에서는 플레임들로 가득한 '공용게시판'에 비해 상대적으로 진지하고 구체적인 페미니스트 논의가 이루어지기 시작했기 때문이다. 우리는 이에 자극을 받아 '여성학 게시판' '뉴스게시판'과 같은 페미니스트 전용 게시판도 만들어 정보교류의 폭을 넓혔다. 웹진을 만들기 전 '딸의 정체성'에 관한 이야기를 구상하고 있을 때 막연히 상상적으로 그려보던 분위기나 생각들이 웹이란 환경 안에서 구체화된 것이었다.

여성들에게 '성인'이 된다는 것은 일반적으로 누구누구의 '아내' 혹은 '어머니'라는 타이틀을 얻어 '딸'이란 위치를 벗는 것을 의미한다. 우리는 웹을 통해 이러한 성인의 위치를 능동적으로 거부하고, 성인이

---

11) 어떤 사람 생각, 어투 등에 대해 강한 의견이나 비난을 담은 (e-mail이나 게시물을 통한) 메씨지.

될 의무와 나름대로의 특권들을 무시하며, 사회적 요구가 아직 없던 시기 특유의 방만하고 유쾌했던 태도와 행동방식을 자유롭게 표출하게 되었다. 육체의 어쩔 수 없는 변화들, 사회적 기대와 선입견으로 접어둘 수밖에 없는 젊음의 잠재력이 이 공간 안에서는 영원할 수 있는 것이다. 전통과 관습의 계승, 세대교체로 특징지어지는 아버지-아들의 세계와 달리 온라인의 세대와 문화는 선택적인 것이다. 수평적 분열로 형성되고 산포되는 문화주체들의 세계에서 더이상 '적자(嫡子)'나 '재생산'은 의미가 없다. 이러한 온라인 주체의 산포는 서구에서는 이미 1990년대 초반부터 진행되어왔다. 우리가 '딸'의 이름으로 활동하고 있다면 영어권에서는 'Grrl', 'Grrrl'[12]로 불리는 영페미니스트들이 나름의 스타일을 확장시켜가는 중이다.

> 'Grrrl' 우리 동지들의 입에서 새로이 공명한다. 'Grrr'은 이 사회가 소년들과의 왁자지껄한 놀이를 그만두고 'girl'이 되도록 배울 때가 되었다고 환기시키기 전에 우리로 하여금 돼먹지 못하고 당차고 호기심 충만한 10대 시절을 소환하게 한다. … Riot Grrrl은 잡지를 발행하고 밴드를 조직하며 작품을 만들고 라디오를 방송하며 메일링리스트와 웹싸이트를 만들고 때때로 서로 만나 우리 생활과 현사회에서 여성이 된다는 것에 대해 이야기하는, 젊고 대부분 펑크족이며 구속받지 않는 페미니스트들의 느슨한 연합체이다. (Garrison 2000, 141면)

온라인은 새로운 주체구성의 영역이다. 즉 오프라인에서 가진 자의 정보 관리를 위한 테크놀로지라는 도구적 위상을 넘어 싸이버스페이스에는 이 공간에 의해 자극받고 동기부여된 새로운 주체들이 서로를 완전히 배제하지도 지배하지도 않으면서 오프라인에 정착된 선입견과 차별에 대해 유연하고 효과적인 저항의 전략을 세우고 있다. 성정체성과 투쟁의 제약들을 넘어서는 네트워킹과 싸이보그 이미지로 해방의

12) 비키니 킬의 보컬이자 운동가인 캐슬린 하나(Kathleen Hanna)는 1980년대 후반 미국 청년·흑인·여성들 사이에서 유행한 어구에서 착안해서 젊은 페미니스트들을 위한 용어인 Grrl을 주조했다. 이 단어는 많은 여성집단들 사이에 자랑스러운 유사성을 담지한다. Gilbert and Kile 1996 참조.

비전을 향해가는, 유쾌하며 경계에 집착하지도 지배를 욕망하지도 않는 유연한 주체들과 함께 우리 '딸딸'이 새로운 싸이보그 페미니스트 비전을 꿈꾸며 지금 이 순간에도 온라인을 누빈다.

참고문헌

도나 해러웨이 (1987) 「싸이보그를 위한 선언문: 1980년대에 있어서 과학, 테크놀로지, 그리고 사회주의 페미니즘」, 홍성태 편 『사이보그, 사이버컬쳐』, 문화과학사.

들뢰즈·가타리 (1992) 『소수집단의 문학을 위하여』, 문학과지성사.

Garrison, Ednie Kaeh. (2000) "U.S. Feminism—Grrrl Style! Youth (Sub)Cultures & the Technologics of the Third Wave." *Feminist Studies* 26.

Gilbert, Laurel and Crystal Kile. (1996) *Surfergrrrls: Look Ethel!—An Internet Guide for Us.*

Herring, Susan C. (1994) "Gender Differeces in Computer-Mediated Communication: Bringing familiar baggage to the new frontier." (Keynote talk at panel entitled "Making the Net*Work*: Is there a Z39.50 in gender communication?" American Library Association annual convention. Miami. June 27, 1994.)

_____ (1996) "Gender and Democracy in Computer-Mediated Communication." Rob Kling, ed. *Computerization and Controversy*, V–C.

Plant, Sadie. (1997) *Zeros and Ones: Digital Women and the New Technoculture.* London: Fourth Estate.

Shade, Leslie. (1993) "Gender Issues in Computer Networking." http://www.vcn.bc.ca/sig/comm-nets/shade.html.

Wilding, Faith. 1997. "Where is Feminism in Cyberfeminism?" http://www.obn.org/cfundef/faith_def.html.

지식정보기반 신경제와 벤처기업

양신규

　우리는 컴퓨터와 네트워크를 이용해 온라인으로 물건을 구매하며, 이를 위해 새로운 기종의 컴퓨터와 주변기기, 인터넷 써비스를 구매한다. 이에 필요한 개인용 컴퓨터, 써버, 소프트웨어, 하드웨어, 고속통신, 인터넷 컨텐츠 사업과 같은 '디지털경제'는 이미 우리 경제의 한복판에 깊숙이 자리잡았다. 고속 인터넷 전용선이 주요 도시를 거미줄처럼 덮고 있으며, 인터넷 전용선이 없는 곳에서는 사람들이 유무선 전화선을 통해 네트워크에 접속하고 있다. 기업과 관공서는 컴퓨터 프로그램 없이는 하루도 일을 볼 수 없는 상황이며, 네트워크를 사용해서 부서간 결재서류를 전송한다. 공장에 도입된 컴퓨터가 공장 자동화를 주도한 것은 이미 오래된 현상이다. 미국의 씰리콘밸리가 야심만만한 젊은 벤처기업가들의 산실이었듯이, 한국에는 서울의 테헤란로에 수백개의 벤처기업이 밤을 밝히고 있다. 마이크로소프트의 빌 게이츠는 세계 제일의 부자이며, 야후(Yahoo)의 자산은 항공기시장을 장악한 보잉사보다 더 높게 평가되고 있고, 한국에서도 2000년 초엽에 무료 국제전화써비스를 제공하는 종업원 백여명의 작은 기업(새롬기술)의 자산가치가 재계 6위의 대기업보다 더 높게 평가되는 이변이 생기기도 했다.

　나는 이 글에서 이러한 '디지털경제'가 이러한 일시적인 '거품'이나 '붐'이 아니라 자본주의 경제활동 구조의 심원한 변화에 근거한 것임을 주장하려 한다. 즉 디지털경제 현상은 자본주의가 자본과 육체노동을 요소로 삼아 발전한 산업자본주의에서 인적 자본(human capital)과 지식·정보를 기반으로 삼는 '신경제'(New Economy) 위주의 자본주의로 바뀌는 근본적인 변화를 보여주고 있음을 강조할 것이다. 이를 위해 나는 '신경제'의 개념과 이를 둘러싼 논쟁을 소개하고, 신경제의 기반인 지식정보의 생산과 소비 과정의 핵심적인 경제적 특성을 분석하고 이것이 전통적 산업의 특성들과 무엇이 다른가를 논의할 것이다. 이후 나는 한국의 벤처 '붐'을 바라보는 한가지 긍정적인 해석을 제시하려 한다. 결론적으로 나는 이러한 논의에 바탕해서 진보적 사회운동과 정치개혁이 취해야 할 입장을 간단히 제시할 것이다.

신경제와 그 법칙들

1990년대 중반 『비즈니스위크』(Business Week)지의 경제팀이 제창한 '신경제'라는 개념은 이제는 상식적인 용어가 되었다. 예를 들어 사람들은 "아마존(Amazon.com)은 신경제부문의 회사이고 제너럴모터스(General Motors)는 구경제(Old Economy)부문의 회사"라는 얘기를 자연스럽게 한다. 미국의 클린턴-고어 행정부는 신경제 개념을 전폭적으로 수용하고 정책토론의 장으로 끌어냄으로써 이 용어의 확산에 크게 기여했다. 특히 클린턴-고어 팀의 핵심 정책두뇌집단인 진보정책연구소(Progressive Policy Institute)는 이 논의를 대폭적으로 수용하고 확산시켰으며, 최근에는 클린턴 대통령이 직접 신경제에 대한 학술-정책 컨퍼런스의 의장이 되어 회의진행을 맡아 화제가 되기도 했다. 2000년 7월에 일본 오끼나와에서 열린 G8 정상회의에서는 '정보기술헌장'을 채택하고 국가간의 디지털격차의 문제가 앞으로 해결해야 할 심각한 문제임을 지적하고 있다.

신경제현상에서 가장 핵심적인 것은 경제성장의 속도와 재화의 성격 변화에 관한 문제이다. 신경제론자들은 ① 정보기술의 혁명, ② 정보지식 재화의 네트워크 외부효과(network externalities)로 인한 수확체증(increasing returns),[1] ③ 지구촌규모의 시장확대라는 세 가지 요인과, 이러한 요인들의 선순환적(positive feedback) 효과에 근거해서 생산력의 폭발적 성장을 예견한다.

정보기술혁명의 핵심은 컴퓨터와 통신기술 같은 정보기술의 발달이 유례없이 빨리, 오래 지속된다는 사실이다. 정보기술 하드웨어의 발달속도는 두 가지 법칙으로 요약될 수 있다. 무어의 법칙(Moore's Law)은 1960년대 초엽의 집적회로 개발을 시작으로 컴퓨터칩의 성능이 18개월에 두 배씩 증가한다는 경험법칙이다. 이 법칙에 따르면 컴퓨터의 성능은 3,40년에 백만 배가 된다. 가장 희망적인 관측으로, 앞으로 30년간 무어의 법칙이 더 관철된다면 2030년에는 지금보다 백만 배 더 성능이 좋은 컴퓨터를 사용할 수 있다는 얘기다. 무어의 법칙은 씰리콘기술에 국한된 얘기지만, 현재 나노 테크놀로지를 이용한 분자컴퓨터나 양자현상을 응용한 양자컴퓨터의 가능성 등에 대한 연구개발이 경쟁적으로 활발히 이루어지고 있음을 볼 때, 씰리콘기술이 벽에 부딪친다 해도, 차세대 컴퓨터들의 후보가 즐비하게 늘어서 있음을 알 수 있다. 또 길더의 법칙(Gilder's Law)은 통신채널의 스피드(용량)가 일년에 두 배씩 증가한다는 것이다. 무어의 법칙과 길더의 법칙으로 요약되는 정보기술혁명의 속도와 범위는 인류의 기술사상 전례없는 일이다. 더구나 무서운 속도의 기술발전이 지식과 정보의 생산과 유통에 사용되는 기술부문에서 이루어지고 있다는 사실까지 덧붙이면, 인류는 지금 역사상 가장 중요하고 심대한 기술발전을 가장 빠른 속도로 경험하고 있다고 할 수 있다.

정보기술은 그 자체가 네트워크를 형성하며, 다른 사회적 네트워크의 형성과 유지에 결정적인 역할을 한다. 여기서 중요한 것은 기술발

1) 예를 들어 전화망이나 인터넷에서의 네트워크 외부효과란 사용자수가 늘어날수록 네트워크 사용의 효용가치가 증가하는 것을 말한다. 전화 사용자가 자기 혼자라면 효용은 제로지만, 점점 사용자가 늘어날수록 전화의 효용은 증가한다. 이 현상이 한계효용체증 현상이며 전통적인 재화(경합적 비네트워크 재화)의 한계효용체감의 법칙과 대비된다. 이 경우 생산자 쪽에서 규모의 경제를 확보·유지하면 점점 수익을 많이 올릴 수 있게 된다. 이 현상을 전통적 재화의 수확체감의 법칙과 대비되는 수확체증의 법칙이라고 한다.

전이 네트워크 효과와 결합될 때 그 영향력이 배가된다는 사실이다. 이서넷(Ethernet)을 개발한 멧칼피(Robert Metcalfe)의 이름을 딴 멧칼피의 법칙(Metcalfe's Law)은 네트워크의 가치가 네트워크 참여자의 수의 제곱에 비례한다는 것을 보여주고 있다. 이 네트워크 효과는 지식정보 재화의 비경합적 성격(non-rivalry)에서 나오는 것인데(다음 절 참조), 이것은 경제의 세계화 추세와 관련해서 매우 중요한 의미를 갖는다.

이제 왜 세계시장에의 참여가 개인과 기업에게 중요한가를 쉽게 추론할 수 있다. 네트워크화된 지식정보 재화가 경제활동의 핵심 재화가 되면, 개인소비의 가치와 생산활동에서의 혁신동기가 그 시장규모의 제곱으로 증가할 수 있다. 세계화의 선진국들은 물론이고, 중국, 인도 등 전통적인 자력갱생 모델을 채택했던 나라들까지 사활을 걸고 지구 규모의 시장에 참여하려는 경제적 근거가 바로 이것이다.

신경제현상과 경제성장: 이론적 쟁점들

생산력의 수준은 생산성으로 측정되는데, 노동생산성(Labor Productivity, 이하 LP)은 단위 노동인구당 생산량, 그리고 TFP(Total Factor Productivity)는 기술적 수준의 지표이다. 노동생산성은 경제단위의 평균 생활수준을 나타내는 중요한 지표인데, 결국 경제가 성장을 한다는 것은 노동인구가 늘어난다는 것에 더하여 단위노동당 생산량, 즉 노동생산성이 증가하는 것을 말한다. 노동생산성을 증가시키는 데는 두 가지 방법이 존재한다. 그 하나는 자본투여를 늘려 단위 노동시간당 생산량이 증가하는 것이고, 다른 방법은 기술이 발달해 같은 자본으로 단위 노동시간당 생산량이 증가하는 것이다. 후자의 길에 의한 노동생산성 증가를 TFP 증가라고 정의한다. 기술진보(TFP의 증가)는 장기적으로 경제성장을 가능하게 하는 유일한 원천이다.

신고전학파 경제성장모형에 따르면, 자본집적률이 어느 수준을 넘어가면 신규 자본투자량과 기존 자본의 감가상각분이 같아지게 되어 결국 성장이 멈추게 된다. 맑스경제학의 자본의 유기적 구성도 증가에 따른 이윤율하락의 법칙은 현대적으로 보면 이렇게 기술적 진보(TFP 성장)가 없는 자본축적에 의한 성장의 한계를 지적한 것이다. 쏠로우 (R. M. Solow)는 이러한 '이론적 자본주의 종말론'의 문제를 해결하기 위해 외생적 기술진보라는 변수[2]를 도입했고, 이 기술진보의 크기를 측정하는 지표로 TFP를 제안했다(Solow 1956, 1957).

이러한 신고전학파의 경제성장모형에 따라 정보기술혁명을 스케치 해보자. 정보기술산업에서 일어나는 외생적 기술진보는 정보기술산업의 TFP가 증가함을 의미한다. 그렇게 되면 정보기술 장비와 써비스를 사용하는 소비자와 기업은 값싼 정보통신 장비와 써비스를 좀더 많이 소비할 수 있게 된다. 즉 정보기술산업은 TFP의 증가에 의해서 성장하는 반면에, 다른 산업부문은 정보기술 자본투입의 증가에 의해 성장하는 것이다. 이러한 신고전학파적 해석에 의하면 정보기술혁명은 무어의 법칙과 길더의 법칙으로 요약되는 정보기술 산업부문에서의 기술진보이고, 그 경제효과는 소비와 기업투자에 있어서 정보기술상품을 다른 산업의 상품으로 '대체하려는 정도'(substitutability)로 나타난다.[3] 즉 정보기술 부문의 기술이 일년에 25%씩 성장하고 국민총생산에서 정보기술의 부가가치가 차지하는 비중이 2%라면, 연간 0.5%(=25×0.02)의 성장이 정보기술혁명의 직접적인 효과인 것이다. 미국 상무성 백서인 『디지털경제 2000』에는 정보기술산업의 성장이 경제성장분의 1/3을 차지한다는 보고가 있는데, 이는 본질적으로 이러한 계산법을 따른 것이다.

이 정도의 성장기여분도 매우 중요한 것이다. 그렇지만 이러한 계산은 정보기술이 소비재이면서, 모든 산업부문에 동원되는 중간재 역할을 하는 광범한 '범용기술'(General Purpose Technology)이라는 사실을 간과하고 있다. 정보기술과 같은 범용기술은 다른 경제영역의 '보완적 혁신'을 촉진하기도 하며, 다시 이러한 혁신에 자극받아 스스로의 기술진보를 가속화하기도 한다. 따라서 정보기술이 경제성장에 미치는 영향을 이해하기 위해서는, 위에서 계산한 것과 같은 직접적 영향은 물론이고 다른 경제부문의 혁신을 추동하는 간접적 기여효과를 동시에 고려해야 한다.

신고전학파의 경제성장모형이 간과하는 보완적 혁신이란 다음과 같은 것이다. 첫번째로 정보기술 자체가 새로운 상품을 개발한다는 것을 생각할 수 있다. 예를 들어 컴퓨터 음성인식기술이나 디지털 생명기술 등은 기존의 노동이나 상품을 대체하는 것이라기보다 새로운 상품을 만들어낸 것으로 볼 수 있다. 이러한 새로운 상품의 도입이 경제성장에 미치는 심대한 영향은 기존 경제지표에는 전혀 잡히고 있지 않다. 두번째로 정보기술은 기존 상품의 생산과정에 새로운 생산방식을 도입하는 혁신을 낳는다. 예를 들어 통계적 공정관리 소프트웨어는 사람이 하던 품질관리를 대체하는 것이 아니고, 전혀 다른 차원의 품질관리 수준이 가능하게 한다. 전자상거래와 같은 벤처기업의 경우에는 정보기술이 아예 새로운 경영모형을 낳는다는 것을 볼 수 있다. 아마존의 혁신은 단순히 동네 대형서점을 대체하는 수준에 머물지 않고 완전히 새로운 독서·음악 커뮤니티를 만들어내며, 프라이스라인(Priceline.com)은 기존의 여행사나 슈퍼마켓을 대체하는 것을 넘어서 비행기좌석, 식품, 호텔 객실 등의 시한성 상품이 낭비되지 않도록 소비자와 공급자를 동시에 도와주는 일을 하고 있다. 세번째로 정보기술은 교육·언론·금융산업[4]과 정부써비스 등 지식과 정보의 유통과 전달에 지대한 영향을 미친다. 인터넷의 발전 이후 지역적으로 떨어진 연구자들 사이의 교류와 공동작업이 비약적으로 늘어나고 있는데, 경제효과를 차치하고라도[5] 이것은 매우 의미있는 변화이다.

4) 화폐 자체가 엄밀한 의미에서 정보재인 것을 생각하면 금융산업은 순수한 정보산업이다.

5) 전통적인 경제지수의 계산에 따르면, 이러한 부문에서 생산성이 증가해 투입이 감소한다면 오히려 생산이 감소했다는 잘못된 결론에 도달한다. 이러한 착오에 대해서는 Griliches 1994, 1995를 참조.

이러한 보완적 혁신 문제에 덧붙여서 네트워크 효과로 인한 수확체증까지 생각한다면 정보기술혁명의 경제적 효과는 더욱 심대하다는 것을 알 수 있다. 네트워크 효과는 흔히 네트워크의 가치가 사용자 수의 제곱에 비례한다는 멧칼피의 법칙으로 표현되는데, 우리는 여기에 네트워크의 확장이 네트워크 본래의 기능에 새로운 기능이 부가됨으로써 이루어진다는 사실을 함께 고려해야 한다. 예를 들어 컴퓨터 네트워크의 초기 목적은 주로 파일전송이었는데, 네트워크망이 완성되자 '클라이언트-써버'라는 새로운 패러다임이 탄생하고, 월드와이드 웹이 생기고, 대규모의 커뮤니티가 형성되고, 전자상거래가 가능하게 되었다. 즉 네트워크 자체의 수확체증만이 아니라 네트워크에 새로운 네트워크가 건설되는 효과까지 감안해야 올바른 수확체증의 승수를 파악할 수 있다는 것이다.

이 네트워크 효과와 세계화(globalization)는 다시 상호 선순환관계에 있다. 시장의 범위가 크면 클수록 그 제곱에 비례해서 네트워크 재화의 가치가 증가하고, 네트워크 재화의 가치가 커지기 때문에 또 네트워크에 접속하려는 동기가 증가한다. 인터넷 사용자의 폭발적 성장은 정확히 이런 경제적 논리에 따른 것이다. 신고전학파 모형에 따르면 인터넷 사용자가 늘어나는 것은 인터넷의 접속비용이 싸지기 때문인데, 이것만으로는 지금 목격하는 연간 100%의 폭발적 성장을 설명할 수 없다. 인터넷 가입자, 휴대폰 가입자의 폭발적 성장은 신고전학파 경제모형에서는 사상하고 있는 이 네트워크 효과 때문이다.

그렇다면 신고전학파 경제모형에서 간과하는 보완적 혁신과 네트워크 효과 등을 감안해서 정보기술혁명이 경제성장에 미치는 효과를 추정할 수 있는 방법이 있을까? 나는 최근의 연구에서 미국 1000대 기업들의 컴퓨터관련 무형자산 투자액을 산출하고 이를 기업들이 기대하는 보완적 혁신과 네트워크 효과에 의한 미래의 기대수익과 연관시키는 방법을 사용해서, 신고전학파의 경제모형이 이미 1970년대부터 연간 1~2%의 경제성장률을 점증적으로 과소평가했음을 주장했다(Yang 2000; Brynjolfsson and Yang 2000). 이러한 연구를 확장해서 최근(1995~99년)의 경우를 살펴보면 정보기술혁명으로 인한 2~3%의 TFP의 추가적인 증가 가능성이 시사되고 있다.

정보기술혁명의 직접효과가 TFP 0.5% 성장을 가져오며, 간접효과를 고려하면 TFP 2~3% 성장을 가져온다는 것이 왜 중요한가? 0.5%나 2~3%가 미미한 증가율 같지만, 산업혁명기 동안 엄청난 경제성장을 일구어낸 영국에서 이 기간의 연간 노동생산성 증가율이 0.5%였고 그후 50년간의 증가율이 1.4%였으며, 20세기에 영국을 추월한 미국의 노동생산성이 19세기말부터 20세기에 걸쳐 연평균 2.3%씩 증가했음을 보면, 그 의미가 명확해진다. 간단히 말해서, 생산의 첨단에 위치한 선진국들과 정보기술혁명에 전혀 접근하지 못한 나라 사이에는 매년 TFP 2~3%의 차이가 있고, 이는 대략 한 세대(35년) 만에 2~3배의 경제규모 차이를 낳게 되는 것이다.

정보기술혁명의 시대에 TFP 증가는 어떤 방법으로 이루어지는가? 신경제성장론(New Economic Growth Theory)에서는 기술혁신에 의한 경제성장이 지속적으로 이루어질 수 있는 이유를 지식정보 재화의 특별한 성격에서 찾는다. 일단 경제성장의 원인은 요소투입 증가와 기술혁신에 의한 두 가지로 구분해볼 수 있다. 여기서 자본이나 물적 재화와 같은 투입요소들은 내가 소비하면 다른 사람은 소비하지 못하는 성격의 경합적(rivalry) 재화인 데 반해, 기술혁신의 배경을 이루는 지식과 정보는 본질적으로 비경합적 재화이다. 즉 지식과 정보는 내가 사용한다고 없어지는 것이 아니라, 다른 사람도 그대로 사용할 수 있다. 지식과 정보는 투입요소의 구성과 배치를 바꾸어서 같은 투입으로 더욱 높은 가치를 생산하게 해주는 기능을 한다는 점에서 의미가 있다. 물론 이러한 지식과 정보가 (신고전학파 경제모형에서 암시하듯이) 하늘에서 떨어지듯 외생적으로 발생하는 것은 아니다. 우리가 중시해야 할 사실은, 지식과 정보가 경제주체들의 의식적인 노력인 기술과 경영의 연구개발 활동에 의해 생산되는 재화라는 것이다.[6] 물론 이지식정보 재화에는 미적분학과 같은 공공재도 있지만, 지적 재산권 등의 법률적 방법이나 암호화 등의 기술적 방법으로 사유화한 사적 재화도 있다. 그렇지만 어느 것이든 지식정보 재화는 비경합적 재화이며, 이 지식정보 재화의 비경합성이 지속적 경제성장을 가능하게 해주는 유일한 원천이다(Romer 1996).

인적 자본, 지식정보 재화, 그리고 자본주의 생산의 성격 변화

19세기 고전파 경제학자들이나 맑스, 그리고 현대의 신고전학파에 있어서 생산과정에 투입되는 생산요소는 토지, 자본(생산수단), 노동의 세 가지였다. 이 토지·자본·노동은 모두 경합적 재화이고, 노동자와 분리 가능한(alienable) 것들이다. 이러한 경합적 생산수단의 분리가능성이 바로 생산수단을 소유한 자본가가 노동자를 지휘·통제하고 잉여가치를 추출하는 물리적 근거가 된다. 이들 이론이 공통적으로 함의하고 있는 주장은 자본주의경제에서 경제성장이란 기본적으로 자본의 축적을 통해 잉여가치율을 높이려는 자본의 노력에 의해 추진된다는 것이다.

또 이러한 경제이론에서 생산과정이란 기본적으로 노동자가 생산수단을 사용해서 자연이나 인공물에 노동을 투하함으로써 가치를 생산하는 활동이다. 그렇지만 우리가 디지털경제나 신경제현상을 설명하기 위해서 먼저 고려해야 할 사실은, 정보기술혁명으로 가속화된 지속적인 생산성 향상으로 인해 물질에 직접 손을 대는 노동자의 수가 급격히 감소하고 있다는 것이다. 그 단적인 예가, 산업혁명기를 통해

6) 제2차 산업혁명 이후 미국에서 경제활동의 중심적 역할을 하는 새로운 기업이 탄생하고 발전한 과정은 바로 지식정보 재화를 먼저 생산한 기술인·기업인들에 의해 주도되었음을 알 수 있다. 즉 자본이 노동을 동원하는 것이 아니라, 지식정보 재화의 담지자인 기술인-경영인 그룹이 주식이나 채권의 형태로 자본을 동원하고 노동자를 고용하여 기업을 창업하고 경영을 확장하는 것이다. 이것이 이른바 경영혁명(managerial revolution)의 핵심적 내용이다(Chandler 1980, 1990).

90%에 달하던 농업인구가 (미국의 경우) 지금은 1% 남짓으로 줄었다는 것이다. 점점 더 많은 사람들이 지식과 정보를 생산하고, 수집·처리·유통·종합하는 활동에 종사하게 될 것이며, 이에 따라 공장에서 물건을 만드는 산업노동자들의 수도 극감할 것이라는 예언이 과장이 아닌 것이다. 이미 선진경제의 경우 생산활동의 핵심은 지식정보 재화의 생산으로 옮겨갔다. 현대경제가 물질생산이 아닌 지식정보 재화의 생산 중심으로 이동했다는 사실은 생산활동과 노동과정에 대한 이해에 근본적인 발상전환을 요구한다.

로머가 주창한 신경제성장론(Romer 1996)은 현대의 생산활동에 노동과 자본이란 재화 이외에 인적 자본과 지식정보라는 두 가지 전혀 다른 성격의 재화가 존재한다는 것을 처음으로 분명히하고 경제모형에 이 두 가지 재화를 포함하기 시작했다. 다음의 표 1을 보자.

〈표 1〉

맑스, 신고전학파	①노동	②자본	hardware
신경제성장론	③인적 자본	④지식/정보	software
	노동자에게서 분리 불가능	노동자에게서 분리 가능	

맑스가 파악한 자본주의의 계급투쟁은 바로 물리적 생산수단의 소유 및 통제권을 둘러싼 계급들간의 정치적 혹은 일상적 투쟁이다. 이 투쟁이 자본주의사회를 특징짓는 핵심적 사건인 이유는 인구의 대부분이 생산과정에 참여하고 그 결과물을 나누어 소비하는데, 이 생산과정과 소비활동에서 개인의 운명은 바로 물리적 생산수단의 소유 및 지배관리권의 여부로 결정되었기 때문이다. 그런데 현대의 생산과정에는 표 1에서 보듯, ①노동과 ②자본 이외에 ③인적 자본과 ④지식정보 재화가 필수적으로 요구된다. 생산과정의 통제와 그 결과물의 배분문제가 어떤 변화를 겪을 것인가를 생각해보는 것이 사실상 현대 정치경제학의 핵심문제인데, 그 분석에 들어가기 전에 먼저 새로운 재화인

인적 자본과 지식정보 재화에 대한 깊은 이해가 필요하다.

먼저 인적 자본과 전통적 생산요소들과의 공통점과 차이점을 살펴보기로 하자. 인적 자본과 전통적 생산요소인 노동력의 차이는 (노동과 전통적 자본이 구분되듯이) 산 노동과 죽은 노동[7]의 차이로 이해될 수 있다. 사람의 몸과 머리에 체현된 기능과 지식으로서의 인적 자본은 교육과 본인의 노동이 투하되는 생산과정에 의해 만들어지고 축적되는 경제적 재화이다. 인적 자본은 초등 및 고등 교육기관에서의 교육을 통해 습득되고 축적되지만, 또한 생산활동중에 축적되기도 한다. 노동시장에서 중요시되는 경험은 바로 이 생산활동중에 축적된 인적 자본을 말하는 것이다. 또 인적 자본과 자본의 차이는, 인적 자본이 자본과 달리 노동자와 분리 불가능하다는 데 있다. 생산수단은 법률적으로 노동자와 분리하여 자본가 혹은 법인에게 귀속되게 할 수 있지만 노예제도가 금지된 현대사회에서 인적 자본은 철저히 노동자 개인에게 귀속된다. 인적 자본은 전통적 노동력과는 달리 노동의 축적물이라는 점에서 노동과도 구분되지만, 반면에 노동자와 분리 불가능하다는 측면에서 전통적 자본과는 뚜렷이 구분되는 새로운 경제적 재화이다.

노동이나 자본 그리고 인적 자본 모두 공유하고 있는 속성은 경합적 재화라는 점이다. 그런데 인적 자본과 강한 상호보완 관계에 놓여 있는 지식정보 재화는 노동자와 분리 가능하지만 본질적으로 비경합적 재화라는 측면에서 독특하다. 지식정보 재화는 산 노동의 축적에 의해 생산되는 죽은 노동이라는 측면에서 자본의 속성을 가지며, 지적 재산권 등의 법률적인 장치를 통해서 얼마든지 사적 재화가 될 수 있다. 경제학적 관점에서 지식정보 재화의 또다른 중요한 특징은, 그것의 첫 단위를 생산하기가 매우 어렵지만 이를 재생산하기는 매우 쉽다는 점이다. 즉 첫 단위를 제외하고는 한계생산비용(marginal cost)[8]이 매우 낮다. 이 한계생산비용은 토지, 노동력, 인적 자본, 물적 자본, 지식정보 재화의 순서로 낮아진다. 토지는 개간이나 간척 등을 제외하고

7) 맑스는 현재 노동력의 써비스를 산 노동, 그 노동과정에서 사용되는 자본(생산수단)을 죽은 노동이라 불렀고, 자본의 노동에 대한 지배를 "죽은 노동이 산 노동을 지배한다"고 표현했다.

8) 한계생산비용은 추가적으로 한 단위를 더 생산할 때 추가적으로 들어가는 비용을 말한다. 소프트웨어의 경우 첫 단위 생산에는 매우 많은 인적 자본과 노동력이 투입되어야 하기 때문에 한계생산비용이 매우 높지만, 두번째 단위부터는 한계생산비용이 제로에 가까워진다.

는 거의 재생산 불가능한 재화로 한계생산비용이 무한대에 가깝지만, 반대로 비트(bit)로 표현되는 정보재화의 경우 순간적이고 무제한적인 복사가 가능할 정도로 한계생산비용이 제로에 가깝다. 지식정보 재화의 세번째 경제적 특성은 이것이 네트워크 효과의 근간을 제공한다는 것이다. 전화 네트워크나 컴퓨터 네트워크의 네트워크 효과는 전화기·컴퓨터·인터넷에 의해 발생하는 것이 아니라, 이러한 하드웨어를 통해 목소리·문자·화상·동영상 등 정보와 지식이 손쉽게 공유될 수 있기 때문에 발생한다. 마지막으로, 지식정보 재화의 경우 재화의 사용가치가 시간·환경·사용자에 따라 그 변화폭(variability)이 매우 크다는 점을 지적할 수 있다. 예를 들어 미적분학이라는 지식재화는 공공재이고 대학이나 연구소에서 높은 가치를 갖는 생산요소로 작동하지만, 다른 많은 사람에게는 그저 골칫거리일 뿐이다.

이상에서 논의한 토지, 노동, 자본, 인적 자본, 지식정보라는 다섯 가지 생산요소의 특징을 정리하면 표 2와 같다. 중요한 점은 노동력, 전통적 자본, 인적 자본, 지식정보 재화 모두가 노동과정과 생산과정을 통해서 생산하고, 재생산하여야 하는 경제적 재화라는 사실과, 산업혁명 이전에는 토지와 노동력이 가장 중요한 생산요소였으나 이후 생산과정에서 토지 이외의 자본, 인적 자본, 지식정보 재화의 순서로 그 중요성이 증대했다는 사실이다.

인적 자본의 중요성은 경제학자들의 최근의 연구가 뚜렷하게 보여주고 있다. 한 연구는 1984년 일년간 미국의 물적 자본 투자량이 1조

〈표 2〉

	한계비용	산/죽은 노동	분리 가능성	경합성	네트워크 효과	변동폭/비대칭성
토지	매우 높음	노동투입 없음	가능	경합적	없음	약함
노동	높음	산 노동	불가능	경합적	없음	약함
자본	중간	죽은 노동	가능	경합적	없음	중간
인적 자본	중간	죽은 노동	불가능	경합적	없음	높음
지식/정보	낮음	죽은 노동	가능	비경합적	있음	매우 높음

달러인 데 반해 인적 자본의 투자량은 5조 달러로, 전자보다 다섯 배가 많음을 보여주고 있다. 이 인적 자본이 필요한 이유는, 현대의 노동이 물질적 대상에 대해 작용을 가할 뿐만 아니라, 지식과 정보를 이해하고 가공하는 것을 요구하기 때문이다. 지식과 정보를 다룰 수 있는 능력은 교육과 학습이라는 노동과정을 통해 축적되는데, 교육부문에서 드러나는 인적 자본의 투자량은 20세기에 걸쳐 꾸준한 증가 추세에 있다. 미국의 경우 1940년에 고졸 이하 노동력과 대학중퇴 이상 노동력의 비율이 87% 대 13%였지만 1995년에는 43% 대 57%로 역전되었다. 인적 자본의 숙련도는 20세기 후반기에 나타나는 지속적인 과정이지만, 1970년대 이후 정보기술혁명의 도입에 의해 가속되었다. 정보기술이 탈숙련화를 야기한다는 브레이버먼의 테제(Braverman 1974)는 국소적·한시적으로는 타당하지만 거시적·장기적 추세와는 정반대되는 이야기이다. 고딘과 캣츠의 연구는 테일러–포디즘이 급속히 퍼져나가던 1910~39년에 초·중·고등학교 교육 또한 폭발적으로 성장하였음을 보여준다(Goldin and Katz 1999). 1910년에 10%이던 고등학교 진학률은 1939년에 70%로 성장하며, 전후 1960년에는 90%에 다다른다. 그리고 1940년에 불과 노동인력의 13%를 차지하던 대학중퇴 이상의 학력 소지자는 1998년에는 57%로 증가했던 것이다.

　자동화나 기술혁신은 분명 국소적으로는 특정의 숙련을 무력화한다. 그렇지만 경제 전체에 미치는 영향에 대한 실증적 연구는 생산대중의 교육수준과 숙련이 꾸준히 증가함을 보여주는데, 그 이유는 국소적 탈숙련화를 역전시키는 새로운 추세가 생겨나기 때문이다. 즉 기술혁신으로 달성된 생산성 향상은 한계노동의 가치를 높여서 임금을 상승시키고 이에 따라 생산대중의 소비의 고급화가 발생하면서 새로운 산업과 직종이 지속적으로 탄생하기 때문이다. 맑스의 용어를 빌린다면, 소비의 욕망이 '밥통'에서 '허영'으로 이동하는 것이다. 미국의 경우 테일러–포디즘이 확산되던 1909~29년에 화이트칼라와 숙련공에 대한 수요가 저숙련 노동자에 비해 상대적으로 대폭 증가했고, 이러한 숙련노동에 대한 수요 증가가 고등학교 졸업자의 임금상승을 유도했으며, 이는 다시 고등학교 교육의 증가를 가져왔다. 이 추세는 2차대전 이후에 대학교육으로 그대로 이전되었는데, 이 과정이 정보기술혁명으로 가속화되었던 것이다.

그런데 이러한 주장에 대해 자동화와 정보기술의 도입이 단지 탈숙련화를 추진할 뿐만 아니라 노동자의 해고를 가져오기 때문에, 이러한 기술은 본질적으로 반(反)노동적이라는 주장이 있을 수 있다. 물론 로봇과 정보기술의 전면적 도입은 생산과 정보처리 영역에서 미숙련 인력이나 반숙련 인력이 하던 일을 완전히 자동화해준다. 특히 조립공, 인쇄공, 사무실의 타이피스트 등의 반숙련 노동인력과 정보의 전달을 담당하던 중간관리층의 노동이 로봇과 컴퓨터 네트워크로 대치되면서 이들이 생산과정에서 축출되었던 것은 역사적 사실이다. 그렇지만 미국경제의 예를 볼 때, 비록 자동화와 정보기술이 이들의 노동을 축출했지만, 다른 한편으로 새로운 일자리를 계속해서 창출해왔음을 볼 수 있다. 물론 중간관리자를 하다가 트럭운전사나 맥도널드 점원으로 전직하는 것은 본인에게는 분명한 탈숙련이다. 그렇지만 중간관리자를 하다가 컨설턴트로 전업하는 것은 재숙련화이다. 이 추세 중 어느 것이 더 뚜렷한 경향인가는 실증적인 질문인데, 실증연구들은 모두 숙련노동의 수요증가, 숙련노동의 임금상승, 노동계급 전체의 숙련의 증가라는 방향을 뚜렷이 보여주고 있다. 즉 생산성의 증가→임금상승→소비의 고급화→숙련노동 수요 증가의 고리로 이어지는 현상은 정보기술혁명 이전과 이후에 모두 나타나는 현상이며, 정보기술혁명은 미숙련 및 반숙련 노동을 체계적으로 축출하는 잠재력을 가지고 있기 때문에 이 과정은 더욱 가속되게 되어 있다.

물론 평균적으로 숙련이 상승하고 임금이 상승한다고 모든 사람의 생활이 다 나아지는 것은 전혀 아니다. 이 점과 관련해 정보기술혁명은 오히려 이전의 테일러리즘-포디즘보다 더 나쁜 결과를 낳기도 한다. 테일러리즘-포디즘 당시에 피해를 본 계층은 노동계급의 상층부를 구성하던 전통적 숙련노동자였지만, 정보기술혁명에 의한 자동화로 피해를 보는 계층은 우선은 이 자동화 대상의 노동을 수행하고 있는 미숙련·반숙련 노동계층이다. 따라서 이들이 시장논리에 무방비로 방치되면, 한 사회 내에서 임금격차와 빈부격차의 문제가 더욱 심해진다. 실제로 포디즘의 도입과정에서는 임금격차가 줄어들었지만, 정보기술혁명의 기간(1970~95)에는 대졸자와 고졸 이하 학력자 간의 임금격차가 지속적으로 증가했다. 단순히 격차만 증가한 것이 아니라, 미국의 경우 하층 1/3의 남성 임금노동계층이 실질적인 하락의 고통을 경험해야 했다. 이는 정보기술혁명에 따른 미숙련·반숙련 노동의 수요 감소와 고급인력의 수요 증가라는 기술경제적 조건에, 노동운동의 쇠퇴, 레이건-부시 행정부의 반노동정책, 복지의 감축 등이 맞물리면서 생긴 문제였다. 이를 더욱 심각하게 만드는 또다른 요인은 정보지식 경제의 핵심 재화인 인적 자본과 지식정보 재화가 가진 가치의 변동폭이 상당하기 때문이다. 최근 미국경제에서 볼 수 있는 임금격차는 단순히 고학력-저학력의 문제만이 아니고, 임금계단의 모든 부분에서, 직종·산업을 가리지 않고, 한 직장 내에서도 확대되는, 그야말로 임금격차의 빅뱅(Big Bang)이라 볼 수 있다. 여기에는 계급간·국가간 착취와 피착취의 문제보다 새로운 경제체제로의 편입과 낙오의 문제가 더욱 큰 비중으로 영향을 미치고 있다는 점을 기억해야 한다. 따라서 이러한 새로운 문제들은 자본-노동 사이에 생기는 착취를 극복하는 것을 목적으로 하는 이전의 노동운동의 방식으로는 해결할 수 없는 문제로 남는 것이다.

지식정보 재화와 벤처기업

이번 절에서는 지식정보 재화의 특성이 벤처기업의 구조와 경영에 어떠한 영향을 주는지 살펴본다. 벤처기업의 특징은 다음의 세 가지로 정리할 수 있다. 첫째는 벤처기업이 신기술이나 신경영방식 등 지식정보 재화의 통제권을 핵심 역량으로 하는 기업이라는 것이다. 둘째, 높은 수준의 고급인력이 창업·경영·소유의 핵심을 이룬다. 셋째, 주로 주식시장에서 창업자금이 조달된다. 이 세 가지 특징은 신고전학파 경제학의 기업모형은 물론, 맑스의 기업관과도 많이 다르다. 신고전학파 경제모형에서는 기업에 인적 자본이나 지식정보 재화 같은 새로운 생산요소가 들어갈 여지가 존재하지 않는다. 맑스는 자본을 가진 자본가가 생산수단을 사들이고 생산수단 소유를 근거로 노동자를 고용해서 잉여가치를 생산하는 기업관을 제시했는데, 지금의 벤처기업과는 자금조달 방식이라는 기업의 출범에서 차이가 있다. 맑스에게 기업의 핵심 역량은 자본의 소유였던 데 반해, 벤처기업들의 핵심 역량은 지식정보 재화의 통제권이다. 맑스에게 자본가는 본질적으로 노동의 통제자였지만, 벤처기업에서 노동과정의 통제자는 전문 경영인력이나 기술인력이다. 더욱이 높은 수준의 인적 자본 소유자들인 벤처기업의 노동자들에 대해서는 노동과정의 직접통제가 원천적으로 불가능하다.

왜 벤처기업은 주식시장을 통해 자금을 조달하는가. 세 가지 정도의 이유를 생각해볼 수 있는데, 먼저 인적 자본과 지식정보 재화는 사전예상가치(ex ante expected value)와 사후실현가치(ex post expected value) 간의 변동폭이 크다는 점이 중요하다. 예를 들어 비슷한 두 컴퓨터 운영체제(OS) 중 어느 것이 궁극적으로 시장을 석권할지는 사전에 알기가 힘들다. 이런 경우 해결책은 둘에 비슷하게 투자해서, 하나는 망해서 투자금을 회수 못하더라도 다른 하나에서 나오는 고수익을 기대하는 것이다. 처음 닷컴들이 우후죽순처럼 생겨날 때는 투자자들은 물론이고 창업 멤버들도 자신들의 제품과 써비스가 시장을 석권할지 망해버릴지 잘 모르기 때문에 '묻지 마 투자'가 성행하게 되지만, 시간이 지나면서 승자와 패자가 갈리면 현금의 흐름도 바뀌는 현상은 이런 지식정보 재화 가치의 변동폭과 관련이 있는 것이다. 이러한 투자를 위해서는 채권보다 주식투자가 훨씬 손쉬운 금융수단이며, 바로 이 이유에서 벤처기업의 자금조달에는 주식이 주로 사용되는 것이다. 주식이 선호되는 두번째 이유는 주식시장이, 벤처기업의 창업가들이 자신의 노동과 재산을 털어서 설립한 기업의 성공 가능성을 '씨그널링'(signalling)[9]하기에 적합하다는 것이다. 또다른 요소로는 주식이 '스톡옵션'(stock option)을 용이하게 한다는 것이다. 특히 스톡옵션은 구성원 개개인의 동기와 기업의 성과를 일치시키는 효과를 가져오며, 구성원들간에 상호 자극과 감시의 기능을 수행하고 협동을 촉발한다. 그렇지만 주의할 것은 이런 현상이 곧바로 노동자소유 기업을 만들어내는 것은 아니라는 점이다. 주식소유 노동자는 소수의 핵심적 인적 자본을 지닌 사람에 국한되는 것이 일반적이다.

어느 부분에 벤처기업이 탄생하고 그 추세는 어떻게 될 것인가? 혁신은 크게 공정혁신과 상품혁신으로 구분할 수 있다. 공정혁신은 기존 상품의 제조공정에 혁신이 일어나 생산성이 증가하고 품질이 좋아지는 것이고, 상품혁신은 기존 상품을 대체하거나 새로운 요구를 만족시키는 신상품을 개발하는 것이다. 공정혁신으로 생산성이 증가하면 새로운 상품의 수요가 증가하고, 이 새로운 상품의 생산영역이 바로 신기업 탄생의 요람이 된다. 이미 19세기 말엽부터 미국 신기업들은 이러한 식으로 등장했다. 에디슨의 전구 발명은 전력회사를 발전시켰고, 자동차의 등장은 수많은 중소 신기업의 탄생을 거쳐서 포드와 제너럴모터스로 수렴되었다. 씰리콘밸리의 신화는 휴렛패커드가 전자측정계기를 개발하면서부터 시작되었고, 고든 무어 등이 씰리콘 반도체와 집적회로를 생산하는 인텔을 창립하면서 발전의 전기를 맞았다. 집적회

9) '씨그널링'이란 상당한 코스트가 수반되는 광고라고 요약할 수 있다. 엄청난 시간을 일하는 창업가나 직원들은 소비자나 투자자들에게 "우리 일은 시장에서 반드시 성공할 것이기 때문에 그 성공을 바라고 일주일에 120시간씩 하는 일을 재미삼아 한다"라는 씨그널링을 하고 있는 셈이다.

로는 개인용 컴퓨터의 등장을 낳고, 이는 다시 개인용 컴퓨터에 프로그램을 공급하는 마이크로소프트와 네트워크 장비를 생산하는 씨스코의 탄생을 가져왔다. 인터넷의 탄생은 브라우저를 만드는 넷스케이프를 탄생·성장시키고, 이를 이용한 새로운 전자상거래의 경영모형은 아마존, 프라이스라인 같은 새로운 기업을 낳는 모태가 되었다.

이러한 새로운 상품생산과 지식정보 재화는 어떤 관련이 있는가? 일단 우리는 새로운 지식이 옛 지식들의 결합에 의해서 탄생한다는 점을 이해해야 한다. 새로운 지식생산의 가능성은 지식이 많이 나오면 나올수록 점점 더 커지는 것이다. 경제는 이 무한히 확장되어가는 신지식들 중에서 유용한 부분들을 가려내는 능력만큼 성장한다. 여기서 알 수 있는 중요한 함의는 바로 새로운 지식 중에서 유용한 것과 그렇지 않은 것을 가려내는 능력을 증가시키는 데 정보기술이 이용된다는 사실이다. 두 가지 사례만 들어보자. 정보기술의 최근 추세 중 하나는 씨뮬레이션인데, 씨뮬레이션은 새로운 아이디어가 실제로 유용할지 그렇지 않을지를 신속하게 테스트할 수 있게 해준다. 또다른 예로, 온라인 써베이(online survey) 같은 기술은 신상품의 아이디어를 소비자들에게 싼값으로 신속하게 물어볼 수 있다. 이렇게 정보기술혁명은 새로운 아이디어의 창출을 가속화하는 직접적 기능이 있다. 즉 정보기술혁명이 계속된다는 것은 새로운 아이디어의 창출 속도가 빨라진다는 것이고, 새로운 아이디어가 계속해서 나온다는 이야기는 다시 새로운 기업이 지속적으로 탄생한다는 이야기가 된다.

정보기술혁명이 신기업 탄생을 추동하는 지금까지의 논리를 정리해보자. 첫째 정보기술혁명은 공장과 사무실의 공정혁신을 통하여 생산성을 증가시킨다. 이 증가는 값싸진 정보기술 부문의 직접적 대체효과에 보완적 혁신을 추동하는 간접효과가 더해진다. 둘째로, 생산성 증가는 임금상승과 그에 따른 새로운 상품에 대한 수요 증가를 낳는다. 셋째, 정보기술혁명은 새로운 아이디어를 생산하고 걸러내는 과정을 촉진시켜 새로운 수요에 대응하는 신상품 개발을 촉진한다. 즉 정보기술혁명은 ① 물적 생산 부문의 생산성 증가, ② 보완적 혁신의 추동, ③ 지식재화 생산활동의 생산성의 고양을 통해 신상품 개발의 속도에 긍정적 영향을 미치는 것이다.

미국경제의 예를 보면, 이러한 정보기술혁명의 결과가 괄목할 만하게 나타나고 있음을 알 수 있다. 세 가지 경험적 증거를 들면서 이 절을 마치자. 첫번째로, 19세기 말엽부터 최근에 이르기까지 신상품의 수가 가속적으로 증가했다. 특히 1990년부터 95년까지 불과 5년 사이에 미국경제의 상품 코드의 수가 95만개에서 165만개로 증가했다. 두번째로 지적할 것은 미국의 주식시장에 등재된 기업의 수가 꾸준히 증가했다는 것이다. 이들 기업은 1960년에 1726개사에서 1995년에는 1만 223개사로 늘어났다. 세번째 경험적 증거는 인터넷 등장 이후의 새로운 상품과 새로운 일자리 창출의 크기에 대한 데이터이다. 최근의 텍사스 오스틴주립대학의 보고서는 1994년부터 상업화되기 시작한 인터넷경제가 이미 괄목할 만한 수준으로 성장했다는 것을 보여준다. 인터넷경제는 1999년에만 65만의 신규고용을 창출하였고, 현재 직접적으로 250만명을 고용하고 있다. 1999년의 인터넷경제의 규모는 5천억 달러 규모이고, 2000년에는 8500억 달러로 예상된다. 1998년부터 1999년까지의 인터넷경제의 연간 매출성장률은 62%, 고용성장률은 36%, 생산성 지표인 일인당 매출 증가율은 19%에 달했다. 이러한 증가 수치들은 인터넷경제 부문의 성장이 지난 5년간 미국의 경제성장, 고용성장, 그리고 생산성 증가의 주된 동력임을 제시하고 있다.

신경제와 한국경제의 과제

한국의 경제지표를 미국 경제지표와 비교해보면 다음과 같이 정리할 수 있다. 구매력을 기준으로 환산하면 우리의 일인당 GDP는 미국의 1/3 수준이다. 한국의 TFP는 미국경제의 절반 수준이다. 이미 지적했지만, 노동자 일인당 자본량과 노동시간 등의 요소투입량은 비슷한데, 생산성이 떨어져 TFP가 반밖에 안 나오는 것이다. TFP로 설명하고 남는 1/6 정도의 잔여 격차는 생산요소의 미동원, 특히 여성의 경제활동 참여율의 차이로 설명이 된다. 한국경제의 일인당 요소투입이 미국경제 수준에 도달했다는 얘기는 더이상 자본투입 증가에 의존한 경제성장을 기대하기는 어렵고, 앞으로의 한국경제의 성장이 여성노동력의 유입과 TFP의 성장에 기대할 수밖에 없다는 결론을 낳는다. 우리 경제의 문제는 물리적·인적 자본 축적의 문제가 아니라 생산성의 문제인 것이다.

지금부터 한 세대(35년) 만에 우리의 경제를 미국 수준과 동일한 수준으로 올려놓기 위해서 해야 하는 일을 거꾸로 계산해보자. 미국경제가 지속적으로 TFP를 2%씩 증가시킨다고 가정하고, 우리 경제의 TFP를 연간 4%씩 증가시키면 35년 후 미국을 따라잡을 수 있게 된다. 물론 이 기간 동안에 높은 저축률을 유지하고 여성노동력을 미국수준으로 동원해서 요소투입에 의한 성장 역시 연간 2~3%씩 확보해가야 한다. 다시 말하면, 연간 6~7%의 실질성장을 유지하면 2035년에는 미국경제 수준에 도달할 수 있게 되는 것이다. 지난 40년간의 한국경제 성장률을 유지하면 된다는 얘기인데, 중요한 문제는 지난 40년간의 성장을 주도한 요소투입의 증가에 의한 성장이 이제는 한계에 도달했다는 것이다. 즉 지금까지처럼 높은 성장률을 유지하려면 이제는 TFP의 성장에 의존할 수밖에 없는 것이다. 이것이 가능하려면, 우리 경제는 1990년대 미국경제의 두 배 이상으로 고성장 저물가의 황금시절을 35년 동안 구가해야 한다. 사실 이것은 매우 어려운 일이다. 역사상 어느 경제도 TFP 4% 성장을 5년간 지속한 적이 없다. 불가능할지도 모르지만 우리는 이를 도전과 기회로 받아들여야 한다. 무엇보다 우리 같은 후발주자의 이점도 있다. 지식은 처음 생산하기는 어려워도 이를 배우고 재생산하기는 쉽다는 점과 정보기술혁명이 정보의 흐름을 신속하게 하는 것을 생각하면, 이 기회를 현실화할 수 있는 방안이 불가능하지만은 않을 것이다.

이런 목표를 세울 때에 고무적인 현상은 세계적으로 유례가 없을 만큼 높은 우리의 교육수준, 특히 신규 노동력의 높은 교육수준이다. 우리 경제의 신규 노동력의 교육수준은 미국, 캐나다, 북유럽 3국 등 정보혁명의 선두주자들과 동등한 수준이다. 1960년대 산업화의 초입 시기에도 우리 경제는 신규 노동력의 수준이 매우 높았다. 당시 신규 노동력의 높은 교육수준은 자본생산성의 상대적 급등을 유도하고 자본투자 붐을 불러일으킨 근본동인이 되었다. 마찬가지로 2000년 현재 우리는 경제수준에 걸맞지 않을 정도로 높은 교육수준을 지닌 노동력을 보유하고 있다. 앞에서 상세히 살펴본 대로 인적 자본은 지금부터 세계경제나 우리 경제가 공히 목표로 해야 하는 TFP 위주의 성장의 근원인 지식정보 재화와 긴밀한 상호보완관계가 있다. 이 인적 자본을 지식생산 경제에 맞게 동원하는 일에 성공한다면 한국경제의 재도약은 불가능한 것이 아니다. 결국 한국경제 앞에 놓인 과제는 지식경제로의 재조직이다. 이제는 열심히 일하거나(노동투입의 증가) 허리띠를 졸라맬 것(저축으로 자본투입의 증가)이 아니라, '똘똘하게' 일하는(TFP의 증가) 방법을 연구해야 하는 것이다.

한국경제는 1961년부터 1997년까지 37년간 지속된 관치재벌경제를 극복하고 민주적 시장경제로 나아가야 하는 과제를 안고 있다. 관치재벌경제는 생산요소 투입의 증가를 성장의 동력으로 삼았다. 극심한 노동탄압으로 저임금과 장시간노동을 강제하고, 소비자금융의 정책적 억제로 강제저축을 시도했다. 조세재정정책 역시 역진적 소비세제인 부가가치세를 위주로 세제를 시행하고 부실한 기업까지 국가가 보증을 서고 세금을 투입하여 구제하는 등 재벌로의 부의 집중을 기도 해왔다. 화폐정책 역시 지속적인 통화 확대공급에 의해 어느정도 이상의 인플레이션을 유지하여 채권자인 소비자의 부를 큰 채무자인 재벌의 부로 이행시키는 정책을 채택했다. 그렇지만 1997년의 경제위기는 이런 관치재벌경제가 더이상 유지될 수 없다는 사실을 분명히 보여주었다. 한보로 대표되는 과도한 투자와, 대우의 세계경영 및 삼성의 자동차산업 진출 등으로 대표되는 방만한 경영으로 한국의 관치재벌경제는 세계 금융시장의 냉엄한 외면에 직면해야 했다.

관치재벌경제의 축적위기로 인한 금융공황을 물려받은 김대중정부는 '민주적 시장경제'라는 구호 아래 '재벌경제로부터 벤처경제'로의 이행을 산업정책의 기조로 삼았다. 그러므로 최근의 벤처붐은 국가주도하의 시장형성과정으로 평가되며, 따라서 국가 대 시장이라는 전통적 구도에서 볼 때 논리적 딜레마를 지니고 있다. 사실 이러한 딜레마는 현정부가 들어선 이래 신지식인 논쟁이나 대학교육개혁 등의 거의 모든 분야에서 유사하게 발생하는 문제라 할 수 있다. 여기에는 항상 이중적인 측면이 존재한다. 즉 아직 존재해본 적조차 없는 '제대로 된 시장'을 만들어낸다는 긍정적인 측면과 함께, 정부가 주도함으로써 발생하는 과정상의 비민주성 등의 부작용이 그것이다. 그러나 나는 관치재벌경제를 극복하고 중소기업 및 벤처기업을 위주로 하는 신경제체제로의 도입 가능성이 조심스럽게나마 관측된다는 점에서 정부의 정책의 긍정적인 측면을 더 강조하고 싶다.

다음과 같은 지표를 보자. 전체 경제에서 30대 재벌이 차지하는 부가가치 비중은 1996년에 16.2%로 최대치였다가 1999년에는 12%로 약 30% 가량 떨어졌다. 30대 재벌의 고용 비중 역시 1996년의 4.6%로 최고점이었다가 1998년에는 3.7%로 급락했음을 볼 수 있다(최승노 1999; 이재희 2000에서 재인용). 반면에 정부가 육성대상으로 지정한 벤처기업은 2000년 3월 현재 6004개로 지난 2년간 20배 증가했다. 1999년 이 벤처기업들의 GDP 비중은 4.8%, 고용인구는 18만명인데,

2005년에 이르면 GDP 비중이 18%, 고용인구가 120만명으로 증가함에 따라 30대 재벌경제를 훨씬 능가할 것으로 전망되고 있다. 또 기술적인 측면에서 기술인력 비중이 대기업과 일반 중소기업 각각 0.3%, 2.7%인 데 반해, 벤처기업은 51%이고, 연구개발비 비중도 대기업이 2.1%, 일반 중소기업 0.3%인 데 반해, 벤처기업은 33.7%로, 벤처기업이 중소기업과 재벌기업에 비해 매우 기술집약적임을 보여주고 있다. 또 소유경영구조와 자금조달도 재벌부문과 벤처부문이 확연히 차이가 난다. 재벌은 기업을 개인 혹은 가족의 이익을 실현하는 도구로 파악하여 기업공개를 꺼리고 주로 부채차입에 의한 경영을 해왔는 데 반해, 벤처기업들은 기업의 가치를 확대시켜 주식시장에서 이익을 실현하는 방안을 채택하여 적극적으로 공개시장에서의 자금조달 방식을 쓴다.

정보지식 재화에 기반한 벤처기업의 성장은 한국경제의 두 가지 맞물린 과제——즉 산업화 이후 지속된 관치재벌경제를 극복하고 지속적 경제성장을 이룬다는——를 해결하는 중요한 출발점이 될 수 있다. 물론 이러한 미래에는 해결해야 할 문제들이 존재한다. 삼성이 B2B사업에 본격적으로 뛰어들 것이라는 얘기에서 보듯이 재벌이 벤처경제를 흡수할 가능성이 있고, 지식경제의 특성으로 계급격차·임금격차가 극심해지며 반숙련·미숙련 노동자들이 노동시장에서 축출될 가능성 또한 크다. 류동민이 지적하듯이, 인적 자본과 지식정보 재화의 가치의 변동폭에서 필연적으로 발생하는 지식경제 부문의 불안정성은 그대로 벤처기업 자체의 불안정성, 그리고 고용의 불안정성으로 전이되며, 고용불안이 체계화되면 우수한 기술인력의 흡수가 더디게 되어 지식경제로의 전이 역시 힘들게 된다(류동민 2000). 기술인력의 경우는 평생직장 개념에서 평생 커리어 개념으로의 변화를 겨냥하여 평생 커리어의 관리 및 교육 제도를 정비하고, 반숙련인력의 경우는 생산적 복지정책을 확대하여 사회투자적 복지정책으로 지식경제로의 편입을 도와야

벤처 netro

할 것이다.

　결론을 대신하여 강조하고 싶은 것은, 새로운 경제현상이 개인과 나라 경제에 가져오는 변화가 자못 심각한 만큼, 지식정보화의 신경제 시대에 경제적 성패를 좌우하는 기본적 요소로서의 평생탐구·평생학습 씨스템을 개인과 사회가 갖추어나가야 할 것이라는 점이다. 정보기술 이전의 기술변화의 경우, 기존 노동력은 기존의 방식으로 생산을 수행하고 새로운 세대의 노동자들이 새로운 기술을 익혀서 변화를 이끌어가는 식으로 기술발전의 속도가 느렸으며, 상대적으로 노동력은 여유가 있었다. 그렇지만 기술발전이 현대와 같이 급속해지면 한 세대 안에 몇번의 급격한 기술변화가 일어나고, 이에 따라 기존의 기술이 빠른 속도로 진부해진다. 결국 이러한 새로운 환경 속에서는 평생학습·평생교육 씨스템이 개인과 국가경제의 사활적 관건이 된다. 개개인과 사회의 다양한 계층이 이런 변화에 적극적으로 대처하고 더 나아가 이러한 변화의 이점을 이용할 수 있도록 평생 교육과 훈련 씨스템을 만들고, 사회적 가치체계를 이에 적합하게 만들어가는 일이 우리의 앞에 놓인 핵심 과제로 등장하고 있다.

　참고문헌

류동민 (2000) 「디지털 네트워크경제의 특성과 벤처기업」, 진보네트워크센터 토론회 발제문.
이재희 (2000) 「벤처기업, 재벌, 한국의 산업정책」, 한국사회경제학회·한국경제발전학회 공동학술대회 발표논문.
최승노 (1999) 『1999년 한국의 대규모기업집단』, 자유기업센터.
Braverman, H. (1974) *Labor and Monopoly Capital: The Degradation of Work in the Twentieth Capital.* New York: Monthly Review Press.
Brynjolfsson, E. and S. Yang. (2000) "The Intangible Costs and Benefits of Computer Investments: Evidence from the Financial

Markets." presented at the Annual Conference of American Econometric Society, Boston, MA.

Chandler, A. D., Jr. (1980) *The Visible Hand: The Managerial Revolution in American Business.* Cambridge, MA: Belknap Press.

_____(1990) *Scale and Scope: The Dynamics of Industrial Capitalism.* Cambridge, MA: Belknap Press.

Goldin, C. and L. F. Katz (1999) *The Returns to Skill across the Twentieth Century United States.* Harvard University Mimeo.

Griliches, Z. (1994) "Productivity, R&D and the Data Constraint." *American Economic Review, Papers and Precedings* 84(1).

_____ (1995) "Comments on Measurement Issues in Relating IT Expenditure to Productivity Growth." *Journal of Economics of Innovation and New Technologies* 3.

Romer, P. M. (1996) "Why, Indeed, in America? Theory, History and the Origin of Modern Economic Growth." *American Economic Review* 86(2).

Solow, R. M. (1956) "A Contribution to Growth Theory." *The Quarterly Journal of Economics* 7 (1, February).

_____ (1957) "Technical Change and the Aggregate Production Function." *Review of Economics and Statistics* 39 (August).

Yang, S. (2000) *Productivity Measurement in the Information Economy: A Revised Estimate of Total Factor Productivity.* New York University Mimeo, Revised from Author's Thesis Papers.

정보, 자본주의, 불확실성

프랭크 웹스터

> 이제 자본의 힘은 너무 지겨울 만큼 익숙하고 장엄하리만큼
> 전지전능하기 때문에 좌파의 상당한 분파들조차도,
> 마치 자본에 대해 한마디 얘기할 용기가 없는 듯,
> 그것을 꼼짝할 수 없는 구조로 자연스럽게 받아들이게 되었다.
>
> (Eagleton 1995, 23면)

들어가며

상식적인 사실을 선언하고 알리는 것부터 시작하려고 한다. 그것은 우리가 무척 급격하고도 강력한 변화를 경험하고 있다는 점이다. 실제로 20세기의 마지막 25년은 역사상 유례가 없을 정도의 급격한 규모와 폭을 가진 변화의 시기였다고 할 만하다. 홉스봄(Eric Hobsbawm)은 1975년 이후의 시기가 "유사 이래 가장 거대하고 급격하고 근본적인 일련의 변화"를 나타낸다고 했으며(Hobsbawm 1994, 8면), 이같은 판단에 반대할 이유는 거의 없다. 게다가 이러한 과정의 속도와 강도가 줄어들 것이라고 예측하는 사람은 거의 없다. 우리가 미래에 대해 확실하게 얘기할 수 있는 것은 현재와는 꽤나 다르리라는 것뿐이다.

이러한 변화에 대한 인식에 따라, 이른바 거시적인 사회분석이 부

＊Frank Webster, "Information, Capitalism and Uncertainty," *Information, Communication & Society 3:1* (2000) ⓒ 2000 Taylor & Francis Ltd.

활했다. 물론 나는 '거대 서사'가, 차이와 특수성을 강조하고 세상에 대한 총체적인 설명을 평가절하하는 탈근대적 정서와 맞지 않는다는 것을 잘 알고 있다. 설령 그렇다고 할지라도, 나는 현세계의 가장 근본적인 특성을 밝히고 설명하려 했던 바버(B. Barber), 까스뗄스(M. Castells), 푸쿠야마(F. Fukuyama), 기든스(A. Giddens), 헌팅턴(S. Huntington)과 같은──비록 그들이 독특하고 종종 상반되는 경향을 보였지만──경향에 동조한다. 이들의 노력에서 가장 핵심적인 것은 변화의 주요 동학과 방향을 이해하려 했던 야심이다.

그렇지만 지금 의심할 여지 없이 경험하고 있는 변화들이 세상을 완전히 바꾸고 뒤집어엎는 혁명을 가져올 것인가? '정보시대' (information age)의 도래를 '농업혁명'이나 '산업혁명'과 비견할 만한 것으로 간주하면서 이렇게 주장하는 사상가들은 도처에 존재한다. 나는 '산업혁명'과 같은 용어의 정의를 놓고 논쟁에 빠져들고 싶은 생각은 전혀 없기 때문에, 내 입장을 투박하게 언급하고자 한다. 많은 논평가들이 유동적이고 현기증을 일으키는 혁명적인 요동의 한가운데에 우리가 서 있다고 선언하지만, 나는 다음과 같은 씨브룩(Seabrook)의 견해에 더 끌린다.

> 이러한 모든 요동에도 불구하고 결국 우리 앞에 다가오는 것은 사회의 지속적인(static) 특성일 것이다. 모든 변화는 냉엄한 경제적 과정의 변화된 요구에 적합하도록 변화된 사람을 만드는 것으로 귀결될 것이며, 유일한 혁명(revolution)은 고정된 바퀴의 회전(revolution)밖에는 없다고 판명될 것이다. (Seabrook 1982, 47면)

이런 일반적인 주장을 뒷받침하기 위해 나는 과거에는 상상하기도 힘든 속도로 부정할 수 없는 변화가 일어나고 있지만, 그 대부분은 기존에 확립된 관계의 연속·강화·확장이라는 주장을 제시하려 한다.

정보와 지식, 그리고 고도의 통신과 컴퓨터 기술이 발전의 중요한 요소임은 분명하지만, 이것들이 지금 이러한 소용돌이를 일으킨 '원인'이라는 생각은 석연치 않다. 범세계적인 자본주의의 승리와 자본주의가 우리 일상생활의 영역에 점점 더 깊이 침투하는 것이 한편으로는 끊임없는 변화를 야기하면서 또다른 한편으로는 친숙한 관계들을 영속시키고 확장시킨다는 것은 이미 잘 알려져 있기 때문이다.

포괄적인 용어인 '자본주의'가 너무 많은 것을 설명해준다는 반대가 있을 수 있기 때문에(그리고 자본주의가 총괄적 개념master concept이라는 것은 부정할 수 없기 때문에), 자본주의의 승리가 무엇을 의미하는가를 좀더 분명히할 필요가 있다. 우선 역사가 문제가 된다는 사실을 강조할 필요가 있다. 즉 자본주의의 특성을 제대로 평가하기 위해서는 이를 적절한 컨텍스트에 위치지어야 한다. 20세기 초엽의 법인자본주의(corporate capitalism)가 19세기 중·후반기의 자유무역 시기의 자본주의와 다르듯이, 지금의 자본주의는 법인자본주의와 다르다. 현재자본주의에 대한 적합한 설명은 그것의 현재 모습을 규정하는 구체적인 특성을 먼저 감정해내는 것부터 출발해야 한다. 선례가 없을 만큼 거대한 초국적기업들, 생산·유통·마케팅의 세계화, 그리고 거대기업들간의 극심한 경쟁 같은 것이 현재 자본주의에서 뚜렷하게 드러나는 특성들이다.

자본주의의 승리를 논함으로써 나는 자본주의의 발전을 알리는 연속성들, 즉 통시적으로 드러나는 중요한 연속성들을 강조하고 싶다. 더 구체적으로 말하자면, 다음과 같은 자본주의의 특성들이 점점 더 격렬하고 광범위하게 응용되었음을 알 수 있다.

- 지불 능력이 상품과 써비스의 공급을 결정하는 중요한 기준이다.
- 공급은 공공공급보다는 사적 공급에 기초한다.
- 어떤 것이 이익을 낳는가 손해를 낳는가라는 시장의 기준이 그것

을 사용 가능하게 해주는 가장 중요한 요소이다.

- 규제와 반대되는 의미로서의 경쟁이 경제적 활동을 조직하는 데 가장 적절한 메커니즘으로 간주된다.
- 인간관계를 가격평가에 종속시키는 '활동의 상품화'가 표준이 된다.
- 재산의 사유화가 국가소유보다 바람직한 것으로 여겨진다.
- 임노동이 노동을 조직하는 데 가장 중요한 메커니즘이 된다.

이것들은 실제 일어나는 현상을 조금 단순화한 것이지만, 그럼에도 불구하고 이런 원칙들이 최근 수십년간 전지구상에 가속적으로 번졌음은 논란의 여지가 없다. 세계적으로 승리를 만끽하고 있는 이런 원칙들이 바로 끊임없는 변화를 낳는 추동력들이다. 페르낭 브로델 (Fernand Braualel)을 흉내내서 말한다면, '기업문명'의 공고화라고 할 수 있을 것이다. 더 나아가 이 원칙들은 요즘의 일상이 되어버린 간단없는 기술혁신의 토대가 되며, 자국 시장의 오락기술뿐만 아니라, 세계시장의 중요한 특성인 정보의 흐름, 즉 통신체계의 급속한 발전을 자극한다.

지금의 현상을 18,9세기 영국에서 벌어진(특히 대략 1760년부터 1820년까지) 인클로저운동과 비교해보면 더 잘 이해할 수 있다. 이 시기는 원래 가축에게 풀을 뜯어먹게 하거나 연료를 채취하고 소규모의 농사에 사용되던 공공토지가 개인소유로 변했던 때였다. 이 기간 동안 시장자본주의로 편입되었던 사람들은, 공장노동, 금전적 연계, 사유재산권과 같은 새로운 노동양식과 인간관계에 적응하도록 요구받으면서 삶이 산산조각나는 것을 경험했다. 자본주의의 문을 열었던 정치혁명은 이미 오래 전에 발발했지만, 시장체계가 요구한 근원적이고 일상적인 변화는 이 이후에도 오랫동안 계속되었다. 여기서 말하려는 것은 지금의 '정보시대'가 이러한 장기적인 자본주의적 관계가 영속되면서 이를 훨씬 더 강화한다고 볼 수 있다는 것이다. 자본주의에 대한 비판자들은 물론 옹호자들도 강조하다시피, 자본주의는 정적으로 남기를 거부하는, 지속적 혁신을 요구하는 놀라운 동태적인 씨스템이다.

따라서 나의 명제는 역설적이다. 그것은 지금 세상에 중요한 변화가 일어나고 있음을 기꺼이 인정하지만, 이러한 변화가 오랫동안 존재한 사회경제적 체계의 지속적인 확산에 다름아니라고 생각하기 때문이다. 2000년인 지금, '전지구적 네트워크사회'라고 얘기되는 것은 인클로저운동의 발전으로, 즉 시장의 기준과 조건이 더 광범위하고 급속하게 확산된 것으로 보면 더 잘 이해될 수 있다. 이러한 발전은 외연적이고 내포적인 측면 모두를 가지고 있다. 이러한 발전은 한편으로는 전지구를 포괄하고, 그럼으로써 관습에 근거한 실천, 공공공급, 비(非)시장적인 습관과 같은 대안을 배제하는 상업적인 규칙과 규제를 도입한다. 반면에 시장이 여가, 자식 양육, 성생활의 영역에도 더 깊이 침입하는 데에서 볼 수 있듯이, 이러한 발전은 사생활의 영역에도 더 깊게 침투한다.

자본주의가 예전의 어떤 왕국도 감히 꿈꾸지 못했을 정도로 확산되었음을 인식하는 것은 무척 중요하다. 인류역사상 처음으로 이제 우리는 전지구적 경제체계 비슷한 것을 가지게 되었다. 로마제국이나 대영제국이 당시 사람들에게 놀라운 것으로 보였을지 모르지만, 거대한 중국의 구석구석이 즉각 연결될 수 있으며 기업가들이 사람들의 사적 공간을 텔레비전을 통해 일상적으로 접촉하는 오늘날의 전지구적 자본주의의 영역과는 비교할 수조차 없다. 물론 모든 것을 접촉할 수 있는 것은 아니며 또 지구상의 모든 지역이 포함된 것도 아니지만, 전지구적 자본주의는 과거의 그 어떤 왕국도 왜소하게 하기에 충분하다.

내가 이것을 전지구적 씨스템이라고 부를 때, 이것이 잘 통제되고 있다거나 또는 지배계급이 키를 쥐고 있다는 얘기를 하는 것이 아님을 덧붙여야겠다. 이 씨스템을 통제하고자 하는 야심을 가진 사람들이,

전지구적인 규제를 갈망하는 쏘로스(G. Soros)를 포함해서 국제통화기금, 세계은행과 몇몇 정부에 존재하지만, 이들이 관장하는 부문에서의 명백한 실패는 이 씨스템을 통제하는 규칙이 존재하지 않는다는 사실을 증명하고 있다. 자본주의는 전지구적이지만 대부분 통제되지 못한다. 더욱이 전지구적 자본주의를 관장하는 몇몇 자본가들의 그룹을 분별하는 것조차 쉽지 않다. 그렇다고 한다면 내가 자본주의를 전지구적 씨스템이라고 부르는 것은 이것의 근저에 존재하는 원칙이 모든 곳에 응용된다는 의미에서 '씨스템적'임을 강조하려는 것이다. 아시아적 자본주의, 미국식의 자유방임 모델, 국가가 더 관여하는 유럽식 모델 등의 변종이 존재한다고 해도, 자본주의적 실천이 압도적인 한 자본주의는 헤게모니를 잡고 있는 것이다. 이를 뒷받침하는 가장 명백한 증거는 종종 간과되었는데, 그것은 인류역사를 통틀어 20세기에 이르기까지 인구의 가장 많은 비율을 차지했던 농민계급이 사실상 소멸되었다는 것이다. 자본주의는 필연적으로 농민계급을 몰락시키고야 마는데, 그 이유는 비금전적인 교환관계에 포섭되고 기존에 확립된 관습과 노동방식을 바꾸기를 꺼려하는 소농들이, 시장관계, 임노동, 시장공급, 신용제도, 그리고 자본주의에 내재한 경제의 운동에 즉각적으로 부합하지 않기 때문이다.

　이 글을 읽으면서 자본주의의 승리 이전의 세상에 향수를 느낄 사람이 있을지도 모르기 때문에 몇가지만 강조해야겠다. 무엇보다도 시장메커니즘의 침투가 소비자를 살기 더 어렵게 하는 것이 아니라는 점을 언급해야겠다. 정반대로, 자금이 있는 사람들은 어색하고 멋없는 옷을 만들어 입는 것이나 집에서 지루하게 빵을 굽는 것보다 가게에서 식품과 옷을 사는 것을 훨씬 더 선호한다. 두번째로, 농민들의 몰락은 억압이나 불법 강탈과 같은 방법을 통해서만이 아니라, 농사를 지으면서 누려보지 못한 새로운 기회를 제공한 시장의 유인 때문이기도 했다. 마지막으로, 자본주의의 성공은 그 주요 경쟁자였던 공산주의의 몰락을 고려하지 않고서는 얘기될 수 없다. 공산주의는 정치적으로 신뢰를 잃었으며, 서구사회의 변화에 대적할 수 없을 정도로 경제적으로도 실패했다. 이러한 요인들은 '기업문명'의 승리를 한탄하는 어떠한 설명에 대해서도 수정조항이 될 수 있다. 자본주의는 승리했고, 이는 전지구가 자본주의로 둘러싸였고 그 조직원리 아래 놓이게 되었음을 의미한다. 마가렛 새처(Margaret Thatcher)는 "대안은 없다"(TINA: There is no alternative)는 말을 만들었는데, 적어도 현재로서는 그녀가 옳았던 것 같다. 분명하게도, 정부는 클린턴식, 블레어식, 혹은 슈뢰더식일 수 있지만, 적어도 믿을 만한 방법으로는 어느 누구도 시장씨스템의 원칙에서 벗어날 대안을 내놓지 못하고 있다. 기든스가 『제3의 길』에서 직설적으로 표현했듯이 "이제 아무도 자본주의의 대안을 가지고 있지 않다. 남은 문제는 얼마나 그리고 어떤 방식으로 자본주의를 통제하고 규제할 수 있는가이다"(Giddens 1998, 43~44면). 길을 가로막는 사람들의 저항이 있었지만, 심각한 반대 없이 자본주의는 전지구적 규모로 도약했고, 사유화와 탈규제화의 물결에서도 볼 수 있듯이 시민들의 삶에 더 깊이 침윤했다. 정부가 어떤 다른 얘기를 하건 간에, 우리는 지금 '신자유주의적인 확고한 합의'하에 살고 있다.

기술에서 정보로

자본주의에 대한 이러한 논의는 '정보시대'에 대한 담론으로는 사람들의 관심을 끌지 못하는 듯하다. 최근의 변화를 설명하는 데 이르면 변화의 동력으로 기술에 초점을 맞추는 것이 훨씬 더 일반적이다. 넘쳐나는 글, 연설, 텔레비전 쇼 등은, 컴퓨터화에 의해 야기되고 있고 앞으로 세상을 뒤집어엎을 '제2차 산업혁명'에 대한 만반의 준비를 해야 한다고 경고한다. 이중 상당수가, 심원한 사회적 변화를 인쇄술·전화·TV와 같은 기술의 혁신에서 찾았던 캐나다의 미래학자 마샬 맥루한(Marshall McLuhan)의 유명한 주장을 되풀이한다. 그의 격언적인 예언들은 최근에 다시 부활하고 있다.

우리는 최근의 이러한 기술 미래주의에서 두 가지 다른 국면을 식별할 수 있다. 1980년대 초엽에 유행했던 첫번째 국면은 '씰리콘밸리'에서 등장한 '막강한 마이크로'를 극찬했고 우리에게 '정보기술혁명'이 가져올 엄청난 결과들을 말해주었다. 한동안 서점은 『정보기술혁명』(The Information Technology Revolutoion) 『극소전자혁명』(The Microelectronics Revolution) 『집적회로의 등장』(The Coming of the Chip)과 같은 책으로 넘쳐났으며, 일·학교·정치 등 모든 것이 바뀌어야 한다고 했다. 두번째 국면은 논평가들이 '정보 초고속도로' '싸이버스페이스' '가상현실'을 얘기하기 시작했던 1990년대에 찾아왔다. 제2라운드에서는 여기저기 사용되는 집적회로가 아니라, 컴퓨터가 통신과 결합하면서 우리의 일상생활에 더욱 강력한 변화를 만들어낸다는 것이 핵심이었다. 『디지털이다』(Being Digital) 『통제 불능』(Out of Control) 『통신기적』(The Communications Miracle)과 같이 1990년대 내내 인기있던 책들은 바로 이러한 주제를 선전했다. 그냥 정보기술(IT)이 아닌 정보통신기술(ICTs)이 이제 변화의 핵심적인 열쇠가 된 것이었다. 시기는 다르지만 지적인 틀은 이전과 동일했다. 기술은 어떠한 사회적 근원도 없이 그저 '발견'된 것이었고, 불쑥 '기계로부터 등장한 신'(deus ex machina)으로 간주되었다. 그렇지만 동시에 기술은 가장 근본적인 사회변화를 가져오는 것이었다. 따라서 대중은 기술의 변화에 잘 적응하기 위해 (수동적으로) 변화해야만 하는 대상으로 기술되었다.

기술을 변화의 핵으로 우선시하던 시도는 지난 몇년간 조금 시들해졌다. 이러한 변화에 대한 설명틀이었던 기술결정론이 사회과학자 그룹에서는 물론 현실세계에서도 신용을 잃었기 때문이다. 기술이 노동자들을 탈숙련화하는가 아니면 그 반대인가, 기술이 실업을 늘리는가 줄이는가, 기술이 교육써비스를 향상시키는가 그렇지 않은가 등을 규명하기 위해 1980년대 내내 쏟았던 노력과 돈은 그 방향을 잘못 잡은 듯하다. 그것은 이런 변화가 일어나지 않기 때문이 아니라, 요즘은 변화의 핵심 근원으로서 정보통신'기술'이 아닌 '정보'(종종 지식으로 축약되는)에 초점을 맞추기 때문이다. 예를 들어 전 디모스(Demos) 연구원이자 현 영국정부의 자문인 찰스 레드비터(Charles Leadbeater)는 "지식이 현대 경제발전의 원동력"이라고 주장한다(Leadbeater 1998). 따라서 "노하우, 숙련, 창조성, 재능"이 가장 중요한 재산이 되며, "현대경제의 가장 가치있는 측면은 두뇌의 힘"인 것이다. 이러한 강조와 이에 부응하는 정책조언들이 레드비터의 상관인 상공장관의 『우리의 경쟁력있는 미래: 지식 추동 경제의 건설』과 같은 보고서에도 드러난다(Secretary of State for Trade and Industry 1998). 따라서 천년을 마감하는 지금 '정보시대' '질량이 없는 경제' 또는 '지식경제'에 대한 이야기들이 점차 많아지고 있으며, '정보사회'란 개념이 학계는 물론 정계와 재계의 담론에 만연해 있음은 우연이 아니다.

정보와 자본주의

까스뗄스는 그의 삼부작 『정보시대』에서 현재라는 시대를 '네트워크사회'의 '정보흐름'이 인간관계와 사람의 행동양식을 변화시키는 시대로 기술하고 있다(Castells 1996~97). 까스뗄스의 이 책은 연구자나 정책결정자들이 변화의 주요 동력으로 기술이 아니라 정보/지식을 우선으로 꼽는 것과 궤를 같이 한다. 이러한 방향전환과 부합해서 까스뗄스는 전세계 노동인구의 20% 정도가 조직가, 코디네이터, 혁신가, 매니저, 계획자, 디자이너와 같은 '정보노동자'라는 사실의 중요성을 지적한다. 이들은 '정보자본주의'에서 사고·분석·소통과 같은 이른바 정보활동을 담당하는 사람들이다. 라이히는 이들에게 '상징분석가'라는 적절한 호칭을 붙이기도 했다(Reich 1992).

이들은 최근 지구경제를 추동하고 쥐고 흔드는 사람들이다. 한 국가의 정부가 성공인가 실패인가는 국민 중에 이러한 '정보노동자'들이 얼마나 많은가에 의해 결정된다. 만약에 어떤 나라가 상당히 많은 정보노동을 지휘할 수 있다면 그 정부는 급료와 숙련이 높은 국민을 갖게 될 것이며, 그렇지 못하다면 '정보자본주의'의 시시한 빈자리를 채우고 이에 따르는 낮은 급여에 만족할 수밖에 없을 것이다.

물론 정보노동은 아주 다양한 범주에 걸쳐 있다. 그렇지만 공통점은 이것이 고등교육을 필요로 한다는 것이다. 따라서 국민이 높은 임금과 괜찮은 고용전망을 향유하기를 원하는 정부는 정보시대에 대한 핵심적 준비로서 교육을 장려해왔다. 모든 교육이 다 중요하지만 특히 고등교육이 강조되는데, 그 이유는 고등교육에서 대부분의 정보노동이 집중적으로 길러지기 때문이다. 1997년 토니 블레어(Tony Blair)의 선거구호는 "교육, 교육, 교육"이었다. 집권 이후 지금까지 이 정책은 전면에 배치되어, 고등교육을 인구의 30%가 대학에 가는 단계까지(이는 OECD가입국에서 추정되는 정보노동 직업비율과 동일하다) 확장하는 전임 정부의 정책이 지속되고 있다. 블레어의 정책은 교육을 경쟁전략의 핵심에 놓는 모든 나라에서 되풀이되고 있다. 이제 학자들은 '전지구적인 지식전쟁'에 대해 논의할 정도이다(Brown and Lauder 1995).

고등교육에 참여하는 인구비율의 증가가 새로운 시대의 도래를 입증한다는 얘기는 설득력이 떨어진다. 이러한 얘기는 1960년대에 다니엘 벨(Daniel Bell)은 물론, 쎄르게 말레(Serge Mallet), 갈브레이스(J. K. Galbraith), 앙드레 고르(André Gorz) 같은 사회과학자들이 교육받은 노동력이 변화를 만드는 데 결정적인 역할을 한다고 열광했던 사실을 상기시켜준다(Halcli and Webster 2000). 이러한 주장보다도 정보노동을, 이미 100년 이상 전부터 노동력의 더 많은 부분이 좋은 교육을 받아왔다는——즉 이미 오래 전부터 확립된 연속의 일부로 발전했다는——경향을 보여주는 것으로 이해하는 것이 더 적절한 것 같다. 물론 20세기 초엽에는 영국의 노동력 중 5%만이 전문가로 분류되었지만, 지금은 25%가 '전문가'로 분류될 수 있다. 그렇지만 지난 2,30년 동안에 엄청난 비약이 있었던 것은 아니다. 반대로 이러한 증가는 오랫동안 전문가들이 규칙적이고 일관되게 사회의 구석구석으로 퍼진 결과로 볼 수 있다.

그럼에도, 까스뗄스가 강조한 정보노동의 적응성과 유연성은 우리에게 지금 이 시대의 가장 두드러진 특성을 이해하는 한가지 실마리를 제공한다. 그는 정보노동의 가장 중요한 특질로 그것이 '스스로 프로그램할 수 있다'는 것을, 즉 요즘 고등교육을 담당하는 사람들이 즐겨 사용하는 용어로 '배우는 방법을 배우는' 것을 꼽는다. 평생을 통해 배우고 또 재훈련받는 역량은 정보자본주의의 필요에 대응해서 지속적으로 변화할 수 있는 직업에의 '유연성'을 요구하는 요즈음 노동력의 필요를 가리킨다. 이것은 다시 현재 시대를 정의하는 특성, 즉 불확실하고 불안한 세상이라는 특성과 맞닿아 있다. 기회의 세상은 또 한편으로는 위협적인 세상이기도 하다.

많은 논평가들이 삶의 불안정성에 대해 언급했다. 포스트모더니스트들은 이미 이론과 실천에서 모든 근본원리가 붕괴되었음을 즐겨 지적하곤 했다. 이제 개인이나 조직이 확고하게 서 있을 수 있는 굳건한 토대는 존재하지 않는다. 절대적인 도덕도, 가족과 조직이 변하지 않고 살아남을 것이라는 확신도 남아 있지 않다. 이러한 측면에서 볼 때, 예를 들자면, 다른 종교적인 교리에 쉽게 접할 수 있는 세계화된 세상에서 종교적 근본주의가 지탱하기는 점차 힘들어진다는 점에 쉽게 동의할 수 있다. 또한 민족성이 점차 잡종적이 되고 국경이 흐려지고 변하는 시기에 민족적 정체성에 대한 기존의 생각 또한 쉽사리 의문시된다. 노동이나 남성성에 대한 신념조차 지난 세대를 거치면서 두들겨 맞았다. 예를 들어, 지난 수세기 동안 노동력의 일부를 제공하고 노동과 여가생활에서 뚜렷한 성별분업이라는 삶의 양식을 제공했던 광산노동은 이제 영국에서 거의 없어질 단계에 이르렀다. 남성들이 중공업보다 레스토랑에서 더 많이 일을 하고, 광산지역은 남성노동자의 대량실업만이 즐비한 (그리고 이 지역에서 새로운 일자리는 여성에게만 생기는) 지금, 광산노동과 같은 일이 남성성을 정의하고 구별한다는 관점을 변호하는 것은 쉽지 않다.

그렇지만 이러한 격변을 뭔가 새로운 것이라고 선언하기 전에, "생산의 끊임없는 혁명적 변화, 모든 사회적 관계의 간단없는 진동, 영구한 불확실성과 요동 … 고정되고 얼어붙은 모든 관계는 녹아 없어지며, 새롭게 형성된 관계 역시 굳어지기 전에 옛것이 되어버린다. 모든 견고한 것은 허공 속으로 녹아 없어진다"는 유명한 선언을 한 이는 바로 1848년에 『공산당선언』을 쓴 칼 맑스(Karl Marx)와 프리드리히 엥겔스(Friedrich Engels)였음을 기억해볼 만하다. 나는 정보자본주의, 실시간의 전지구적 작동, 그것의 고양된 경쟁력, 그리고 그 기술발전의 자극이 변화를 가속화시켰음을 기꺼이 인정하지만, 이러한 변화가 새로운 것이 아님을 기억하는 것이 도움이 된다는 점을 강조하고 싶다. '정보혁명'은, 모든 안정된 형식을 흐뜨려놓는 다이너미즘——지속적인 혁신, 경쟁의 압력, 이익을 창출하라는 비정한 요구, 새로운 시장기회의 추구——을 동반한 자본주의가 전지구상으로, 그리고 개개인의 영역에 더 깊이 침투하는 것을 나타낸다는 것이 바로 내 주장이다.

지금부터의 논의에서 나는 자본주의의 승리를 강조하지만 아직도 남아 있는 난관에 주목하면서 현시대의 두 가지 주요한 차원에 초점을 맞출 생각이다.

의식산업

자본주의의 성공에 대한 많은 논평이 그것의 전지구적 차원(중국에의 침투, 범세계적인 생산과 유통 등)에 초점을 맞추고 있지만, 우리는 자본주의가 앎의 수단, 즉 이른바 '의식산업'(consciousness industry)이란 영역에 더 깊이 침투했음을 간과해서는 안 된다. 물론 사람들은 개인적인 경험은 물론 학습과 교육, 가족과 직장에서의 만남, 정치적 참여와 자원봉사 등 다양한 방법을 통해 사회적 환경을 이해하고 이에 대해 논평한다.

정보환경이 어떻게 구성되는가에 대해서는 아직도 불확실한 것이 많다.(그리고 그 결과에 대해서는 모호한 것이 더 많다.) 정보환경의 불확실성이라는 진리를 증명하는 데 많은 학자가 필요했다. 실제로 정보공급원의 다양성과 더불어 정보수령자의 창조성을 보여주는 여러 예들은 정보환경에 대해 단순한 일반화가 불가능함을 보여준다. 그럼에도 불구하고, 한가지 일반적인 특성은 (정보의) 공공공급보다 사적 공급이 증가하는 추세에 있다는 것이다. 예를 들어 공공도서관은 요즈음 공민성과 학습의 상징이기보다는 세금의 낭비로 간주되어 그 예산이 줄어들고 있으며, 블록버스터 비디오 대여점과 같은 도서관 모델이 (책의 대여회수로 운영을 평가하고 대중적인 책을 우선시하는) 나오고 있는 실정이다. 이러한 결과는 도서관의 도서 보유량이 줄어들고, 없는 책을 주문하는 데 돈을 내야 하며, 도서관이 수익사업을 시작했다는 사실에서 잘 드러난다.

교육, 특히 고등교육 역시 공익이 아니라 소비자(즉 학생)가 시장에서의 수익을 예측하고 쏟아붓는 개인적 투자로 간주된다. 이는 대학에서 무엇을 가르치고 또 대학이 어떻게 정의되는가에 대한 중대한 함의를 낳는다. 이 핵심적인 요소는, 정보라는 것이 공짜로 아무나 사용할 수 있는 것에서 지적 재산권에 우선순위를 두는 쪽으로 재정의된다는 것이다. 이러한 변화는 정보를 상품으로, 즉 이윤을 낳는 상품의 하나로 사고 팔게 되었음을 나타낸다. 복사물이나 학술지에 엄격한 지적 재산권을 적용하고, 대학이 수업용 자료, 교수들의 발명과 특허에 대해 법인자격의 소유권을 주장하는 데서 볼 수 있듯이, 사용자가——그가 학생이건, 독자이건, 연구자이건——사용하는 정보에 대해 수수료를 내는 것은 모두 이런 변화에서 파생된 것이다.

다른 정보공급원이 아무리 중요하다 해도 선진사회에서 모든 사람의 정보환경에 있어 가장 중요한 요소는 텔레비전이다. 물론 이는 텔레비전이 사람들의 의식에 단선적인 영향을 미친다는 얘기가 아니라, 텔레비전이 대부분의 사람들에게 엄청나게 중요한 정보공급원이라는 뜻이다. 이미 모든 사람이 TV를 소유하고 있으며(두 대 이상을 소유한 가정도 많고), 하루에 몇시간씩 이를 시청하고, 디지털TV가 도입되고, 케이블과 위성 TV가 널리 이용되며, 게임을 하기 위해서도 TV에 연결해야 하는 상황에서 어떻게 다른 얘기가 가능하겠는가.

그 배경에는——그것이 예전 것이건 새로운 것이건——이러한 써비스가 프로그램의 공공공급의 지위하락이란 맥락에서 발전했으며, 더욱이 높은 수준의 다양하고 균형잡힌 프로그램을 공급함으로써 '알리고, 교육하며, 즐겁게 한다'는 공영방송의 이념이 사라졌다는 사실이 존재한다. 이러한 이념에 역행해서 텔레비전은 수익이 되는 정보의 제공을 가장 중요한 목적으로 하는 사업으로 재편되고 있다. 따라서 우리는, 공공지원을 받으면서, 시청자에게 가장 적절하리라 생각되는 컨텐츠를 만들어 공급하던 프로그램 제작자들이 제공하던 텔레비전 써비스로부터 불가항력으로 멀어지고 있다. 공영방송 체계에서 프로그램 제작자들은 시청자들의 요구를 직접 듣지 않았기 때문에, 시청자들은 제공되는 것을 참고 볼 수밖에 없었다.(그렇지 않으려면 TV를 끄는 수밖에 없었다.) 대신 대중은 TV수신기에 대해 시청료와 같은 세금을 내야 했고, (영국의) 공영방송 BBC는 그들의 생각에 가장 적절한 내용

(시대에 따라 변했지만 고급 뉴스, 다큐멘터리, 최근 사건에 대한 심층보도, 고전적인 드라마, 음악 등을 섞은 것)을 방영했다. 이러한 프로그램 편성이 요즘 시기에 지나치게 엘리뜨주의적으로 보인다는 이유때문만은 아니지만, 이제는 고객을 성공의 열쇠로 간주하는 상업방송으로 전환하고 있다. 돈을 내도록 설득되는 고객으로서 시청자들은 시청하는 프로그램에 의해 자극받거나, 배우고, 긴장하기보다는 만족해야 하기 때문에, 광고 단가를 결정하는 시청률이 무엇보다 강력한 영향을 미치게 된다.(물론 구독 써비스나 타겟을 맞춘 광고 등의 이유로 인구분포 또한 중요한 요소가 된다.) 이러한 식의 방송은 이제 일반적인 것이 되었고, 미국의 경우도 이와 크게 다르지 않다. 시청자를 지고한 존재로 여기지 않는 공영방송은 이제 한물 간 것으로 간주되기까지한다.

물론 공영방송은 만신창이가 될지라도 살아남을 것이다. 그렇지만 공영방송은 시장논리의 진군에서 벗어나 있기 때문에 그 전성기는 지났다고 볼 수 있다. 트레이시(M. Tracy)는 1980년대를 범세계적인 '공영방송의 파첸데일'(Passchendaele, 벨기에의 1차대전 격전지. 수만명의 영국군이 묻힌 묘지가 있다—옮긴이)이라고 묘사했는데, 그 결과는 이제 분명하게 나타나고 있다(Tracy 1998). 텔레비전은 그 어느 때보다도 연속극, 액션 모험극, 드라마 다큐멘터리, 대담 쇼, 잡지성 뉴스, 퀴즈 쇼로 넘쳐나고 있다. 이러한 프로그램은 뉴스와 세상사에 대한 프로그램을 줄이거나(그나마 방영되는 뉴스 같은 프로그램도 정당의 홍보나 선정주의로 흐르고 있다), 인포테인먼트(infotainment, information과 entertainment의 합성어—옮긴이)·영화·스포츠를 방영하는 케이블TV가 등장함으로써 가능해졌다.(영국에서는 연간 시청료의 300% 이상이 이런 프로그램의 편성에 쓰이며 특히 축구경기의 방영에 엄청난 노력을 쏟아붓는다.) 이렇게 해야 하는 이유는 새삼스럽지 않다. 돈을 내는 시청자와 스폰서·광고주들이 이런 프로그램을 선호하기 때문이다.

적어도 두 가지 결과는 분명하다. 무엇보다 TV방송이 증가했고 더 많은 사람이 보지만, 적어도 사회·정치·경제적 삶에 심각하고 지적인 자극을 주는 지식이라는 면에서 TV가 제공하는 정보는 그 질이 향상되었다기보다 저하되었음을 알 수 있다. 필저(J. Pilger)의 말대로, "더 많이 볼수록 더 적게 알게 된다."(Pilger 1998) 물론 이 얘기는 엄격하게는 사실이 아니다. 하룻밤만 TV를 봐도 세상 사람들의 약점, 연속극 주인공의 성격, 범죄 스토리, 스누커(snooker), 아이스하키, 이상야릇한 행위들, 그리고 무엇보다 축구 리그에 대해 엄청난 지식을 흡수할 수 있기 때문이다. 낮에 TV를 보면 결혼생활의 불만과, 성적 경험들, 선언적 '의견'들에 대한 다양한 증언들을 접할 수 있다. 이런 프로그램이 '보통' 사람들과 이들의 일상을 방영한다고, 이를 일종의 '민주화'라고 해석한 사람들은 조금 더 제대로 알 필요가 있다. 그러나 TV가 다른 어떤 것을 방영한다 해도, 세상의 작동에 대해 충분한 정보를 제공하지 않으며 심각한 비평가들의 평가를 받을 만한 문화적 창조물에 관심을 보이지도 않는다는 것은 분명하다.

이것과 관련해서 두번째로 지적하고 싶은 것은, 최근 이루어진 수많은 기술적 진보에도 불구하고 첨단기술이 수준높은 컨텐츠를 제공하는 것은 아니라는 점이다(물론 기술수준이 낮으면 수준높은 컨텐츠를 제공하는 데 장애가 있지만). 예를 들어, 시장의 논리가 오랫동안 지배했던 미국이라는 세계적 TV왕국의 수도를 보면, 1961년에 이미 미국의 TV를 '거대한 문화적 쓰레기장'이라고 부른 연방통신위원회 의장 미노우(N. Minow)의 판단이 옳았음을 알 수 있다. 이는 아직도 그러하다. 1990년대 미국 TV의 가장 뛰어난 작품이라 일컬어지는 것은 병원연속극(「ER」), 20대를 위한 연속극(「친구들」), 최신 경찰과 강도 이야기(「NYPD 블루」 「살인」), 아이러닉한 가족만화(「심슨 가족」) 같은 프로그램들이다. 이런 프로그램들은 종종 숨가쁠 정도로 빨리 진행되고, 감정적으로 긴장되며, 혁신적으로 만들었고 또 매우 비싼 돈을 주고 씌어진 것이지만, 대중의 학식과 교양에 기여하는 내용은 거의 없다. 아니 왜 기여해야 하겠는가? 단지 소비자를 즐겁게 하고, 이들에게 도전이나 사고의 자극이 아닌 즐거움과 소일거리를 제공하기 위해 만들어진 것일 뿐인데. 대다수의 사람들은 '오락TV'에 만족하기 때문에, 교양정보를 원하는 사람들은 시장에서 돈을 내고 살 각오를 해야 한다. 이것이 시장사회의 궤도에 굳건히 정착한 대부분의 TV의 발전방향인 것이다.

불확실성에서 확실성으로 그리고 다시 뒤로

일반적으로 사람들은 '정보시대'의 좋은 예로 전자상거래를 들곤 한다. 외환시장에서 매일 거래되는 3조 달러의 돈——스트레인지(S. Strange)가 '미친 돈'이라 했던(Strange 1998)——은 투자·조직사업·경영상의 결정과 관련해서 국경을 초월한 정보의 흐름을 보여주는 당혹스런 경관 중 가장 극적인 사례이다. 최근 동아시아·러시아·멕시코·브라질의 위기가 증언하듯 그리고 아마도 다음번엔 유럽의 위기가 증언하겠지만, 이것이 야기한 불안정성은 익히 알려져 있다. 주식시장이 폭락하고 엔·루블·파운드에 채권 청구가 들어오는 극적인 상황 뒤에는, 시공간이 놀랄 만큼 압축된 채 극도로 경쟁적인 전지구적 경제 속에서 삶의 일부가 돼버린 진부한 불확실성이 있다. 내 일자리를 경쟁자에게 뺏길 수 있으며, 내 제품의 가격이 경쟁자에게 추월당할 수 있고, 내 공장이 지구의 다른 구석으로 옮겨질 수 있다는 불확실성이다.

이러한 전지구적 힘의 압력은 우리 모두에게 친숙하지만, 이것의 효과는 차별적임을 기억할 필요가 있다. 영국 북동부 반도체공장의 폐쇄가 아무리 불안하게 느껴지더라도, 전지구적 규모로 보면 다른 사람들이 시장의 쇠락, 재투자의 결정, 통화 문제 때문에 훨씬 더 심각한 상황에 직면해 있다. 내가 여기서 지적하는 문제는 부자 나라와 가난한 나라 사이의 격차에 대한 것이다. 예를 들어, 1994년 세계보건기구(WHO)는 지구 인구의 20%가 식량이 부족해서 아사 직전에 이를 정도로 '극심한 빈곤' 속에 살고 있으며, 이들 지역의 대부분이 '남반구'(아프리카와 남아메리카)에 집중적으로 몰려 있음을 지적했다(WHO 1994). UN의 1998년 인간발전보고서는 이를 다음과 같이 표현한다.

> (1950년 이래 전체적으로 600%의 성장이 있었지만—인용자) … 세계인구의 20% 또는 그 이상이 이러한 폭발적인 소비에서 배제되어왔다. 10억 이상의 사람들이 기본적인 소비의 충족을 박탈당한 채 살고 있다. 개발도상국의 44억 인구 중 약 3/5은 기본적인 위생을 누리지 못하고 있다. 약 1/3은 깨끗한 물을 구할 수 없으며, 1/5은 현대 의료써비스의 혜택을 전혀 받지 못하고 있다. 1/5이 충분한 열량과 단백질을 섭취하지 못하며, 20억 인구가 빈혈상태이다. 저개발국가에서는 오직 소수의 특권층만이 자동차와 통신, 현대적 에너지 설비를 갖추고 있다. (United Nations 1998, 2면)

전세계 인구의 20%가 총수입의 80%를 차지하는 반면, 가장 가난한 20%는 총수입의 2% 미만밖에 가지지 못한다. 캐플런(Kaplan)은 이를 조금은 과장되게, 그렇지만 광의의 진실을 담아 다음과 같이 요약한다. "우리는 양극화된 세상으로 접어들고 있다. 지구의 한편에는 건강하고 잘 먹고 기술의 혜택을 잔뜩 받는, 헤겔과 푸쿠야마식의 '최후의 인간'들이 살고 있으며, 더 큰 다른 편에는 '가난하고 동물적이며 단명의' 삶을 살도록 저주받은 홉스의 '최초의 인간'들이 살고 있다." (Kaplan 1997)

이 심란한 상황에는 여러가지 특성이 있는데, 나는 단 두 가지만 강조하려 한다. 먼저, 지구의 어떤 부분은 너무 빈곤해서 전지구적 자본주의마저도 이들에게 별 관심이 없는 실정이다. 5억의 인구가 사는 사하라 이남의 아프리카 대부분은 눈곱만한 국민소득, 약탈적인 정부, 부적절한 교육씨스템으로 인해 시장이나 투자가들에게 관심의 대상이 되지 못하고 있다. 까스뗄스의 말에 따르면, 대륙 전체의 전화를 모두 합해도 맨하탄이나 토오꾜오보다 그 수가 적은 이곳에서 사람들은 '구걸의 정치경제학'으로 연명하고 있다(Castells 1997, 179면). 두번째, 세계자본주의의 변방을 차지하는 상황이 조금 나은 나라들에게는——타이, 필리핀, 중앙아메리카 등——시장의 변동과 외부 자본에의 의존과 종속이 매우 첨예한 문제가 된다. 따라서 이들 나라에서 고용은 몹시 불안하고, 임금수준은 낮으며, 종신직은 무척 얻기 힘들다. 동시에 특수작물화, 생산성의 증가, 적은 노동력 필요량 등이 따르는 농업의 상업화는 땅이 없는 사람들에게 다른 생계를 찾도록 압력을 가한다.

이런 요소들을 종합해볼 때, 못사는 사람들이 이주를 강요당한다는 것은 자명해진다. 물론 이러한 이주는 고대부터 있었던 현상이지만, 1945년 이후, 특히 1980년대 중반 이후에 전례가 없을 정도로 증가했다. 이주자들은 주로 경제적 망명자의 지위로(물론 가난한 나라에서는 정치적인 억압도 일상적이지만), 고용전망과 더 좋은 삶의 질을 발견할 수 있는 곳으로 움직이기를 원한다. 이러한 이주는 주로 자신들의 나라 안에서 일어나지만, 국경을 넘어가는 일도 잦다. 무엇보다 사람들은 주로 도심의 열악한 판자촌으로 이주하고(이러한 이주 때문에 지금 인구의 반은 도시에 살고 있다), 가능하면 허드렛일이라도 구할 수 있는 유럽과 북미의 대도시로 이주하길 원한다. 어딜 가건, 대부분의 이주자들이 맡게 되는 것은 더럽고 힘들고 위험한(3D) 작업이다. 엄청난 수의 이주자들이 쏘말리아, 캄보디아, 엘살바도르와 같은 극빈한 나라를 떠나서, 유럽이나 북미의 부유한 나라 어디에라도 도착하기를 꾀한다. 부유한 국가들은 엄격한 이민통제를 통해서 이러한 '방랑자'의 유입을 막으려고 애쓰지만(유럽연합의 나라들끼리는 서로 '관광객'의 손쉬운 이동을 장려하고 있는 반면), 미국의 텍사스와 캘리포니아의 국경에서 볼 수 있듯이 어떤 조치를 취해도 수많은 사람들이 자국의 상태가 너무 열악하기 때문에 이주를 감행하는 실정이다.

이러한 이주자들은 선진국 인구의 작은 부분만을 차지함에도 불구하고, 도시에 집중해 있기 때문에 눈에 잘 띈다.[1] 내가 강조하고 싶은 것은, 마치 원래 살던 사람들과 어깨를 나란히 하고 이런 이주자들이 살아간다는 사실이(물론 사회적 거리와 눈에 드러나는 정도는 천지차이지만) 양쪽 모두에게 삶의 불확실성과 혼란을 가져온다는 것이다. 다른 언어, 다른 종교, 다른 관습과 음식을 접하는 것은 우리의 혼란스러운 세상을 구성하는 중요한 부분이 되었다. 이주자들이 기회를 찾아간다는 사실은 자본주의의 승리를 반영하지만, 동시에 이들을 받아들인 나라의 안위와 안정을 악화시킨다. 나는 이 문제에 대해 규범적인 판단을 내리려는 것이 아니다. 내 주장의 핵심은 지구상의 가난한 지역으로부터의 이주가 부유한 나라에 사는 우리에게 (보면Bauman이 인상적으로 지적했듯이) '또다른 나'(alter ego)를 보는 악몽을 제공하면서, 우리를 혼란스럽게 하고 틈새를 만든다는 것이다(Bauman 1998).

그렇지만 가난한 사람들 대부분은 이주하지 않는다. 극빈한 나라에 갇힌 이들은, 이들에게 별로 관심이 없고 단지 빈약한 생계거리만 제공하는 시장씨스템을 따라 힘든 싸움을 계속해야 한다. 그러나 잘사는 나라들이 가난한 나라를 경제적으로 방기하는 것이 가능하다 할지라도, 이들 가난한 나라가 우리의 의식에 침투할 수 있는 다른 이유들이 존재한다. 한편으로 우리 주변에는 가난한 나라들을 돕는 재분배정책을 위해 일하는 주장단체들이 있다. 옥스팸(Oxfam)이나 '제3세계 먼저'(Third World First) 같은 단체는 세상의 빈자들을 잊어서는 안된다고 주장하며, 이런 목적을 위해 미디어전문가, 데이터베이스, 공공관계 전문가, 메일링리스트, 강력한 선거전략과 같은 '정보시대'의 일련의 도구를 사용한다. 또다른 한편으로, 수단·앙골라·에티오피아의 기근, 방글라데시의 홍수, 르완다의 내전, 자이레의 야만적 독재와 같

1) 국제연합은 전세계적으로 이민자는 전체 인구의 2% 정도라고 추정한다. 그렇지만 미국(8%), 프랑스(10%), 독일(6%), 오스트레일리아(23%)처럼 어떤 나라들은 평균보다 훨씬 더 많은 이민자를 가지고 있다. Unesco Courier 1998.

은 재난이 발생할 때마다 범지구적인 미디어가 이를 완전히 무시하기는 힘들게 하는 상황을 만든다. 나는 이러한 보도가 완벽하다고 주장하는 것도 아니며, 이 사람들의 비위를 건드리는 '희생자'의 이미지를 제공하는 것을 부정하지도 않는다. 그렇지만 강조하고 싶은 것은, 우리의 신념을 괴롭힌다든가, 우리가 삶에 대해 가지고 있던 확실성을 전복하는 등의 다양한 방법으로 세계의 빈자들은 우리의 의식을 자극한다는 것이다. 굶주리는 여인과 아이들의 TV이미지가 바로 이들을 돕는 실천을 낳은 것도 아니며, 도움을 주자고 외치는 사람들의 동기도 종종 비난받을 요소들이 없진 않지만, 미디어를 통한 이러한 보도들은 우리의 양심을 자극하고, 불안과 우려의 감정을 낳는다.

동요와 끊임없는 불안에 대한 대응으로 사람들이 절박하게 확실성을 찾으려 한다는 사실을 이해하는 것이 중요하다. 전세계적으로 우리는 확실성이나 단단한 토대를 추구하는 사람들의 몸부림을 목격할 수 있다. 기든스는 이를 '근본주의'(foundationalism)라는 광의의 용어로 포착했는데(Giddens 1994), 이는 본질적으로 '탈전통적인' 사회에서 도덕적 확실성, 신념, 삶의 양식과 같은 '전통'을 부활시켜야 한다고 주장하는 입장이다. 미국의 복음교회, 전투적인 이슬람, '심층생태주의 운동', 1990년대 유럽에서 부활한 인종적 민족주의 등 수많은 예들이 존재한다. 이들은 세상의 빈자들은 멸망해야 한다는 식의 인종주의적 설명을 하기도 한다. 환경과 맥락에 따라 달라지지만, 역사구성에 개입된 신화적 요소에도 불구하고 근본주의는 지금의 불확실한 세상에서 세상만사에 대한 확실성을 제공한다. 이들은 종종 공개적인 갈등, 대규모 전쟁과 피바다를 선동하기도 한다.

이러한 논의는 우리를 다시 '정보시대'의 미디어의 문제로 돌려놓는다. 미디어의 상업화에 대항하는 조류가 무엇이든, 현재 종종 위협적인 상황에서 벌어지는 갈등을 취재하는 전문적 취재기자의 이상(理想)은 여전히 존재한다. 이러한 갈등이 전쟁과 대량학살로 번질 때, 도처에 카메라가 있는 지금 이런 것들은 전세계 신문과 텔레비전의 끔찍한 헤드라인을 장식할 뉴스거리가 된다. 우리가 1991년 걸프전과 1999년 발칸반도의 경우에서 보았듯이, 이러한 보도는 '전쟁 정보'의 중요한 특성을 '뉴스 패키지'로 전달하는 이른바 '뉴스 경영'에 의해 큰 영향을 받는다. 몇몇 냉소주의자들은 모든 것이 미디어조작이기 때문에 정말로 일어난 것은 아무것도 없다고까지 얘기한다.

정보조작을 위해 어떤 일이 이루어지건, 혹은 사건의 가상적 재현에 대한 탈근대적 해체가 아무리 정교하건, 세상살이의 위험이 바로 가까이 있다는 불편함과 불안감은 계속 우리에게 전달된다. 1990년대 발칸반도에서 일어난 일은, 비행기로 두 시간 떨어진 곳에서 TV를 통해 그것을 시청하던 우리에게 물리적 위협으로 다가오지는 않았을지라도, 요즘 세상이 참 빡빡하고 살기 힘들다는 인식을 심어주었다. 투옥된 보스니아인들의 쇠약한 몸, 남편은 학살당하고 고향에서 쫓겨나는 여인네들의 고뇌, 이를 참지 못하고 목을 매서 자살한 여인의 사진을 보았을 때, 울컥하지 않거나 전율에 떨지 않을 사람이 어디 있단 말인가.[2] 수만명의 알바니아 사람들이 그들을 매몰차게 내쫓는 코소보의 국경 담벼락에 매달려 있는 광경을 보고 망연자실하지 않을 사람이 어디에 있는가. 우리들 대부분은 더 안전한 삶과 장수를 누리게 되었고, 의학의 발전은 갑작스런 사망을 감소시켰지만, 역설적으로 우리는 범지구적인 죽음의 위협을 예리하게 느끼고 있는 중이다. 이것의 상당부분은 국가의 붕괴로 자극받아, 다른 사람들을 희생해서라도 안정을 희구하려는 사람들이 불안정한 세상에서 일으킨 전쟁의 결과인 것이다.

맺음말

결론을 지어보자. 우리는 범지구적 차원에서 자본주의의 승리를 다

2) 이 사진은 1995년 7월 15일자 『가디언』(Guardian)지의 표지에 전면으로 게재되었다.

시 한번 확인할 필요가 있다. 시장씨스템은 심각한 반대 없이 이제 전지구적인 현상이 되었으며, 우리의 일상생활에 더 깊이 침투하고 있다. 내 견해로는 이것이 '정보혁명'의 진정한 의미이다. 이것이 실시간의 금융·사업·미디어를 조정하는 전지구적 정보네트워크의 확립과 작동을 설명해준다.

그렇지만 자본주의의 승리는 시민에게 제공되는 정보 질의 향상을 가져오지 않았다. 물론 기술의 놀라운 발전이 있었지만, 쏘로우식으로 부연한다면 이는 개악된 목적을 위한 개선된 수단에 불과했다. 미디어가 가속적으로 상업화되고 이와 연관해서 공영 정보제공이 쇠락한 것은 공급되는 정보의 질적 하락을 낳았다.

자본주의의 승리는 안정을 가져온 것도 아니다. 고맙게도 자본주의는 냉전을 종식시켰지만, 편안한 상태를 바란다면 순진하다고밖에 할 수 없다. 자본주의는 항상 새로운 출구, 새로운 상품, 새로운 노동방식을 희구하는, 근원적으로 불안한 어떤 것이다. 지속적인 혼란은 불안과 불확실성의 만연된 감정을 의심할 여지 없이 악화시켰다. 시장의 힘이 거의 미치지 못하는 끄트머리에 있는 사람들은 나은 삶을 찾아서 이주하며, 이는 (상대적으로) 안정된 삶의 양식에 불안을 가져온다. 반면에 터보자본주의에 대한 대응으로 발발한 인종적 민족주의 같은 근본주의의 성장은 (자본주의를) 위협하고 혼란스럽게 한다. 미래는, 실제로, 불확실할 뿐이다. 〔홍성욱 옮김〕

참고문헌

Bauman, Z. (1998) *Globalization: The Human Consequences*. Cambridge: Polity.

Brown, P. and H. Lauder. (1995) "Post-Fordist Possibilities. Education. Training, and National Development?" L. Bash and A. Green, eds. *World Yearbook of Education 1995: Youth, Education and Work.* Vol. 2, London: Kogan Page.

Castells, M. (1996~97) *The Information Age.* Three Volumes. Oxford: Blackwell.

Eagleton, T. (1995) *The Illusions of Postmodernism.* Oxford: Blackwell.

Giddens, A. (1994) *Beyond Left and Right: The Future of Radical Politics.* Cambridge: Polity.

_____ (1998) *The Third Way.* Cambridge: Polity.

Halcli, A. and F. Webster. (2000) "Inequality and Mobilisation in the Information Age?" *European Journal of Social Theory* 3(1).

Hobsbawm, E. (1994) *Age of Extremes: The Short Twentieth Century.* London.

Kaplan, R. (1997) *The Ends of the Earth.* London: Macmillan.

Leadbeater, C. (1998) "Surf the British Brainwave?" *Observer,* 13 December.

Pilger, J. (1998) *New Statesman,* 7 August.

Reich, R. (1992) *The Work of Nations: Preparing Ourselves for 21st Century Capitalism.* New York: Vintage.

Seabrook, J. (1982) *Working Class Childhood: An Oral History.* Gollancz.

Secretary of State for Trade and Industry. (1998) *Our Competitive Future: Building the Knowledge-Driven Economy.* December. London: HMSO.

Strange, S. (1998). *Mad Money.* Manchester: Manchester University Press.

Tracey, M. (1998) *The Decline and Fall of Public Service Broadcasting.* New York: Oxford University Press.

United Nations. *Human Development Report 1998.* UN. http.//www.undp.org/undp/hdro.

WHO. (1994) *Bridging the Gaps.* Geneva: WHO.

서로 연결된 세상에서 어떻게 살 것인가?

제프 멀건

　고대 비극에서 영웅은 종종 그의 가장 훌륭한 성격 때문에 몰락한다. 그의 가장 훌륭한 점이 그를 어쩔 수 없이 파국으로 몰고가는 식이다. 내 주장은 우리가 바로 이러한 비극에 직면해 있는지도 모른다는 것이다. 우리에게 제일 소중한 것은 자유다. 자유는 우리의 잠재력을 발휘하게 하고, 원하는 대로 살 수 있게 하며, 상상하고 창조할 수 있게 해준다. 원하는 대로 삶을 살 수 있게 보장해주는 자유의 성장은 근대 역사를 통해 인류의 가장 위대한 업적으로 간주되어왔다.

　우리의 문제는, 다른 사람을 고려하지 않고 원하는 대로 행동하는 자유가, 우리 자신이 다른 사람에게 점점 더 의존적으로 되어가는 현대사회의 또다른 뚜렷한 사실과 상충된다는 것이다. 세상은 과거 어느 때보다 자유롭지만, 과거 어느 때보다도 더 상호의존적이고 연결되어 있다. 세상의 아주 적은 인구만이 자족적이다. 사람들 대부분은 복잡한 씨스템에 의존하지 않고서는 물, 음식, 정의(正義), 에너지, 건강을 유지하기 힘들다. 100년 전에 비해 지금의 기업활동은 멀리 떨어져 있는 자본시장, 소비시장, 법률, 교육에 의존하고 있다. 그리고 우리가 다른 사람에게 의존하듯이, 우리의 활동은 전례가 없을 정도로 다른 사람에게 영향을 준다. 우리가 운전할 때 배출하는 배기가스는 미미한 양이라도 수백만의 낯선 사람들의 생활수준에 영향을 미친다. 우리가 전달하는 메씨지는 한번도 만나본 적이 없는 낯선 사람들에게 영향을

＊Geoff Mulgan, "Introduction," *Connexity: How to Live in a Connected World* (Harvard Business School Press 1997).

줄 수 있고, 이들을 자극하거나 화나게 할 수도 있다. 내가 어떤 옷을 사서 입는가 하는 선택은 지구 저편에 사는 어떤 사람의 일자리에 영향을 준다. 한국이나 일본에서의 투자가 서구의 가난한 지방에 새 일거리를 만들어주듯이, 아프리카의 가난한 지역은 북미의 신종 질병 치료기술에 의존한다. 한 기업의 결정이 멀리 떨어진 지역에 부를 가져다줄 수 있지만, 동시에 그들의 전통적인 삶의 양식과 환경을 붕괴시킬 수도 있다.

세계가 연결되어 있다는 생각은 환경문제부터 시작했다. 자연환경이 우리의 쓰레기와 오염을 흡수할 능력을 무한정 가지고 있다는 과거의 가정은 이제 폐기되었다. 우리는 이제 사람이 자연에 엄청나게 의존한다는 사실과, 소비의 자유에 의해 추동되는 경제씨스템의 대가가 더러운 공기, 더러운 물, 오염된 땅으로 지불되고 있음을 알고 있다. 지금 우리 앞에 다가온 21세기 미래에는, 공업발달의 결과로 지구의 온도가 2도쯤 상승해서 해수면을 1미터쯤 높이고, 다시 이것이 방글라데시, 중국, 네덜란드, 영국을 물바다로 만들어 지금도 지구 인구의 반이 겪는 식수난을 더 심각하게 만들 수도 있다. 이것들은 서로가 서로에게 의존하는 현실의 놀라운 결과이다. 이렇기 때문에 이 세상을 독자적인 개인, 국가, 산, 숲 등의 집합체로 생각하는 것은 별로 현실적이지 못하다. 대신 세상은, 많은 나라의 식수원이 되는 강, 광범위한 지역에 산성비를 뿌리는 바람, 독성 쓰레기와 방사능을 이리저리 옮기는 해류가 그물망처럼 물리적으로 연관되어 있는 총체인 것이다.

이러한 자연적 연관은 사람이 인공적으로 만들어낸 연관과 조응한다. 지난 세기전환기처럼 산업혁명을 거치면서 세계경제가 커다란 변혁을 겪었듯이, 세계경제는 최근에 또다른 통합의 물결을 타고 있으며, 범지구적 무역이 이제 범지구적 직접투자와 기술의 확산과 결합하고 있다. 과거 어느 때보다 지구 노동력의 상당부분이 외국의 시장과 자본, 노하우에 의존하고 있으며, 이들과의 연관이 갑자기 끊어지면 심각한 어려움을 겪게 될 상황에 놓여 있다. 지구를 묶어주는 것은, 19세기에 전신과 라디오를 시작으로 발달했으며 지금은 위성·인터넷·무선전화기·항법기술 등으로 인해 그 규모와 범위가 지속적으로 커지고 있는 통신씨스템이다. 이런 것들이 표현과 말의 자유라는 '자유의 이데올로기' 주변에 뿌리박고 있음은 흥미로운 사실이다. 이 모두가 교환을 가로막는 장벽과 마찰을 없애고 있다. 가이아(Gaia)이론이 생명권(biosphere)을 하나의 유기체로 생각해야 한다고 가르치고 있듯이, 지금의 '정보권'(infosphere) 역시 단일하고 통합된 씨스템의 특성을 가지고 있다.

이러한 새로운 상황을 가장 잘 묘사하는 어휘는 조금 오래된 '연계'(connexity)라는 단어다. '연계'라는 어휘는, 원인이 아닌 증상을 나타내는 '상호의존'(interdependence)보다 더 의미가 분명하며, 도덕적인 함의가 전혀 없는 '세계화'라는 단어보다 그 의미가 더 풍부하다. 이 '연계'라는 개념은 우리 주변의 세상을 설명하기도 하고 또 우리가 직면한 도전을 의미하기도 한다. 어원적으로 이 말의 뿌리는 서로 묶는 것을 뜻하는 라틴어 connectere이다. 이는 또 지금의 세계를 이해하는 출발점이 국민소득의 규모나 무기체계의 파괴력이 아니라, 세상이 이전보다 훨씬 더 엮여 있다는 사실에 있음을 주지시킨다. 아직도 세상은 개별적인 주권을 가진 개인·회사·국가·도시로 구성되어 있는 듯 보이지만, 그 심층적 실재는 복합적으로 연관된 총체이다.

이러한 연관성은 우리의 자손들의 삶을 지배할 것이다. 지금 우리 주변에서 볼 수 있는 연관들은 앞으로 생길 것들에 대한 맛배기에 불과하다. 전화가 발명된 지 100년이 지났지만 전화를 쓸 수 있는 사람들은 지구 인구의 절반이 안되며, 지금(1997년) 인터넷을 쓸 수 있는 가정은 1% 남짓임을 생각해보라. 세계인구의 증가, 기술의 발전, 통신요금의 하락이 합쳐지면 가까운 미래에 세상은 지금보다 훨씬 더 연결된 곳이 될 것이다.

자, 이제 간단한 질문을 하나 생각해보자. 자유의 성취와 상호의존성의 증가는 양립할 수 있는 것인가? 아니면 우리는 자유에 대한 사랑이 서로 의존하려는 역량을 파괴하는 비극적 운명에 처해 있는가?

이 질문에 대한 낙관적인 대답은 자유와 상호의존을 쌍둥이 같은 것으로, 즉 긴장관계가 아닌 협력관계에 있는 두 유기체와 흡사한 것으로 여긴다. 낙관론은 근대사회의 형성에서 자유와 상호연관성이 얼마나 밀접하게 연결되어 있었는가를 그저 강조할 뿐이다. 교역하고 여행할 자유가 사람들로 하여금 공통의 이해를 깨닫게 했고, 차이를 존중하는 인자한 결속을 낳았으며, 권력의 오용을 포기하게 만들었다는 식이다. 또한 낙관론자들은 과학이 폭발적으로 새로운 지식을 만들어내고 있음을 지적한다. 지금 1년 동안 이루어진 과학연구가 1400~1900년의 500년 동안 이루어진 과학연구보다 더 많다는 사실을 지적하면서, 마이크로로보틱스(micro-robotics), 나노 테크놀로지와 같은 새로운 분야의 등장과 생명공학과 신경과학 등 오래된 분야의 급속한 발전을 얘기한다. 이들은 기술이 환경문제를 해결할 것이며, 안전한 물과 음식을 공급해줄 것이고, 함께 사는 방법을 가르쳐줄 것이라고 약속한다.

그러나 서구사회의 대다수 사람들에게, 특히 부유한 엘리트들 사이에서 여전히 전통적 지혜로 간주되는 이 낙관론은 자유와 상호의존의 근원적인 긴장을 너무 피상적으로 다루고 있다. 자유가 진정으로 의미 있으려면, 그것은 가족이나 공동체를 떠나고 그것들의 이익에 반(反)해서 행동할 수 있는 자유까지 포함해야 한다. 자유는 반사회적으로 행동할 수 있는 기회를 의미하며, 이러한 자유는 당연히 우리가 집, 인간관계, 회사나 조직에 있을 때 긴장을 야기한다. 사람들은 어떠한 인간관계 속에서도 이를 떨쳐버리고 싶은 욕망과 의무를 다해야 한다는 부담을 동시에 느낀다. 이를 다른 말로 하자면 사람들은 자신의 욕망에 따르고 싶은 충동과, 나의 안녕이 다른 사람들의 안녕에 의존한다는 사실을 경험을 통해 잘 알고 있다는 것이다.

이러한 긴장은 우리 삶의 곳곳에 존재한다. 그렇지만 새 천년을 맞는 지금, 이러한 갈등이 전면에 부각되는 데에는 이유가 있다. 첫번째 이유는, 우리가, 특히 자유와 풍요에 익숙한 부유한 나라들이 산업과 생활양식을, 희생을 감내하며 바꾸지 않고서는 점점 더 망가지는 지구의 생태계에 적응하기가 힘들어질 것이라는 사실이다. 또다른 이유는 인터넷과 같은 통신기술이 우리를 익명성 뒤에 숨게 하거나, 이해나 친숙함이 필요치 않는 순간적인 상거래에 몰입시킴으로써, 타인에 대한 우리의 의무감을 희석시키기 때문이다.

이러한 긴장은 정치적 영역에서도 증가하고 있다. 촘촘하게 연관된 세상에 대한 가장 흔한 반작용은 근본주의적 종교와 민족주의적 정치가 제공하는 단순하고 본분에 충실한 정체성(identity) 뒤로 숨거나, 상호연관이 새로운 의무를 필요로 한다는 주장을 부정하는 이데올로기 뒤로 숨는 것이기 때문이다. 기업활동의 영역에서도 긴장이 증가하는데, 기업이 더 강력해지면서 그 권력에 따르는 책임감을 받아들이기보다 주주들에게 봉사하고 그저 단기 이익을 극대화하는 데 초점을 맞추기 때문이다. 문화의 영역에서도 독자성의 가치에 집착하는 문화는 새로운 자기억제를 요구하는 상호연관성의 문화에 비해 더 빠른 속도로 발전하고 있는 형편이다.

자유와 상호의존 사이에 긴장이 고조된다는 사실의 가장 명백한 증거는 지금 세계 다수 지역이 직면한 공공의제 관련 문제 중 가장 심각한 것이 빈곤이나 물질적 결핍이 아니라(물론 이러한 문제가 부유한 나라에서조차 꽤 많은 수의 소수자들의 문제로 남아 있음을 부정하는 것은 아니지만), 자유의 무질서라는 문제, 즉 너무 많은 자유가 긍정적으로 사용되기보다 오용되고 있는 문제에서 발생한 골칫거리라는 사실이다. 충분한 권력을 지닌 이들이 과식하고, 너무 짜고 기름지고 달게 먹고, 궁극적으로 그들을 행복하게 해줄 수 없는 술이나 마약에 중독되는 경향을 보이는 것처럼, 우리 주변에는 이러한 예들이 수없이 많다. 이렇게 선택의 자유는 종종 발작적이고 스스로를 파괴하는 행동을 낳기도 한다.

그렇지만 이러한 예는 무척 단순한 사례에 속한다. 개인적인 인간관계는 훨씬 더 복잡하다. 많은 사람에게, 특히 여성들에게 행복하지 않은 결혼생활을 끝낼 권리는 대단한 진보임에 틀림없지만, 가족생활의 자유는 치러야 할 대가가 엄청나다. 요즘 영국과 미국에서는 결혼의 반이 이혼에 이른다. 부모가 자식에 대한 의무보다 자신의 경력과 행복을 더 가치있는 것으로 생각한다면, 수백만명의 아이들이 이로부터 발생하는 부모의 무관심이라는 고통을 경험해야 한다. 비슷한 상황이 고용주와 종업원 사이에서도 생길 수 있다. 이들 사이에 상호 신뢰나 충절이 충만했던 황금시대가 있었던 것은 아니지만, 지금과 같은 유동적이고 개방된 세계시장 속에서 고용주들은 그들의 임직원을 더 무심하게 다루고, 노동자들은 회사에 대해 아무런 헌신도 하려 하지 않는다. 양자 모두 그들의 관계를 단기적인 것으로, 그리고 수단으로만 생각한다.

과도하게 개인적인 사회가 치러야 하는 대가는 직접적으로 나타난다. 만약에 모든 사람이 자가용을 타고 교통지옥에서 기꺼이 더 많은 시간을 보내려 한다면, 더 많은 비용이 필요하다. 모든 사람이 혼자 살려고 한다든지, 주말마다 이전 배우자 사이에서 태어난 자식을 재울 방을 갖춘 집을 장만하려 한다면, 이 역시 더 많은 비용을 필요로 할 것이다. 다른 사회에서라면 도의적 권고에 의해 방지될 타인의 행위로부터 모든 사람이 스스로 자신을 보호해야 한다면 이 또한 비용이 든다. 이러한 각각의 경우 우리는 협소하고 왜소한 자유의 개념으로부터 파생된 비용을 지불하는 셈이다.

이러한 문제는 사회가 자유 이상의 어떤 것에 의존함을 상기시킨다. 사회는 또한 '질서'(order)에 의존한다. 내가 여기서 말하는 질서란 군대나 경찰의 물리적 힘을 가리키는 것이 아니다. 비록 우리가 군대나 경찰 없이 안심하고 잠잘 순 없다 해도 말이다. 나는 훨씬 더 깊이 스며든 어떤 것, 즉 우리가 기댈 수 있는 어떤 것의 현존, 삶을 가능케 하는 틀, 그리고 거리를 안전하게 지켜주고 독립적인 미디어를 유지시켜주며 노년에 가난하지 않게 해주는 사회적 규칙 같은 것들을 의미한다.

요즘 세상에서 질서의 문제를 직시하기는 쉽지 않다. 지난 몇백년 동안 왕과 교회로부터 자유를 얻어내고 힘없는 사람들을 억압적인 규제들로부터 해방시키는 싸움이 지금의 우리의 태도를 형성했기 때문에, 한때 우리의 해답이었던 것이 지금은 문제가 되고 있음을 인정하기 힘들기 때문이다. 우리는 오랫동안 권위와 투쟁하는 데 익숙해졌기 때문에, 어느 집단도——그것이 회사이건, 가정이건, 운동팀이건, 국가이건——언제나 소극적 저항만 하는 게 아니라 장기적으로 일을 하려면 어느정도의 권위가 필요하다는 것을 인정하기가 쉽지 않다.

자유주의는 이 점을 인정하기가 특히 어렵다. 자유주의는 지금까지 세상의 지배적인 이데올로기였지만, 그 표준적 공식들은 그것들이 탄생시킨 세상에 더이상 적합하지 않다. 존 스튜어트 밀(John Stuart Mill)은 다른 사람에게 위해(危害)가 될 때에 한해서만 개인의 자유를 제한할 수 있다고 천명했다. 그러나 이는 실천으로 전환하기가 쉽지 않은 생각인데, 그 이유는 무엇이 위해이며 누가 위해를 결정하는가라는 문제를 회피하고 있기 때문이다. 우리의 결정이 타인의 삶과 훨씬 더 밀접하게 연관된 시대에, 밀의 경구는 실천을 위한 지침으로는 거의 소용이 없다. 자유주의 이념은 횡포와 권력으로부터 방어수단을 제공하지만, 실제로 자유는 개개인의 자유만큼이나 질서에 근거한다.

자유주의적인 문화에서 자란 사람들에게 질서에 대해 얘기하는 것은, 마치 모든 사람이 자신의 분수를 알던 전통적인 위계로 돌아가자는 식의 퇴행으로 간주될 수 있다. 그렇지만 이 문제는 실제로 미래를 지향하는 것이다. 이것은 근본적으로 새로운 상황 속에서 어떻게 더 충분한 자유를 누릴 수 있는 조건을 만들고, 어떻게 규칙과 질서의 혁신을 이뤄낼 수 있는가를 묻는 것이다.

우리 사회가 질서를 만들고 있는가 그렇지 않은가 하는 것은 무척 중요한데, 질서가 없다면 과거와의 연속성과 같은 감정이나 삶을 훨씬 더 쉽게 만들어주는 일상의 도덕적 관습과 신뢰를 잃어버리는 것을 감수해야 하기 때문이다. 질서가 붕괴되는 지역들——서아프리카와 중앙아시아의 일부 지역들과 서구의 대도시 환경들——에서는 삶 자체를 끊임없는 투쟁으로 만들어버리는 폭력·기근·공포가 만연하다. 물론 이것은 극단적 사례이다. 어디서나 심리적 안정이나 충족감은 적절한 사회적 질서의 존재에 달려 있다. 우리 주변의 세상이 무질서하다면, 우리는 이에 대처하는 데 더 많은 정신적 에너지를 써야 하고 따라서 우리의 목적을 달성하는 데는 적은 에너지를 쓸 수밖에 없게 된다.

질서가 언제나 좋은 것은 물론 아니다. 쇼펜하우어(Schopenhauer)는 인간사회를 고슴도치 공동체에 비유한 유명한 우화에서 다음과 같은 의미심장한 얘기를 했다. 겨울 동안 고슴도치들은 추위와 싸우기 위해 서로 얼싸안게 되는데, 더 가까이 끌어안을수록 서로의 가시가 상대를 찌르게 되고, 따라서 궁극적으로는 몸을 따뜻하게 하는 것과 가시로 찔리는 고통 사이의 적절한 균형을 발견하는 지점까지 다시 떨어진다는 얘기다. 요점은 간단하다. 우리는 상호연계로부터 나오는 온정을 필요로 하지만, 이 온정은 종종 친밀감의 고통과 더불어 헤어날 수 없는 불행의 함정에 빠져버렸다는 고통을 동반하기도 한다. 이것이 개인과 공동체의 균형, 즉 우리를 떼어놓는 것과 우리를 함께 묶어주는 것 사이의 균형이 필요한 이유이다. 질서를 논할 때 우리는 동시에 이러한 균형을 존중해야 한다. 숨쉬거나 창조하기도 힘들고, 차이를 인정하지 않는 세상은 아무도 바라지 않기 때문이다. 역사는 이미 이러한 꽉 막힌 질서——조지 오웰(George Orwell)의 소설에서 보듯이 사람의 얼굴에 영구적인 도장을 찍어서 유지되는 질서——가 인간의 정신을 파괴한다는 것을 여러차례 보여주었다.

그렇지만 몇몇 중요한 예외를 제외한다면 지금 우리의 문제는 질서의 과잉이 아니다. 유권자를 괴롭게 하고 정부에 과도한 짐을 지우는 문제들——범죄, 가족의 파괴, 정치적 불신으로부터 실업·질병·노인 문제에 이르기까지——은 (자유가 없어서라기보다) 협소하게 정의된 자유로부터 유래된 문제들이다.

이런 문제의 해결을 위해 어떻게 생각해야 할 것인가? 어떻게 자유와 상호의존 사이에 조화를 이룰 수 있을 것인가? 연금술사들이 원자력발전소를 고칠 수 없고 점성술사들이 로켓을 달에 보낼 수 없듯이, 세상을 이해하고 이를 바꾸기 위해서는 무엇보다 '실질적이고 써먹을 수 있는 개념'이 필요하다. 세상을 이끌어나가려는 최근의 몇몇 의미있는 시도는 경제적·정치적 사고를 지배하는 구태의연한 개념들——예전에는 의미도 있었고 진보에 기여하기도 했지만 지금은 장애물이 되어버린 개념들——때문에 체계적으로 왜곡되곤 했다.

이러한 구태의연한 개념들은 대부분 두 가지 공통점을 가지고 있다. 먼저 이러한 개념들은 사회적 단위를 연관된 것이라기보다는 고립된 것으로 정의하며, 둘째 구속받지 않는 권력과 주권이라는 용어로 사고한다는 것이다. 예를 들어 민족주의, 민족주권, 혹은 종교나 인종이라는 배타적인 정체성에 근거한 생각은 세상을 '우리'와 '그들'로 양분한다. 이와같은 생각은, 우리가 더 큰 집단에 속하고 이에 자부심을 느낀다는 합당한 관점으로부터, 하나의 정체성은 항상 배타적인 집착을 요구한다는 합당치 못한 결론을 끌어낸다. 여기서 보듯이, 과거 영토의 명백한 경계가 존재하던 시기에 적합하던 생각들이 더이상 그렇지 않은 지금의 환경에 적용되고 있는 것이다.

개인을 사회에 의해 형성된 개체가 아니라 사회에 아무런 빚이 없이 자족하는 개체로——즉 홀로 고립해 있기에 영웅적이고, 사회에 대해 일련의 주장만을 요구하는 개체로——보는 자유주의 정치학에서도 동일한 문제점이 발견된다. 이러한 문제는 또한 소비자로서의 개인 주권과 교역자로서의 기업의 주권에 근거한——이 경우에도 고립된 개인과 기업을 으뜸으로 삼는——주류 경제학의 문제이기도 하다. 기업활동은 종종 이러한 환상을 반영한다. 예를 들어, 기업윤리에 대한 많은 교과서는 기업이 상거래의 성실성을 제외하면 어떤 다른 사회적 책임도 없다는 오류를 범하고 있다.

곧이곧대로 받아들이면, 이러한 생각들은 (데이비드 흄 David Hume이 치를 떨며 얘기했듯이) "내 손가락에 흠을 내느니 세상을 파괴하는 것"이 더 합리적이라는 일종의 병리적 개인주의로 귀결될 경향이 있다.

이러한 생각들 중 어떤 것도 상호연관된 세상에는 적합하지 않다. 이런 생각들은 외부의 세상을 잔여(殘餘)로 생각하며, 자유의 한계에 대한 의식을 결여하고 있기 때문이다. 이 생각들은 개인이나 국가가 무한한 주권을 행사할 수 있다고 여기기 때문에, 결국 실패나 환상으로 귀결되며 폐해를 가져온다. 이러한 생각의 옹호자들은 아직도 분명하게 목소리를 내고 있지만, 중요한 측면에서 볼 때 이들은 이미 과거의 포로가 되어버렸다.

이 결과로 나타나는 것이 개인과 조직세계의 기묘한 대칭이다. 지금의 조직들 가운데 그들 주변의 세상을 분명히 인지하고 기회와 위협에 충분히 대응하면서 일하는 능력을 갖춘 조직은 찾아보기 힘들다. 대신 대부분의 조직은 자신이 없고, 만족할 만큼 업무를 달성하지 못한다고 생각한다. 요즘 어떤 나라의 정부도 다른 나라 정부의 모델로 높이 평가되지 못하며, 어떤 해에는 다른 기업들이 본받아야 한다고 칭찬받던 기업도 그 다음해에는 죽을 쑤는 일이 비일비재하다. 밖에서 보기에는 무척 강력해 보이는 거대한 조직도 속으로는 이해할 수 없고 엄청난 속도로 변하는 세상을 숨죽여 관찰하고 있는 실정이다. 개인들도 (전례가 없을 정도로) 주어진 일을 능력만큼 해내지 못하는 듯하다. 과거에는 부모, 시민, 혹은 직장인으로서의 역할과 임무를 어느정도 예측할 수 있었다면, 지금은 상충되는 정보와 가치 사이에서 선택하고 이를 절충해야 하는 과정이 훨씬 더 많이 필요하다. 어떻게 인간관계를 맺고, 직업을 유지하고, 사람을 부리고, 자식을 돌보고, 좋은 친구가 될 수 있을까? 이 모든 것은 만만찮은 도전을 수반하고, 이 각각에 대해서는 종종 모순되는 조언들이 무척 많다. 이러한 이유 때문에, 사람들은 '정말 이해할 수 없는 세상에 살고 있다'고 느끼며 살고 있다. 누구도 제대로 통제할 수 없는 세상에서, 능력도 충분히 발휘하지 못하고, 일도 잘 하지 못하고 있다는 느낌이다.

현존 사회질서에 있어 개인적 차원의 부적절함과 조직적 차원의 부적절함은 서로가 서로를 강화하는 결과를 낳는다. 사회질서의 실패는 개인의 무기력증을 증폭하고, 그 결과 나타나는 술, 마약, 세상으로부터 담쌓기와 같은 사람들의 행동은 다시 정부를 무기력하게 한다.

우리의 대응은 무엇인가? 많은 사람들이 채택하는 가장 단순한 방법은 내부로 눈을 돌려서 삶의 친숙하고 절연된 부분에 초점을 맞추고 외부의 복잡한 세상과 관계를 단절하는 것이다. '네 자신의 정원을 가꾸어라'라는 얘기는, 글자 그대로건 비유적이건, 무력한 사람들이 변화하는 세상에 적응하는 한가지 방법이다. 전문가, 학파, 예술사조 혹은 그저 즐기는 애호가처럼 특별한 주제를 깊게 파들어가는 사람에게도 같은 얘기가 적용될 수 있다. 수많은 조직들도 비슷한 반응을 보인다. 복잡성에 직면해서 단순한 임무나 측정할 수 있는 산출량에 초점을 맞추고 다른 것들을 무시한다. 이렇게 어려운 시기에 기업이 목표의 하한선을 맞추기 위해 열중하는 것 역시 손쉬운 대응이다. 이러한 개인과 조직의 대응은 그런 대로 의미가 있다. 그렇지만 이런 대응들이 다 합쳐지면, 그것은 그렇지 않아도 충분한 질서를 만들어내지 못하는 세상의 문제를 더더욱 악화시킨다. 일반적인 반응의 또다른 형태인 숙명론——세상이 불안하고 미지의 힘의 영향을 받는다면 미래를 준비해서 저축을 하거나 곧 쓸모없어질 지식을 배우는 일은 비합리적이라고 여기는 생각——에 대해서도 비슷한 얘기를 할 수 있다. 개인이 이러한 숙명론을 받아들이는 것은 이해가 되지만, 이것이 사회 전체의 차원으로 악화된다면 일종의 광기밖에는 아무것도 아닐 것이다.

우리의 일차적인 책임은 상호의존이라는 새로운 현상과 더불어 사는 법을 발견하는 것이지 이를 부정하는 것이 아니다. 정부의 입장에서 볼 때 이는 급격한 방향전환을 의미한다. 정부가 국방이나 경제에 이전처럼 주권을 행사하지 못하는 지금, 정부가 시민들에게 해줄 수 있는 최상의 써비스는 그들을 더 강하고, 더 책임감있게 만들며, 의사결정 능력을 키우고, 그들이 사는 세상을 더 잘 이해할 수 있도록 해주는 것이다. 좁은 의미로 해석했을 때 이것은 취업을 가능케 하는 숙련과, 강인하고 유연하며 창조적이고 잘 적응하는 습관, 다양한 언어와 기계를 다룰 줄 아는 능력을 키워주는 것이다. 좀더 넓은 의미로는, 사람들로 하여금 자기자신과 타인을 돌보도록 도와주고, 살면서 필요한 기술과 함께, 예전의 교육이 높이 쳤던 '분석적 지성'이 아닌 '감성적 지성'을 가질 수 있게 도와주는 것이다. 또 연계된 세상은 우리가 다른 사람에게 미치는 영향에 대해 더 생각하게 하고 단순히 기계적으로 옳고 그른 것을 판단하는 것을 뛰어넘는 '도덕적 유창함'(moral fluency)을 요구한다는 의미에서, 도덕적인 차원을 수반한다. 이러한 도덕적이고 실제적인 이유 때문에, 우리는 세상을 단선적인 관계가 아니라 복잡한 체계로, 기계가 아닌 생태적 씨스템으로 이해해야 한다.

우리가 이렇게 심성을 바꾸는 정도에 따라서, 자유와 상호의존 사이의 긴장은 일부 견제될 수 있다. 무엇보다, 자유로운 부모는 자식들을 위해 최선을 다할 수 있고, 좋은 이웃은 자연히 공동체를 돕기 위해 무엇인가를 할 수 있다. 대부분의 사람에게 성숙해진다는 것은 진정한 자유가 다양한 상호의무의 그물망을 수반한다는 사실을 배우는 과정을 포함한다. 그렇지만 서양의 전통은 부분과 전체의 균형에 대한 감각을 상실했다. 그것은 사람들이 살고 있는 사회라는 씨스템과는 별개로, 혹은 이를 초월해서 개인의 주권과 이익에만 초점을 맞추어왔으며, 특히 남자들에 대해서는 굳건히 홀로 서는 것이 바람직하다는 신화를 장려했다. 하지만 이와 반대로 강인함에 대한 좀더 현실적인 이상은 강인함을 자족성이라는 기준에 의해서가 아니라 상호의존을 내면화하고 현실에 근거한 인간관계를 계발하는 역량에 의해 정의되어야 할 것이다. 구속이 없는 상태로서보다, 서로의 안녕과 공유한 목적을 성취해나가는 과정과 연관지어 자유의 의미를 파악하는 것이 자유에 대한 훨씬 더 유용한 이상이 될 수 있다.

사람들의 심성은 근대 자유주의자들이 생각하던 것보다는 조금 더 계발될 수 있다. 그렇지만 개인의 심성에만 초점을 맞추면 얘기에는 분명한 한계가 있다. 성자와 천재들만이 세상의 상태를 온전히 내면화할 수 있고, 영국 철학자 헨리 시지윅(Henry Sidgwick)이 얘기했듯이 이들만이 우주적 관점을 취할 수 있기 때문이다. 권한있고 책임감 강한 개인들이 널리 존재한다는 사실은 수많은 연관으로 이루어진 환경에서 자유를 상호의존과 부합하게 하는 데 필요조건일 수는 있어도 충분조건은 아니다. 개인의 심성을 바꾸는 것에 수반되어야 할 것은 우리의 조직과 씨스템을 연관된 세상에 더 적합하도록 바꾸는 것이다. 조직과 씨스템이 사랑과 미덕을 만들어내서가 아니라, 이것들이 지구 온도를 올리거나 낮추는 것처럼 큰 영향력을 행사하기 때문이다.

첫번째 단계는 효율이나 좁은 의미의 책임만이 아니라 세상에 대한 조직의 영향에 대해서도 질문을 던지는 것이다. 예를 들어 기업이 그들의 종업원을 부모와 시민으로서 충분한 역할을 할 수 있게 도와주는가, 그렇지 않으면 그들을 지쳐떨어지게 하고 편집증환자처럼 만드는가? 학교는 학생들이 평가와 판단을 내리도록 도와주는가, 그렇지 않으면 그저 시험만 치르게 하는가? 우리의 복지씨스템은 확신에 차고

외향적인 사람들을 만들어내는가, 아니면 수동적이고 우울해하는 의존적 인간들을 만들어내는가? 결혼서약과 같은 의식이 여성을 순종적인 부속품으로 다루는가, 아니면 상호의무에 새로운 의미를 부여하고 있는가? 이러한 질문들을 던지다 보면 우리는 사회적 연관의 세밀한 구성요소와 그것들이 만들어내는 심성에 도달할 수 있다. 예를 들어 우리는 반사회적인 범죄행위를 일으키는 가장 흔한 이유가 가정과 사회적 조직에서 건강한 결속이 결여되어 있기 때문이라는 사실을 알고 있다. 우리는 어린 시절부터 안정적으로 받는 애정의 질이 공동체생활에서 충분하고 넉넉한 역할을 하는 개인을 만드는 데 중요한 요소임을 알고 있다. 아이들이 가족, 학교, 미디어로부터 일관성있는 메시지를 받으면, 그 아이들이 더 도덕적으로 행동한다는 것도 알 수 있다.

이러한 지식을 실제 정책으로 옮기는 것은 무척 어렵다. 국가는 종종 문화나 심성을 형성하는 데 필요한 권위를 잃어버렸기 때문이다. 국가가 성실하지 못하다면, 국민에게 도덕적 요구를 할 위치에 있지 않다. 게다가 문화나 행동을 형성하는 작업 또한 만만한 것이 아니다. 음주운전이나 안전하지 못한 쎅스에 반대하는 캠페인, 또는 전후 독일이나 1989년 이후 동유럽에서 민주적 가치를 불어넣는 프로그램은 성공했지만, 실패한 예도 엄청나게 많다. 선의를 가진 전문가들이 가족생활에 개입하려 했다가 처참하게 실패한 적도 꽤 있다. 그렇지만 사람들이 책임있는 시민으로 행동하도록 정부가 할 수 있는 일 또한 많이 있음을 주지해야 한다. 거리를 안전하게 유지하고, 경제적 안정을 보증하고, 개인적인 프라이버시를 존중하는 정부는, 그렇지 않은 정부보다 구성원들의 관대한 행동을 고무할 것이다. 범죄나 실업에 의한 사회적 일탈을 조기에 방지하기 위해 조치를 취하며 법의 공정한 집행을 꾀하는 정부는, 타락하고 근시안적이며 야비한 정부에 비해 훨씬 더 시민들을 공동체의 삶에 헌신하고 관여하게 할 것이다. 시민들이 스스로를 위해 저축할 환경을 만들어주고, 어린아이들 교육을 도와주고, 가정쓰레기를 재생하고 사람들을 자원봉사나 조언자로 일하도록 도와주는 정부는 궁극적으로 그 사회의 정서와 심리를 더 건강한 것으로 만들 것이다.

심성계발의 중요성을 의심한다면, 이를 몰라서 실패한 20세기의 두 지배적 정치체계를 생각해보면 된다. 공산주의와 자본주의 모두가 스스로의 기반이 된 심성을 갉아먹었다는 것은 놀라운 역설이다. 공산주의는 관대하고 이타적이고 정직하고 도덕적인 사람들을 필요로 했는데, 실제로는 의심 많고 비밀스럽고 이기적이고 공유하기보다는 자기 곳간에 물건을 쌓아두길 좋아하는 사람들을 만들어냈다. 자본주의는 일 그 자체를 위해 열심히 일하는 사람, 물질적 보답 없이 자식을 양육하는 사람, 타인을 존경하고 정직하게 거래하는 사람을 필요로 하지만, 실제로 많은 경우 수단만을 강조하고 이기적이고 근시안적이며 쾌락만을 좇음으로써 자본주의의 번영을 위해 꼭 필요한 특성을 스스로 무너뜨리는 사람들만 만들어냈다.

자유시장이나 계획사회의 옹호자들은 심성이라는 것을 그저 주어진 것으로 당연하게 간주하는 경향이 있다. 그렇지만 누군가가—정부건 시민단체건 혹은 종교건 가정이건—사람들의 심성을 계발하지 않는다면, 이런 사회는 상호불신 속으로 쇠락하고 말 것이다.

상호성(reciprocity)이란 개념—준 만큼 받는다는 개념, 혹은 중용이라는 개념과도 맞닿아 있는 개념—은 발전한 민주사회에서 제일 중요한 개념이고, 사회적 도덕률을 지탱하는 개념이다. 상호성은 전통 및 복종에 연관되기보다는 교육수준이 높고 주관이 지배적인 사회에 수반된다. 비인간적인 국가나 대규모 시장 대신에, 상호성이 넘쳐나는 사회는 그 구성원들에게 헬스클럽·학습클럽·저축클럽 같은 다양한 소규모 클럽이 제공하는 애착, 멤버십의 친숙한 느낌을 제공할 수 있다.

정부 입장에서 볼 때, 상호성의 원리는 다른 방식의 통치를 요구한다. 복잡하고 교육수준이 높은 사회는, 청사진 및 계획이나 혹은 위로부터의 명령과 통제 대신에, 지도자들이 미래의 예측성을 제공하는 큰 틀을 제시하고 시민들이 더 수평적이고 상호적인 방식으로 그 구조를 만들어갈 때 가장 효과적으로 작동할 수 있다. 이런 사회를 통치하는 정부는 칙령과 명령이 아닌 시민계약, 파트너십을 장려하는 메커니즘, 각각의 세금과 그 세금이 쓰이는 써비스 사이에 좀더 직접적인 연관을 만드는 세금체계, 그리고 사회공학보다 문화적 변화를 겨냥한 프로그램과 같은 새로운 도구를 사용할 줄 알아야 한다. 과거에 사회를 결속했던 교회나 대기업, 노조와 같은 기관들이 쇠퇴하고 있기 때문에, 우리는 이제 국가를 넘어 새로운 연관의 형식을 만드는 일과, 도덕적으로 행동하려는 우리의 천부적인 사회적 본능에 기초한 새로운 조직을 만드는 일에 도전해야 한다. 예를 들어 우리는 소유권과 책임을 다시 연결시키는 기업조직 모델을 만들어내야 한다. 지금의 자본주의는 기업활동과 기업결정의 결과를 분리하는 경향이 있는데, 이는 수단이 목적에서 분리되는 것과 흡사하다. 자본시장 때문에, 기업가들은 자본이 어떻게 사용되었는가에 대한 지식이나 책임으로부터 분리되어 있다. 비슷하게, 구매자들은 그 물건이 어디서 만들어져서 나온 것인지 잘 알지 못하며, 통화 거래상들은 그들의 행동에 어떤 책임도 느끼지 못하는 채로 다른 사람의 돈으로 도박을 한다. 반면에 상호성의 원리는 가능한 모든 경우에 권력과 책임, 수단과 목적을 서로 다시 결합시켜야 하며, 기업을 사회 밖으로 내몰 것이 아니라 사회 안에서 그 적절한 위치를 회복시켜주어야 함을 요구한다.

이러한 모든 논의의 정치적 함의는 무엇인가? 정치가 법을 만들고, 공통된 도덕성을 유지하고, 부의 절반 정도를 사용하고, 발명에서 자선사업에 이르기까지 후원과 기부를 유도하기 때문에, 계속 중요한 것으로 남아 있으리라는 데에는 의심의 여지가 없다. 정치를 통해서 자본주의·기술·지식으로부터 발생한 이익이 널리 분배되곤 했다. 우리가 주변을 돌아봐도 안정적이고 효율적인 정부는, 자원이나 숙련, 경영문화보다 더 분명한 번영의 지표가 될 수 있음을 알 수 있다.

그렇지만 문제는 정치가 예전에 비해 존경받지 못한다는 사실에 있다. 세계인구의 대부분은 지금 스스로를 민주정부라고 부르며, 평등·자유·법치를 채택한 국가에 의해 통치되고 있다. 예전에 독재자·군주·종교지도자들이 점유하던 사회의 꼭대기에 지금은 정치가 있다. 하지만 정치에 대한 신뢰는 바닥이며, 오랫동안 민주주의를 해왔던 나라에서는 더욱 그러하다. 정치는 세계경제·통신씨스템·과학의 발전에 의해 압도당한 듯 보이며, 고압적이고 관료적인 정부형태에 갇힌 듯하다. 한때는 자연의 속박에서 인간의 자유를 주창하는 가장 효과적인 수단이었지만, 지금의 정치는 개인을 밑으로 잡아당기는 자연의 중력처럼 갑갑하게 느껴지곤 한다. 국회, 정당, 강령, 직업적 정치인 등 현정치의 메커니즘은 실제로 고리타분하며, 정치는 (이반 일리치 Ivan Illich가 잘 지적했듯이) '겉만 번드르르한 어휘'로 스스로를 규정하고 있다.

그렇지만 이러한 이유들 때문에 정치의 무덤 앞에서 춤을 출 필요는 없다. 오히려 우리는 집단적인 결정을 내리는 데 그래도 최악의 수단은 아닌 것으로서 정치를 부활시킬 방법에 대해서 진지하게 고민해보아야 한다. 무엇보다 교육받고 신념있는 시민들로 구성된 사회에서는, 정치가 복종과 위계에 근거했던 시대의 도구에 의해 조직될 필요가 없다. 보편적이고 빠른 통신 덕분에, 이제는 수도의 국회에서 정기모임을 가지는 전임(傳任) 국회의원들을 꼭 선출해야 할 필요도 없다. 대신 민주주의는 정보통신시대의 다양한 도구들——토론 포럼, 자문을 담당하는 시민배심원들, 투표로 선출된 내각, 정책결정자와 일반 대중 사이의 강력한 통신망 등——을 사용해서 지속적인 숙의의 형태로 변할 수 있다. 이러한 새로운 도구들은, 정치지도자들이 힘과 지식을 독점한 채 시민을 종속적으로 만들고 시민의 화만 돋우는, 유치함의 극을 달리는 기존 정치형태에 정면으로 도전한다. 가장 효과적인 방법은 정치를 상호적인 것으로 만들고, 그것을 지속적인 토론·설명·결정의 대화창구로 만들어야 한다는 것이다. 물론 이러한 새로운 정치가 엘리뜨에만 전적으로 의존하는 것이 아니라, 사회에 넓게 분포된 지혜에 의존해야 함은 물론이다.

다행히 상호성의 원리는 지금 세상에서 벌어지고 있는 변화와 조화를 이루고 있다. 더 촘촘하게 연결된 문화는 차이를 존중하고, 토론에 대해 관용적이며, 더 개방적이다. 비밀스럽고 견고한 권력형태의 최후의 보루라고 할 수 있는 국제관계에서조차 가장 성공적인 질서는 힘에 근거한 것이 아니라 상호 투명성, 신뢰의 구축, 공동 책임에 근거하는 것임이 점차 드러나고 있다. 경제영역에서는 분명한 윤리의식을 가지고 기업과 소비자 사이에 다양한 상호 연결을 구축한 기업들이나, 회사의 진정한 재산인 종업원들이 회사를 공동소유한 기업들에서 미래의 변화의 조짐을 볼 수 있다.

토마스 홉스(Thomas Hobbes)는, 인간의 삶은 추악하고, 동물적이고, 단명으로 끝나기 이전에 우선 고독하다고 했다. 그렇지만 이제 인간은 전혀 고독하지 않다. 지구의 인구는 조만간 10억명 이상 더 늘어날 것이고, 우리는 다른 사람들의 삶과 층층이 얽혀 있다. 체르노빌 사고, 두 번의 세계대전, 달에 첫발을 내딛는 것을 세계가 동시에 지켜보던 경험은, 우리가 얽혀 있다는 사실을 강력하게 확신시켜주었다. 미래학자들의 얘기를 믿는다면, 수십년 내에 사람들의 마음이 직접 연결되면서 사람들은 개별적인 자아나 주체라는 개념을 완전히 초월할지도 모른다.

지금 당장은, '연계'의 몇몇 특성들이 소수 특권층에만 의미가 있는 것처럼 보이는 것이 사실이다. 사실 북미와 유럽, 일본과 동아시아의 '호랑이들' 그리고 중국·인도·중남미의 중산층 이상의 약 10억 정도의 인구만이 밀접한 연결망을 가지고 있다. 나머지 사람들에게는 기본적 욕구를 채우는 것조차 심각한 문제이다. 하지만 지구의 가난한 사람들도 부자와 같은 환경을 공유하고 있고, 장기적으로 볼 때 이들이 기술과 문화의 빠른 변화 속도에서 오랫동안 유리되어 있을 것이라고는 생각되지 않는다. 어쨌든, 다음 세기에 지구의 인구가 두 배가 되는 것은 이러한 가난하고 인구밀도가 높은 지역에서 일어날 것이다.

이러한 새로운 현실은 바로 우리 시대의 심각한 정치적·도덕적 도전을 구성한다. 연계되어 있다는 사실 자체가 자동적으로 사람들을 더 관용적이고 책임감있거나 이해심 깊게 만들지는 않지만, 이는 창조적인 대답을 요구하는 새로운 환경을 만들고 있다. 나의 핵심 주장은 단순명료하다. 생애를 통해 우리가 가족에 의존하던 어린 시절에서, 독립을 하는 10대와 20대를 거쳐서, 자신이 선택한 파트너, 자식, 친구와의 상호의존 단계로 넘어가듯이, 우리의 사회도 비슷한 전이를 겪는다는 것이다. 전통적인 농경사회는, 사람들을 세속적이고 영적인 권위에 의존하게 만들었다는 점에서 (사람으로 따지면) 유년기와 흡사한 특성을 가지고 있다. 근대사회는 사춘기와 비슷한데, 그 이유는 근대사회가 무엇보다도 자기를 계발하고, 도피하고, 욕망을 채우는 자유를 강조하기 때문이다. 반면에 연계를 중요하게 생각하는, 지금 부상하는 새로운 사회는 사람들이 상호의존의 그물 속에 살고 있음을 인정하고 수용하는 과정을 통해 어른이 되는 것과 흡사하다. 자유와 창조성이라는 위대한 개화를 가능하게 했던 세분화로부터, 이제 우리는 더 높은 차원의 통합으로 진화하고 있다.

대안은 무엇인가? 협소한 자유 개념 때문에 자유가 다른 어떤 것으로 진화할 수 있음을 보지 못한다면, 그야말로 비극일 것이다. 그렇다면 고대 비극에서처럼, 우리의 가장 훌륭한 성격이 우리의 몰락을 초래할 것이다. 그렇지만 고대 그리스 사람들과 달리, 우리는 다행히 더이상 숙명을 믿지 않는다. 그러기에는 인생이 너무나 불확실하고, 우리는 역사의 희생자가 되기보다는 아직도 역사를 만들어가는 주역이 될 수 있다고 믿기 때문이다. 〔홍성욱 옮김〕

인터넷시대의 정보격차

강미은

인터넷 빅뱅

인터넷을 중심으로 한 정보화시대를 설명하는 데에는 '새로운 서부' '골드러시' 등 미국 서부시대 개척사가 비유로 많이 쓰인다. 금광을 찾겠다는 꿈을 안고 사람들이 몰린 서부 개척시대와 마찬가지로 거의 무한한 가능성을 지니고 있는 인터넷에 대한 동경의 발로에서 나온 비유들이다. 텔레비전 씨리즈와 영화로 열광적인 팬들을 확보한 '스타트랙'(Star Trek) 씨리즈에서처럼 '아무도 가보지 않은 땅'이 아직 무한하게 존재하는 곳이 바로 인터넷의 가상공간이다. 컴퓨터 네트워크를 통한 디지털 정보의 흐름은 "불의 발명 이후 가장 커다란 기술적 변화를 야기했다"(Jordan 1999, 21면)고 할 만큼 우리의 생활을 새롭게 규정하고 있다. 인터넷이 지닌 무한대의 성장 가능성에 대해서는 이견이 별로 없다.

하지만 인터넷이 지니는 사회문화적 의미를 두고는 엇갈린 예측이 나오고 있다. 낙관론자들은 정보고속도로가 마샬 맥루한(Marshall McLuhan)이 지적한 대로 전세계를 하나의 마을로 묶어서 유토피아를 만들어낼 것이라고 예측한다(McLuhan 1989). 하지만 일각에서는 정보고속도로가 가상공간에서 사람들이 실제 사회나 실제 이웃들과는 격리되는 '가짜 소속집단'(false community)을 만들어낼 것이며, 좋은 정보와 나쁜 정보를 가리기조차 어려운 혼돈상태를 만들어낼 수 있다고 경고하기도 한다. 또한 마음만 먹으면 맨손으로라도 서부로 달려가서 금광을 캐던 개척시대와 달리, 정보화시대에는 특정 계층의 사람들이 도태될 가능성이 높다. 누구나 쉽게 정보를 접하게 되고, 손쉬운 정보의 보급으로 시민들의 참여를 바탕으로 진정한 민주주의가 도래할 거라는 '정보화시대'의 장밋빛 꿈은 지금의 현실과는 상당한 거리가 있다.

"인터넷에서는 아무도 당신이 강아지인 줄 모릅니다."(Nobody knows you are a dog on the Internet) 미국에서 한동안 유행한 이 말은, 컴퓨터와 모뎀을 가지고 인터넷에 접속만 하면 그 장본인이 강아지라고 해도 아무도 눈치챌 사람이 없다는 이야기다. 실제 가상공간에서는 인종이나 성별, 수입, 종교 등의 이유로 인한 장애물은 없다는 진리를 우스갯소리로 요약한 말이다. 그렇지만 이는 현실의 일부분에만 해당되는 말이다. 일단 인터넷에 접속한 사람들에게 장애물이란 없다. 인터넷을 관장하는 기관이란 없으며 가상공간에서는 접속을 위한 ID와 패스워드가 현실의 이름보다 더 중요하기 때문이다. 그러나 기본적인 접속을 위한 컴퓨터 하드웨어나 네트워크 연결통로를 가지지 못한 사람들에게는 인터넷 접속 자체가 장애물이 된다.

인터넷시대에 들어서면서 흔히 '정보혁명'을 말하지만, 정보라는 것이 어느날 갑자기 중요해진 것은 아니다. 정보는 언제나 중요한 자산이었다. 하지만 정보가 '혁명적'으로 중요해진 이유는, 인터넷시대에 지식과 정보가 상징적인 가치뿐 아니라 상품으로서의 가치를 지니고 부의 축적으로 곧바로 연결되기 때문이다. 앨빈 토플러의 말처럼, 지금까지는 돈을 가진 자가 권력을 갖게 되었다면 미래에는 정보를 가진 자가 권력을 쥐게 되리라는 예측이 설득력을 얻고 있다. 지식·정보의 발달과 기술의 축적이 한 사회의 성장 가능성을 높이는 중요한 요소이기는 하지만, 이러한 기회가 모든 사람들에게 균등하게 배분되지 않는다는 데 문제가 있다.

인터넷시대가 열어줄 장밋빛 미래에 대한 예측이 나오는 가운데, 디지털기술과 정보고속도로에 대한 접근권이 불균등하게 분포되어 있다는 우려의 목소리가 높아지고 있다. '지식격차' 또는 '정보격차'에서 오는 사회의 불균등한 발전이 가져올 위험이 높기 때문이다. '디지털격차'(digital divide)라고 불리는 이런 불균등현상이 왜 나타나는지, 어떻게 격차가 벌어지고 있는지, 거기에 대한 대안은 어떤 것이 있는지 짚어볼 필요가 있다.

정보접근권의 불균등한 분배와 지식격차

다른 여느 자원과 마찬가지로 정보라는 자원도 사회에서 균등하게 배분되지 않는다. 많이 가진 사람들이 있고 거의 없는 사람들이 있다. 많이 가진 이들은 가진 자원을 이용해서 더 많은 자원을 모을 수가 있고, 없는 사람들은 갖고 있는 것을 현상유지하기조차 힘들다. 인터넷시대의 장밋빛 미래를 꿈꾸는 일도 중요하지만, 현실적으로 얼마나 많은 사람들이 정보사회에서 소외되어 있는가를 살펴볼 필요가 있다.

컴퓨터와 인터넷이 상대적으로 많이 보급된 미국에서도 전체 인구의 40% 정도만 인터넷 사용자로 조사되어 있다. 각종 조사마다 이 수치는 비슷하게 나온다. 이 통계를 더 자세히 분석하면 인종간의 격차, 고소득층과 저소득층의 격차, 성별격차를 확인할 수 있다. 우선 1998년에는, 대략 세 가구당 한 가구가 컴퓨터를 가지고 있는 백인가정의 컴퓨터 소유율이 흑인가정보다 두 배 이상 높다. 소득수준에 따른 격차도 뚜렷하다. 연소득이 5만 달러 이상 되는 가정의 60% 이상이 컴퓨터를 갖고 있는 데 비해, 2만 달러 미만의 가정에서는 열 집당 겨우 한 대 정도만 컴퓨터를 갖고 있다(Browning 1998). 정보 최빈층이라 할 인디언 보호구역에서는 전화를 가진 사람조차 드물다. 2000년 현재 미국의 인터넷 보급률은 40% 정도이다. 신문보도에 의하면, 우리나라는 그보다 2년 정도 뒤처져서 2000년 1월 현재 25% 정도의 보급률을 보이고 있다. 국민 4명당 1명 정도만 인터넷에 접속하고 있는 것이다.

컴퓨터는 인터넷 접속의 필요조건이다. 직장에서건 집에서건 공공도서관에서건 컴퓨터를 만질 기회가 있어야 정보고속도로를 접할 기회도 생긴다. 어린 시절부터 컴퓨터를 사용해서 정보를 얻는 데 익숙해 있는 아이와 컴퓨터라고는 학교를 졸업할 때까지 만져보지도 못한 아이 사이에는 학교에서의 학업성취와 미래의 경력 확보에 큰 차이가 있을 수밖에 없다. 이런 차이가 개인적인 문제에서 끝나지 않고 구조적으로 저소득층이 소외되는 결과로 이어지기 때문에 문제는 더 심각해진다.

정보가 한 사회 내에서 많이 유통될수록 정보의 빈자는 더 가난해지고 정보의 부자는 더 부유해진다는 '지식격차 가설'(knowledge gap hypothesis)이 있다. 기본적으로 지닌 자원의 차이는 시간이 갈수록 커져서 두 계층의 정보격차를 벌려놓게 된다는 가설이다. 지식격차 가설은 매스미디어의 영향력을 중심으로 대두된 이론인데, 매스미디어에서 정보량을 증가시켜서 민주주의를 발전시키고자 하는 시도가 의도한 결과를 맺지 못하는 현상에서 비롯되었다. 매스미디어는 각기 다른 사회계층의 구성원들간에 지식격차를 증가시키는 효과를 가져온다는 것이다. 이 현상은 1970년에 티치노어 등의 논문 「매스미디어와 지식의 차별화된 증가」에서 처음 주창되었다.(Tichenor et al. 1970) 이 학자들은 다음과 같이 '지식격차 가설'을 설명한다.

매스미디어를 통해 사회씨스템에 주입된 정보량이 늘어날수록, 사회경제적으로 높은 지위를 가진 계층은 이 정보를 사회경제적으로 낮은 지위에 있는 계층보다 빠르게 습득하는 경향이 있다. 따라서 한 사회 내에서 차이를 가지는 집단 사이의 지식격차는 미디어를 통한 정보가 많이 유통될수록 감소한다기보다는 증가하는 경향을 보이게 된다. (같은 글 159~60면)

이러한 지식격차 가설을 그림으로 나타내면 아래 그림과 같다. 그림의 왼쪽에서 오른쪽으로 뻗은 선은 시간에 따른 정보유입량의 증가를 나타낸다. 사회경제적 지위와 상관없이 매스미디어에 의해서 한 사회 구성원들에게 유입되는 정보의 양은 증가한다. 하지만 사회경제적으로 높은 위치를 차지하고 있는 사람들은 상대적으로 낮은 위치에 있는 사람들보다 더 빠른 속도로 정보를 받아들인다. 시간이 지남에 따라 그 과정에서 사회 전체적으로 받아들이는 정보의 양은 다 증가하지만, 사회경제적으로 높은 위치에 있는 집단과 낮은 위치에 있는 집단은 각기 다른 속도로 정보를 받아들인다. 그 결과 부유층과 빈곤층 사이의 지식격차가 '상대적으로' 더 커지게 된다는 것이다.

이러한 '지식격차'는 인터넷시대에 더 심각해질 수 있다. 인터넷시대에는 정보를 많이 가진 '부자'와 그렇지 못한 '빈자'의 격차가 심해진다. 인터넷 접속을 제공하는 학교나 조직에 속하지 않은 개인이 가상공간에서 정보를 얻기 위해서는 일단 컴퓨터가 있어야 하고 모뎀이나 인터넷 전용선이 필요하다. 매달 내는 통신료도 감수해야 한다. 당

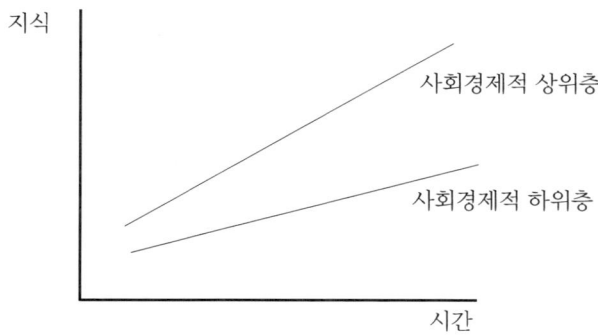

장의 생활이 급한 사람들에게는 만만치 않은 '입장료'이고 '문턱'이다. 어떤 사람들은 인터넷을 통해서 세계 각국의 정보를 안방에서 받아보고 있는데, 다른 이들은 컴퓨터 한번 만져보지도 못했다면 시간이 지남에 따라 정보의 격차는 더 벌어질 수밖에 없다. 컴퓨터가 중심이 될 미래의 교육에서 정보로부터 소외된 계층의 자녀들이 겪어야 할 어려움은 쉽게 예측할 수 있다.

반면 정보의 부자들은 더 많은 정보를 얻지 않으면 불안해지는 '정보불안증'(information anxiety)까지 경험하게 된다. 『정보불안증』을 쓴 리처드 워맨(Richard Wurman)은 정보화시대에 새로 나타나는 이런 증후군을 알려주는 열여섯 가지 경고 싸인을 설명하고 있다. 그중에 몇가지를 들면 다음과 같다. ① 매일 읽지 못하고 쌓여만 가는 신문과 잡지 등의 매체에 죄책감을 느낀다. ② VCR 기계의 모든 단추들이 무엇에 쓰는지 몰라서 우울해진다. ③ 옆자리의 동료는 내가 알지 못하는 모든 것을 알고 있는 것만 같다. ④ 자신이 이해하지 못하는 정보에 대해 감정적으로 반응한다. 예를 들면 다우존스(Dow Jones)가 무엇인지 정확하게 알지는 못하지만, 다우존스가 500포인트 떨어졌다는 소식에 경악한다(Wurman 1989). 이렇듯 정보과잉의 시대에 알아야 할 정보를 다 알지 못한다는 '불안감'은 상대적으로 정보부자들이 느끼기 쉽다. 이미 많은 정보와 지식을 습득하였음에도 불구하고 무엇인가 놓치고 있다는 불안감으로 강박관념까지 생기는 것이다.

미국에서는 정부 차원에서 상공부의 주도로 NTIA(National Telecommunications and Information Administration)가 이러한 '디지털격차'에 대해 매년 조사를 하고 있다. 1999년 7월에 발표된 「네트를 통한 추락」(Falling through the Net)이란 보고서를 보면 이러한 디지털격차가 미국 내에서 심화되고 있음을 알 수 있다.[1] 1984년부터 99년까지 매년 조사한 바에 따르면, 이미 전화보급률은 안정된 상태에 이르렀지만, 컴퓨터의 보급률은 전통적인 '정보빈자'층에서 현

1) http://www.ntia.doc. gov/ntiahome/fttn99/contents.html(2000년 6월 현재).

격하게 떨어짐을 보이고 있다. '정보빈자'층은 주로 수입이 낮은 가구, 교육수준이 낮은 계층, 흑인이나 히스패닉 같은 소수민족 등인 경우가 많다.

컴퓨터 소유나 인터넷 접속 면에서 살펴볼 때, 전체 보급률은 높아졌지만 각 계층마다 차별적으로 상승해왔음을 알 수 있다. 전통적인 정보부자들은 정보빈곤층에 비해 엄청나게 빠른 속도로 정보화를 이룰 수 있었다.

우리나라에서도 전체적인 정보이용 지표는 갈수록 높아지고 있다. 2000년 1월 현재 인터넷 사용자가 1천만명을 넘어섰고, 이런 추세로 가면 연내에 2천만명, 2001년에는 3천만명을 돌파하리라는 추산이 나온다. 하지만 우리나라에서 인터넷을 이용하는 남녀의 구성비는 1999년 6월에 8대 2 정도로 남자 사용인구가 훨씬 많다. 미국에서는 1999년 현재 40%의 인터넷 이용률을 보이는 가운데, 남녀의 구성비가 6대 4 정도 된다. 통계적으로 인터넷 이용률의 남녀성비를 보면 우리나라가 미국의 1997년 상황과 유사하다고 할 수 있다. 약 2년 정도의 차이를 두고 미국의 인터넷 이용자의 남녀성비를 따라가고 있는 것이다.

우리나라의 '인터넷메트릭스'사(www.internetmetrix.com)가 1999년 11월에 인터넷 이용자 실태조사를 한 결과 보고서를 보면, 인터넷 이용자는 학생층과 화이트칼라층에 집중되어 있다.[2] 일단 연령별로 15세에서 34세까지의 연령층이 전체 인터넷 이용자의 80%를 차지하고 있으며, 지역별로는 서울·경기 등 수도권이 전체 인터넷 이용인구의 52%를 차지하고 있다. 도시 크기별로 분화했을 때는 대도시의 인터넷 이용인구가 62%에 달하는 것으로 나타난다. 인터넷 이용자의 직업별분포를 보면, 고등학생과 대학생이 각각 16%와 27%를 차지하고 있고, 사무직 19%, 전문직/경영관리직이 9%를 차지한다. 합해 보면, 학생과 화이트칼라 계층이 현재 인터넷 이용자의 70%가 넘는다.

그렇다면 컴퓨터 보급이 확대되고, 인터넷 사용자가 통계적으로 늘

2) 조사대상은 전국 만 15~49세의 남녀이며, 표본추출 방법은 다단층화 무작위추출법을 썼다. 표본크기는 1만명이고 1999년 11월 1일에서 15일까지 구조화된 설문지를 이용한 전화조사를 통해서 얻은 결과이다.

어나면 이러한 정보격차가 해결될 수 있을까? 이는 '정보격차'를 외형적 지수로 측정할 것인가, 내연적 지수로 측정할 것인가에 따라 차이가 나는 문제라고 볼 수 있다. 한상희는 정보격차를 '외형적 지수'와 '내연적 지수'로 나누어 분석한다(한상희 2000). '외형적 지수'란 정보기기의 보유 여부나 물리적·공간적 접근성을 중심으로 한다. 반면 '내연적 지수'는 정보의 생활화 정도를 나타낸다. 이 두 가지 개념을 가지고 한국정보문화센터가 2000년 4월부터 5월까지 실시한 사회조사 결과를 분석한 바에 따르면, 우리나라에서는 정보격차의 '외형적 지수'보다 '내연적 지수'에서 더 큰 격차가 존재한다. 말하자면, 인식지수(정보화와 정보사회에 대한 인지 정도, 정품 S/W 구입 경험, 온라인 써비스 이용 희망 정도)나 접근지수(이동전화 이용대수, 가정의 컴퓨터 보유대수, 통신접근 여부)에 비해 역량지수(컴퓨터 교육경험 여부, 이용능력 정도)나 이용지수(이용시간, 통신시간, 인터넷 이용시간) 등의 부분에서 현격한 차이가 존재하는 것으로 나타난다는 것이다.

이런 분석은 컴퓨터와 인터넷 보급률이 높아지면서 정보에 대한 접근권은 높아질 수 있겠지만, 내면적인 격차, 즉 정보이용 면에서의 격차는 더 벌어질 수 있음을 말해준다. 또한 '정보격차'를 정보사용자와 정보생산자의 개념으로 볼 때도 마찬가지이다. 정보를 사용하는 입장에서의 정보격차는, 정보를 적극적으로 생산하는 입장에서의 정보격차보다 해소하기가 쉬운 것이다.

정보능력의 성별격차에 대해서도 여성이 남성에 비해 상대적으로 낮은 정보이용 수준을 보인다는 것이 미국이나 우리나라에서 조사결과로 나타나 있다. 그런데 이러한 성별격차의 상당부분은 여성인구 중 주부들의 낮은 정보기술 활용에서 기인한다는 조사결과가 나와 있다. 윤영민은 이를 '주부효과'라고 부르는데(윤영민 2000), 이는 주부들을 제외하고 경제활동인구만을 대상으로 살펴보면, 남녀간의 정보격차가 훨씬 줄어든다는 것이다. 일반적으로 정보기술교육에 있어 정보의 성별격차는 정보기술 활용의 성별격차에 비해 미미한 것으로 나타났고, 인구 전체를 대상으로 하면 40세 이상에서만 존재하며, 주부를 제외하면 40세 이상의 차이조차 통계적 유의미성을 잃게 된다는 것이다. 또한 이러한 '주부효과'를 해소하고자 주부들을 대상으로 컴퓨터 활용을 확대시키기 위해서는 기술교육만이 능사가 아니라 활용방안의 개발이 수반되어야 한다고 지적하고 있다.

정보격차는 단순히 인터넷이나 싸이버스페이스에 접근할 수 있는지 없는지를 가리키는 '접근권'에 그치지 않는다. 더 나아가 정보를 창의적이고 생산적으로 이용할 수 있는 능력으로 확대시킬 필요가 있다.

신기술보급론과 인터넷 수용

현실적으로 볼 때 아직까지 인터넷이 텔레비전과 같은 대중매체로 완전히 보급된 단계는 아니며, 따라서 인터넷을 사용하는 사람들은 전통적인 의미에서의 '엘리트'들이다.

새로운 기술이나 매체가 대중들에게 보급되기 위해서는 몇가지 거쳐야 할 조건이 있다. 로저스(E. Rogers)가 주창한 '신기술보급론'(Diffusion of Innovations)에 따르면, 새로운 기술이 한 사회에 보급되는 속도를 결정하는 몇가지 조건이 있다(Rogers 1995). 상대적 이익(relative advantage), 호환성(compatibility), 복잡성(complexity), 시험 가능성(trialability), 관찰 가능성(observability) 등이 그 조건이다.

우선 상대적 이익은 기술혁신이 그전까지 보급되었던 기술보다 상대적으로 낫다는 인식을 말한다. 기존의 기술과 새 기술을 비교했을 때, 새 기술이 더 좋다고 인식되어야 새 기술을 사용하게 된다는 것이다. 두번째는 호환성으로서, 새 기술이 대중의 기존 경험이나 필요성

등과 일맥상통하는 부분이 있어야 한다는 것이다. 새로운 기술은 사회 문화적 가치나 기존의 생각, 필요성 등에 따라 호환성이 있다고 인식되기도 하고, 호환성이 없다고 인식되기도 한다.

복잡성은 새로운 기술이 이해하기 힘들거나 사용하기 어려운 정도를 가리킨다. 새로운 기술이 사용하기에 복잡하다고 인식될수록 그만큼 보급의 속도는 느려지게 된다. 또한 시험 가능성은 새로운 기술이 나왔을 때, 그 기술을 제한적으로나마 시험적으로 사용해볼 수 있는 정도를 말한다. 새로운 상품이 나왔을 때 쌤플 등을 사용해서 일단 한 번 써볼 수 있는 기회와 흡사한 것이라고 할 수 있다.

관찰 가능성은 새로운 기술을 사용하고 난 뒤에 사용결과를 확인할 수 있는 정도를 가리킨다. 새로운 상품이나 기술의 사용결과를 눈으로 확인할 수 있는가 없는가 하는 문제이다. 사용결과를 확인할 수 있다면 새로운 기술의 보급속도는 그에 비례해서 빨라지게 된다.

로저스는 이러한 다섯 가지 조건을 설명하기 위해서 휴대용 전화기의 보급을 예로 들고 있다. 휴대용 전화기가 미국에서 처음 보급된 것은 회사에서 중역들에게 전화기를 지급한 1983년경이다. 당시 그 가격은 약 3천 달러였다. 그후에 휴대용 전화기의 가격은 빠른 속도로 하락했다. 휴대용 전화기가 빠른 속도로 보급된 것은 위에서 든 다섯 가지 조건에서 장점을 가지고 있었기 때문이다. 우선 상대적 이익 면에서 휴대용 전화기는 대도시의 교통난 속에 있는 사람들에게 빠른 통신수단을 제공하여 기존 전화기보다 시간이용을 훨씬 효율적으로 해준다. 호환성 면에서도 기존의 전화와 별반 다른 점이 없다. 복잡성 면에서는 기존의 전화와 같은 방식으로 전화를 걸면 되므로 간단하다. 또한 휴대용 전화기를 씀으로써 절약되는 시간이나 업무추진의 효율성 등은 직접 관찰이 가능하다. 시험 가능성 면에서는 러시아워에 차안에서 친구의 전화기를 빌려 급히 전화를 거는 등 여러 상황에서 휴대용 전화기를 사용해보는 것이 가능했다.

이러한 신기술보급론을 인터넷 보급에 적용한다면 우선 새로운 기술로서 인터넷에는 경제적인 장벽이 있음을 볼 수 있다. 인터넷을 일상생활에서 쓰기 위해서는 우선 인터넷에 연결할 수 있는 컴퓨터와 모뎀이 있어야 하고, 인터넷 접속을 위한 써비스 비용이 필요하며, 여러 가지 프로그램을 사용하기 위한 훈련과정이 우선되어야 한다. 이런 비용을 다 합쳐볼 때 인터넷을 쓴다는 것은 상당한 수준의 비용을 감수할 여유가 있는 계층에 한정될 수밖에 없다.

또한 인터넷이 대중에게 널리 보급되기 위해서는 그 매체를 사용하는 일이 상대적으로 쉽고 간단해야 하는데, 인터넷 접근이 쉽지 않은 계층에게는 인터넷의 존재 자체가 높은 장애물이다. 또한 새 기술이 대중에게 쉽게 보급되기 위해서는 그동안 써오던 다른 기술들과 양립할 수 있는 호환성이 있어야 되는데, 인터넷은 이제까지 나온 어떤 기술적 발전과도 전혀 다른 매체여서 호환성이 낮다. 복잡하고 호환성도 낮은 매체가 사회적·경제적으로 혜택받지 못한 계층에까지 보급되는 데는 많은 시간이 걸릴 수밖에 없다. 따라서 인터넷의 접근비용, 복합성, 낮은 호환성은 한 사회 안에서 정보의 빈부격차를 늘리고, 일부 계층을 정보의 '빈자'로 묶어놓게 되는 것이다. 이 때문에 정보'빈자'에 속하는 사람들의 목소리는 한 사회 안에서 가장 필요한 목소리임에도 불구하고, 새로운 기술의 발전이 이들에게 발언권을 주지 않는 역설적인 상황이 벌어진다.

인터넷의 등장과 정보의 민주화

인터넷은 정보의 민주화를 촉진한다는 이유로 각광받았다. 정보가 특정 계층의 소유물이 아니라 일반 대중에게 활짝 공개된다는 점에서 좋은 의미에서의 '정보폭발'이라고도 했다. 하지만 인터넷을 통한 정보의 빠른 보급으로 시민들의 정치적 관심이나 참여도 높아질 거라는 예상과는 달리, 인터넷이 민주주의의 이상을 구현하는 데 아직까지는 크게 기여하지 못한다는 분석이 잇따라 나오고 있다. 여러 연구에서 미국에서 인터넷을 쓰고 있는 40% 안팎의 사람들을 분석한 결과, 그들은 이미 인터넷 이전부터도 상대적으로 엘리뜨집단이었다는 결론이 내려졌다(Lee and Martin 1998). 말하자면, 인터넷이 없더라도 신문과 방송, 인간관계를 통해서 정치적 정보를 입수하는 데 전혀 어려움이 없을 계층의 사람들이라는 것이다. 인터넷이 이전에 정치에 무관심하던 계층을 끌어들이지는 못했고 이미 엘리뜨집단에 속하던 사람들의 정보를 증폭시켜주었기 때문에, 인터넷 자체가 일반 대중에게 정보를 보급해서 민주주의의 이상이 실현될 것이란 예측은 현재 상황으로서는 요원하다 하겠다. 인터넷 보급률이 현재 전화보급률만큼 높아질 때나 되어야 가상공간에서의 진정한 민주주의가 가능할 것이다.

인터넷은 정부와 국민 사이, 정치인들과 국민 사이에 쌍방향성 대화를 가능하게 하는 매체이다. 그래서 인터넷의 발전은 민주주의의 발전에도 중요한 역할을 할 것이라고 예측되어왔다. 각 정부기관의 웹싸이트가 국민을 대상으로 일방적인 홍보를 하는 데 그치지 않고 국민의 목소리를 듣는 '신문고' 역할을 하게 된다면 인터넷이 민주주의에 크게 공헌하게 된다. 또한 인터넷을 통해서 시민운동이 큰 목소리를 지니게 되면, 수평적 대화의 통로를 열고 중요한 사회적 사안에 대한 문제제기와 해결책 모색을 한다는 점에서 공헌할 수 있다.

인터넷은 대중의 참여가 가장 활발하게 이루어질 것 같고, 이루어져야 할 매체임에도 불구하고 엘리뜨를 위주로 한 헤게모니가 형성되고 있다는 비판을 받고 있다. 비관론자들은 가상공간에서의 민주주의란 하나의 환상이라고 하면서, 인터넷이 결코 대중의 매체가 될 수는 없을 것이라고 예측하기도 한다. 인터넷을 대중매체로 발전시키고 한 사회에서 신문과 방송을 통해서는 들리지 않는 목소리를 대변하는 매체로 만들기 위해서는, 우선 인터넷의 보급을 정책적으로 장려해야 하고 인터넷을 이용한 시민운동을 더욱 적극적으로 펼쳐나가야 한다.

국제적 차원의 정보격차

디지털화에 따른 빈부격차는 단순히 한 사회 내에서 정보부자와 정보빈자 간의 문제만은 아니다. 지역적으로 보면 정보인프라가 구축된 지역과 그렇지 못한 지역 간에 격차가 벌어지게 된다. 지역간 격차는 국제적으로는 정보화가 된 나라와 그렇지 못한 나라 사이의 지식격차로 이어진다. 인터넷에서 영어로 된 웹싸이트의 비율은 1996년 조사에서 85% 정도였다. 인터넷에서 영어중심의 문화가 발달하다 보니 "모든 길은 미국으로 통한다"는 말이 나오게 된다. 인터넷을 통해 영어의 세계어화가 빠른 속도로 진행될 것이라는 우려가 나오고 있는 것도 이 때문이다. 인터넷이 처음 시작된 곳이 미국이긴 하지만, '네트워크의 네트워크'라는 인터넷의 고유 특성을 살려서 전세계적으로 균형잡힌 정보의 바다가 되어야 하는 것이 마땅하다.

디지털경제에서는 지식이 경쟁력의 핵심이다. 한 사회 내의 지식격차뿐만 아니라 국경을 뛰어넘어 국가간의 정보격차도 큰 문제가 된다. 정보부유층인 북미·서구 지역과 정보빈민층인 아프리카 및 남미 지역의 정보격차는 더 벌어질 가능성이 높다. 2000년초에 열린 다보스 세계경제포럼(WEF)에서도 디지털불평등 문제가 주요 이슈로 떠올랐다. 국제적인 경영컨설팅 회사인 프라이스 워터하우스 쿠퍼스(Price Waterhouse Coopers)의 조사에 따르면, 조사에 응한 세계의 주요 기업 사장 1020명 중에서 절반 가까이가 "인터넷이 개발도상국간 부의 차이 등 세계적 빈부격차를 더욱 확대할 것"이라고 응답했다.[3]

국제적으로 불균등한 정보흐름과 관련해서 1970년대와 80년대에

3) 『한겨레』 2000년 1월 28일자 국제면.

246

유네스코가 중심이 되어 제3세계 국가들이 '신정보질서운동'(New Information Order)을 펼친 일이 있다. 세계적으로 정보의 흐름이 선진국에서 후진국으로 일방향적으로 움직이는 데 대한 개선책을 마련하는 것이 이 운동의 주요 목적이었다. 국가간 정보흐름이 쌍방향으로 이루어지지 않고 일방적으로 나타날 때, 문화종속이 나타나게 된다. '세계 뉴스'라는 것도 AP, 로이터, AFP 등 서방 통신사들의 눈에 비친 세계정세로 서구편향적이라는 비판을 많이 받아왔다. '신정보질서운동'에서는 '제국주의'라는 것이 정치나 군사적 환경에서만 비롯되는 것이 아니라 문화에서도 나타날 수 있다는 경고를 하면서, 경제적 독립뿐만 아니라 문화적인 독립도 꼭 필요하다는 주장을 내세웠다.

최근에는 인터넷의 문화제국주의에 관한 논쟁이 일어나고 있다. 대부분이 영어로 된 인터넷 웹싸이트들, 통신의 절대량이 미국에 편중되어 있다는 사실은 문화제국주의가 인터넷상에서 재개되는 것이 아닌가 하는 우려를 낳고 있기 때문이다. 인터넷이 진정한 전지구적 매체로 자리잡기 위해서는 인터넷을 통한 국가간의 지식격차가 해소되어야 한다는 주장이 힘을 얻고 있다. 디지털기술과 정보고속도로에 대한 기본적인 접근권이 보장되지 않고는 국가간의 지식격차가 해소될 수 없기 때문이다.

정보의 정치경제학

정보와 기술은 과연 중립적인 존재인가? 옳고 그름, 좋고 나쁨의 가치판단 기준을 떠난 중립적인 존재여서 기술을 쓰는 사람의 의도에 따라서 선악의 기준이 결정되는가? "도구는 도구일 뿐"이라는 시각에서는 기술이 발전함으로써 야기되는 예측 못한 부정적인 사회변화에 대해서 기술 자체를 비난하기보다는 기술을 이용하는 사람의 책임을 묻는다. 사생활의 침해, 음란물의 유통 등 인터넷의 발전이 가져오는 부정적인 사회현상에 대한 책임은 인터넷에 있는 것이 아니라 인터넷을 사용하는 사람이 맡아야 하는 것이다.

하지만 기술은 완전히 가치중립적인 존재가 아니다. 기술·정보는 그 자체로 정치경제적인 성격을 지닌다. 우선 정보는 정치적·사회적인 편견을 지닌다. 정보에 대한 접근과 이용이 누구에게나 공평하게 열려 있지는 않기 때문이다. 또한 정보는 경제적 가치를 지니고 있으며, 각각의 매체 또한 특수한 정서적·이지적 편견을 지닌다. 그래서 닐 포스트먼(Neal Postman) 같은 학자는 매체 자체가 이데올로기적 편견을 지닌다고 주장한다. 매체나 기술이 결코 중립적인 존재만은 아니라는 것이다(Postman 1993).

또한 정보는 개인과 사회를 사회경제적 등급에 따라 분류하고, 특정한 계급으로 묶어두는 데 쓰이기도 한다. 정보화시대와 함께 '대중사회'라는 큰 집단도 점차 분할되는 경향을 보이고 있다. 개인의 신상명세, 지출내역 등에 대한 정보가 광범위하게 유통되면서부터 대중사회에서 개인을 소득이나 직종에 따라서 차별화하는 마케팅전략이 날로 확산되고 있다. 현대 자본주의사회에서 '계급'이란 이론적으로 존재하지 않지만, 물건을 팔기 위해서는 '계급의 성층화'가 중요한 필수조건이 된다.

『뉴욕타임즈』의 온라인 신문에서는 광고주들에게 광고지면을 팔 때 독자들의 신상명세에 따라서 광고료를 다르게 책정한다. 온라인 써비스가입자들의 신상명세에 따라서 독자가 '40세 이상의 전문직업인 대졸남성'일 때의 광고료가 막연히 '남성독자들'을 상대로 한 광고료보다 높다. 인터넷신문이기에 가능한 '계층화'다. '40세 이상의 전문직업인 대졸남성' 계층에 들어 있지 않은 사람들이 '40세 이상의 전문직업인 대졸남성'과는 다른 광고 메씨지를 매일 접해야 한다면, 이것이 과연 바람직한 일일까.

'스타게이저'(Stargazer)라는 텔레비전 씨스템에서는 써비스가입자의 소득수준, 직업에 따라 프로그램 사이사이에 보내는 광고의 종류가 다르다. 고소득층에게는 벤츠 자동차의 광고를, 저소득층에게는 그에 적합한 차의 광고만을 내보내는 것이다. 벤츠를 살 능력이 없는 사람들에게는 벤츠 자동차 그림이 있는 광고를 보여주는 것조차 '낭비'라고 여기는 것이다. 정보화사회에서는 이렇게 광고도 사람을 차별할 수 있다. 정보화사회에서는 정보의 유통이 어느 때보다도 활발하게 이루어지지만, 정보의 활발한 유통으로 인해 부의 분배와 정보접근권이 한쪽으로 기울어지는 역설적인 현상 또한 발생하고 있다.

결론: 정보격차의 극복을 위하여

정보시대에서 인터넷에의 접근이 원천적으로 봉쇄된 계층이 존재하고 또 이들의 수가 많아진다는 것은 민주주의의 실현에 걸림돌이 된다. 정보에 대한 접근을 사회구성원 모두에게 균등하게 주기 위해서는 사회 차원에서 조치를 취해야 할 필요가 있다. 정보써비스에 대한 접근을 사회 전반에 걸쳐서 보편적으로 쉽게 만들지 않는다면, 사회경제적 빈곤계층들은 상대적으로 더 빈곤해지고, 이미 정보를 풍부하게 가지고 있는 사회경제적 강자들은 더 많은 혜택을 누리게 된다. 이렇게 정보격차·지식격차가 확대되면 사회적으로 긴장상태가 나타나게 될 것이다.

정보격차를 해결하기 위해서 미국에서는 흑인지역이나 저소득층 밀집지역의 공공장소에 누구나 손쉽게 이용할 수 있는 컴퓨터시설과 인터넷을 집중적으로 배치하고 있다. 현재의 빈민층이라고 해서 미래의 생존에 반드시 필요한 환경에 접근할 기회조차 박탈당하는 일이 없도록 하기 위해서이다. 그 효과에 대해서 의문이 제기되고는 있지만, 현재로서 정부가 할 수 있는 최소한의 일은 하는 셈이다.

현재 우리나라에서는 정보화에 따른 지역간·계층간의 불평등 심화 현상을 방지하기 위해서 조치를 취하고 있다. 교육부는 학교정보화 사업을 추진하고 있고, 정보통신부는 대대적인 주부 인터넷교육을 실시하고 있다. 또한 농림부에서는 농어촌정보화 사업계획을 통해서 컴퓨터를 탑재한 버스로 농촌을 순회하고 있다. 이러한 노력은 농촌과 도시 간의 격차를 줄이는 노력의 첫걸음이 되고 있지만, 아직 시도의 초기라서 지식격차를 줄이거나 예방하기에는 미흡한 형편이다.

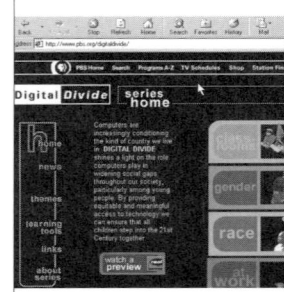

앞서 언급한 미 상공부에 속한 NTIA 의 디지털격차 프로젝트에서는 정보격차를 해결하기 위해서 몇가지 제안을 하고 있다. 우선 접근권을 보장하기 위해서 인터넷써비스 제공자들간에 경쟁을 늘린다는 것이다. 인터넷 접속에 드는 비용을 낮추기 위한 방안이라고 할 수 있다. 또한 공공장소에서 인터넷에 접속할 수 있는 기회를 늘리고, 대중을 상대로 정보통신기술과 인터넷에 관한 교육을 하는 것도 중요하다. 또한 인터넷을 사용하는 데 따르는 사생활 침해 등의 우려를 줄이기 위해서 인터넷에 올라오는 컨텐츠에 대해서도 관심을 기울이는 것이 필요하다고 주창한다. 이밖에도, 정보격차의 해소를 위해서 꾸준히 사회 각 계층에 대해 지속적인 연구와 조사를 해나가야 한다는 제안 등이 나와 있다.

정보의 빈부격차는 기술적인 문제가 아니라 사회적인 문제다. 기술 발달을 통해서 자동적으로 해결될 수 있는 문제가 아닌 것이다. 인터넷 접속을 몇백 배나 빠르게 하는 새 기술이 나타난다고 하더라도 인터넷 자체에 접속조차 할 수 없는 인구가 대다수라면 오히려 걱정스러울 수밖에 없다. 정보화사회도 사람이 만드는 것이다. 그러니 여기에서 소외되는 계층에 눈을 돌려야 하고, 공공도서관·대학·우체국 등 공공장소에서 누구나 쉽게 인터넷을 이용할 수 있도록 설비하는 일이 필요하다. 100년 전에 읽고 쓸 줄 모르는 문맹이 사회문제였듯이 다음 세기에는 정보를 다룰 줄 모르는 사람이 바로 문맹이 될 수 있기에, 견고한 정보사회로 자리잡은 21세기에서는 정보의 빈부격차가 예상보다 훨씬 큰 사회문제가 될 수 있는 것이다.

접근권 자체는 경제·기술적인 측면이 강하지만, 접근권만 보장된다고 해서 그것이 정보의 평등한 분배로 이루어지지는 않는다는 점에서 디지털격차의 사회적 측면이 중요하다고 할 수 있다. 디지털격차의 사회적 측면을 보강하기 위해서는, 누구나 생활의 한 부분으로서 정보생활을 할 수 있는 여건이 조성되어야 한다. 정보에 관한 정보를 확보해서 공급하는 것도 주요한 부분이라고 할 수 있다. 정보의 내용에 대한 써비스 제공이라는 차원에서 정보의 내용에 관한 정보를 제공함으로써 이용자의 정보선택권을 강화할 수 있다.

인터넷시대의 '정보고속도로'는 '자유이용도로'(freeway)가 아니라 '유료도로'(toll road)가 될 것이라는 우려가 높아지고 있다. 정보고속도로 위를 달리기 위해서는 입장료를 내야 하고, 고속도로 위에서도 좋은 써비스를 이용하기 위해서는 이용료를 내야 하는 상황이 벌어지리라는 예측 때문이다. 한 사회 구성원들 사이에서 정보가 평등하게 교류되고, 지식을 습득할 기회가 균등하게 주어지는 것이 민주주의의 전제라고 한다면 정보화사회에서 지식격차가 커지는 것은 심각한 사회문제가 된다.

정보가 자산이 되는 시대에 지식격차로 인한 불평등을 감수해야 하는 계층의 문제는 심각하다. 지식격차는 곧 소득격차를 더욱 심화시키게 되기 때문이다. 인터넷의 대중화는 역사상 처음으로 지구촌의 개인들을 정보의 수용자에서 정보의 생산자로 만들었다. 정보를 수동적으로 전달받던 입장에서 정보의 생산자로 탈바꿈하게 된 것이다. 하지만 정보화에서 뒤처진 계층은 이러한 양방향성으로부터도 전적으로 소외당할 수밖에 없다. 하이테크시대에 경쟁력을 가질 수 있는 기반이 없기 때문에 정보빈곤층은 경쟁력을 상실하게 된다. 그 결과, 정보에서의 소외는 부의 축적 기회로부터 소외되는 결과를 낳는다.

기존 매체들이 정보화사회를 찬양하고, 현재에 가능한 정보기술을 알려주고, 미래의 기술발전을 예측하는 일도 중요하지만, 정보화시대의 행렬에 참여할 자산이 없는 계층과의 격차 문제를 풀어나가야 한다. 가진 자만을 위한 정보사회가 되지 않기 위해서는 사회의 어느 계층에서나 손쉽게 정보를 얻을 수 있도록 공공장소에 컴퓨터를 설치하고 누구나 쉽게 참여할 수 있는 정보화교육을 더 적극적으로 실시해야 할 필요가 있다.

참고문헌

윤영민 (2000) 『사이버공간의 정치』, 한양대학교 출판부.
한상희 (2000) 「정보격차 해소를 위한 헌법 읽기」, 2000년 사이버 커뮤니케이션 학회 발표 논문.
Browning, G. (1998) *Electronic Democracy*. Wilton, CT.
Jordan, T. (1999) *Cyberpower: The Culture and Politics of Cyberspace and the Internet*. New York: Routledge.
Lee, T. and H. Martin. (1998) "Online Democracy and the Political Habits of Internet Users." paper presented to the Midwest Association for Public Opinion Research. Chicago.
McLuhan, M. and Bruce Powers. (1989) *The Global Village: Transformations in World Life and Media in the 21st Century*. Oxford University Press.
Postman, N. (1993) *Technopoly*. New York: Vintage Books.
Rogers, E. (1995) *Diffusion of Innovations*. New York: Free Press.
Severin, W. and J. Tankard. (1997) *Communication Theories: Origins, Methods and Uses in Mass Media*. New York: Longman Publishers.
Tichenor, P., G. Donohue and C. Olien (1970) "Mass Media Flow and Differential Growth in Knowledge." *Public Opinion Quarterly* 34.
Wurman, R. (1989) *Information Anxiety: What to Do When Information Doesn't Tell You What You Need to Know*. New York: Bantam Books.

싸이버중독과 인터넷 심리

김주한

싸이버와 중독증: 포스트모던시대의 두 화두

20세기 후반 현대 과학기술의 발전을 특징짓는 최대 사건은 전자공학의 진보와 디지털 컴퓨터의 등장이라 할 수 있다. 서구 합리주의적 기계주의의 결정체인 컴퓨터라는 '거대한 계산기계'는 위너(Nobert Wiener)의 싸이버네틱스(Wiener 1948)와 섀넌(Claud E. Shannon)의 정보이론(Shannon 1948)을 바탕으로 '정보와 제어의 일반이론'으로 발전하였다. 이 우둔한 기계는, 풍부한 시각적 은유를 사용한 사람-기계 인터페이스(예를 들면 매킨토시의 그래픽 사용자환경과 가상현실 기법들)의 발전과 광범위한 컴퓨터 네트워크의 발전에 힘입어, 역사상 가장 복잡미묘한 상호작용의 도구이자 매체인 싸이버스페이스로 진화했다.

지난 반세기에 걸쳐, 이 기계덩어리의 둔탁하고 골치아픈 이미지는 고도의 신축성을 갖춘 광활한 공간의 이미지로 변환되었으며, 사람들은 이제 복잡한 기계적 연산과정에서 벗어나 싸이버스페이스를 자유롭게 항해하고, 서로 상호작용하며, 자아의 운명을 실험하게 되었다. 사람들은 싸이버스페이스에서 동물·축구공·번개와 같이 의인화된 다양한 화신으로 활동하며 변신환생의 소망을 실험하고, 다른 존재들과 협력하거나 경쟁하며 도시를 건설하거나 전쟁을 벌이기도 한다. 싸이버스페이스는 이제 도처에 존재하며, 단순한 기계들의 상호작용 또는 비트와 전자의 흐름만으로 해체해낼 수 없는 유기체적 존재로 진화한 것이다. 현대사회에서 싸이버스페이스는, 그 범재성과 고도의 상호작용성으로 비트와 논리의 기계론적 연산을 초월하여, 복잡성과 다양성의 포용, 이질적인 것의 조화를 감내하는 미학, 탈중심화·탈구조화·분산화 등의 특성을 갖는 포스트모던한 현대사회의 복잡성을 표현하는 담론으로 자리잡게 되었다.

'중독증'이란 단어는 사회적으로 매우 부정적 이미지를 함축한다. 마약중독이나 알코올중독에 관한 지독한 이야기들에서처럼, '중독'은 사회로부터 일탈된 부적응적인 소수 낙인찍힌 집단에 관한 암울한 이야기이다. 하지만 가수 머라이어 케리의 「사랑에 중독되어」(Intoxicated with love)와 같은 애절한 사랑중독 예찬가도 있고, 한국 중년남성의 반 이상이 걸렸다는 일 중독, 안 겪어본 네티즌이 없다는 인터넷중독, 일부 유한계층의 벤처나 주식투자 광풍에서처럼, 이미 중독증이란 단어는 복잡한 현대사회의 한 단면을 지칭하는 중심단어가 되어가고 있다.

약물중독의 예에서 빌려온 인터넷중독[1]이란 은유적 표현은 어쩌면 그리 적절한 표현이 아닐지 모른다. 인터넷중독증은 약물중독과 달리 극도로 맹목적이기만 한 것은 아닌 경우도 많고, 인터넷이나 정보기술의 습득과 같은 적응적 행동의 가능성도 발견되기 때문이다. 인터넷중독은 그 광범위한 중독현상의 발생, 매우 다양한 중독매체, 중독증의 행태 및 경과, 그리고 이와 연관되는 정신장애의 다양성 등으로 인해, 그 실체에 관해 학자들간에 이견이 끊이지 않고 있다. 오히려 인터넷을 통한 다양한 미디어의 대통합과, 일반 대중의 싸이버중독에 관한 광범위한 체험을 바탕으로 한 활발한 담론을 통해, 약물중독 등에 국한되어 부정적이고 맹목적인 현상으로서의 매우 제한된 의미의 신경정신병리 현상을 지칭하던 중독증이란 단어는 이제 복잡한 사회현상

1) 이 글에서는 '인터넷중독'과 '싸이버중독'을 의미론적으로 구분하여 사용하고자 한다. 이러한 구분은 다소간 작위적인 것이지만, 홍성욱(1999)이 논의한 '싸이버스페이스의 재편'이라는 주제와 맥락을 함께 하여, 인터넷의 급속한 대중화를 통한 싸이버스페이스의 초기 도입과정에서 논의되기 시작한 인터넷중독 현상을 '인터넷중독'으로 규정하고 이후에 인터넷이 거의 모든 매체를 대통합하며 사회의 모든 현상 깊숙이 낱낱이 스며들어서 더 이상 사회와 분리될 수 없는 합일체가 되어버린 이후의 싸이버스페이스에서의 중독현상을 '싸이버중독'으로 규정하여 논의를 전개한다.

들과 개개인의 실존적 체험들 모두와 낱낱이 결합해가며 광범위한 사회문화적 현상을 지칭하기 위한 의미론적 변환을 경험하고 있는 것이다.

그러므로 싸이버중독의 광범위한 사회문화적 현상을 약물이나 알코올 중독의 예에서 얻어진 중독증의 신경정신병리학적 지식을 직접 외삽하여 해석하려던 시도들이 혼란을 겪고 있는 것도 어찌 보면 당연한 것이다. 또한 과학적 객관성의 유지라는 맥락에서, 그 병태생리의 생물학적 증거지표가 부족한 경우, '해당 개인이 고통을 겪고 있는가' 혹은 '타인에게 고통을 주고 있는가'와 같은 사회적 적응성의 기준에 의존할 수밖에 없는 정신의학적 진단의 규준들은 싸이버중독의 예와 같이 그 사회적 적응성 여부의 판단이 극히 모호한 복잡한 사회문화 현상을 단언적으로 진단하기에는 태생적 한계를 지닌 것이다.

이 글은 싸이버중독의 새로운 폭발적 문화현상의 심층적 고찰을 위해, 이를 구성하고 있는 두 개의 중심 단어, '싸이버'와 '중독증'에 대한 의미를 특히 포스트모던적인 복잡성과 다양성의 탈구조주의적 공존의 틀에서 살펴보았다. 본고에서는 중독증의 생물학적·심리학적·사회문화적 측면을 고찰하고, 인터넷을 통한 미디어의 대통합으로 재탄생한 싸이버스페이스의 특질과 싸이버중독증 출현의 사회문화적 문맥상의 특수성을 논의한 후, 현대인과 현대사회의 실존적 가치를 위협하고 있는 싸이버적 이상향으로서 싸이버리즘(Cyberism)이 제기하는 존재론적 의미로 논의의 확장을 시도하고자 한다.

중독의 기전

정신의학적으로 중독증은 주로 약물중독을 의미하며, 동일한 효과를 얻기 위해서 지속적으로 그 약물 사용량을 늘려가야 하는 '내성'과,

그 약물의 체내 농도가 어느 수준 이하로 줄어들면, 도저히 견딜 수 없는 불안, 초조, 식은 땀, 그리고 각종의 신체증상이 발생하는 '금단증상'이라는 두 가지 '생리적 의존성'이 생기는 경우를 말한다. 내성과 금단증상이라는 무서운 생물학적 의존증상들은 대뇌의 신경세포들을 완벽한 포로로 사로잡아, 그 약물을 얻기 위해서라면 어떠한 범죄적 행위라도 서슴지 않고 저지를 수 있도록 사람의 인격을 철저히 파괴하는 것이다.

또한 애절한 사랑의 고통에 깊이 빠져보았거나, 무언가에 간절히 몰두해본 경험이 있는 사람들이라면 누구나 알 수 있듯이 중독에는 분명 '심리적 의존성'도 존재한다. 권력의 마력에 중독된 사람들은 점점 더 큰 권력을 찾아 안절부절을 못하고(내성), 권좌에 대한 조금의 위협만 느껴도 극도의 불안과 초조증상을 보이고 심지어 이성을 잃고 광기를 보이기도 한다(금단). 그러나 엄밀성과 과학적 객관성을 추구하는 정신의학에서는, 생리적 의존이 결여된 심리적 의존만으로 섣불리 중독증으로 진단내리지 않기를 권한다. 최근에는 정밀한 생리계측 기법의 발전으로, 약물사용과 무관한 도벽, 병적 도박, 색정광증(일종의 성중독) 등과 같은 몇가지 중독증적 행동장애에서도, 생리적 의존 징후들을 객관적으로 계측하는 것이 가능하게 되어 중독현상에 대한 이해의 틀도 바뀌고 있다. 사람의 마음과 몸은 따로 떼어내 생각할 수가 없는 것이다.

중독의 생물학적 측면

중독현상의 생물학적 기전(mechanism)은 크게 뇌신경 전달물질인 도파민(Dopamine) 가설과 쎄로토닌(Serotonin) 가설로 설명된다. 도파민과 쎄로토닌은 가바(GABA), 노어에피네프린(Norepinephrin) 등과 함께 대표적인 신경전달물질이며, 대뇌 전반에 걸쳐 광범위하게 분포하는 각각의 신경해부학적 세포군——예를 들어 도파민 세포계, 쎄로토닌 세포계 등——을 형성하고 있다.

도파민 가설은 학습과 행동강화에 대한 동물실험의 결과를 바탕으로 한 것이다. 도파민 신경원은 개체 행동의 동기유발과 관련된 신경해부학적 구조로 알려져 있다. 실험적으로 알코올, 필로폰, LSD 등의 많은 중독물질이 강력한 도파민계 신경세포 자극효과를 보일 뿐 아니라, 도파민계 신경세포의 자극은 중독의 생리현상과 유사한 고도의 '행동강화 효과'를 유발한다. 예를 들어 실험실에 흰쥐와 그 흰쥐 대뇌의 도파민 신경원에 연결된 전극과 이를 자극하도록 설계된 페달을 설치해놓으면, 우연히 그 페달을 밟아서 자신의 도파민계가 자극되는 것을 학습하게 된 흰쥐는, 자극 횟수를 늘리기 위해 점점 더 페달 밟는 횟수를 늘려가며(내성), 결국은 먹이를 먹는 것도 잊고 페달에서 잠시도 떨어지지 못한 채 밟기만을 계속하다가(금단), 결국은 지쳐서 사망하기까지 한다.[2]

쎄로토닌 가설은 정신약물학적 연구 결과에 기반한 것이다. 최근에 개발된 쎄로토닌 차단 약물들은 우울증과 다양한 강박증 관련 장애에 신뢰할 만한 치료효과를 보이며, 병적 도박과 같이 몇가지 중독성 행동의 완화에도 도움이 된다. 도파민과 함께 대표적인 대뇌 단가아민(Monoamine) 신경원인 쎄로토닌 신경원은 대뇌 전반에 걸친 억제능력을 가진 것으로 알려져 있고, 선택적 쎄로토닌 재흡수 차단제의 사용은 이러한 억제능력을 향상시켜, 강박사고 및 강박행동(obsessive compulsive behavior)과 충동적 행동(impulsive behavior)을 완화하는 효능을 보이며, 다양한 강박장애, 충동조절장애, 색정광증(sexual compulsion), 도벽, 병적 도박, 구매광증 및 각종 약물 사용장애의 치료에 시도되고 있다.

약물중독이 탐닉(craving) 같은 특이 행동을 유발한다는 사실과, 역으로 도박 같은 중독성 행동이 약물로 치료된다는 사실은 '물질'과 '정신' 사이의 긴밀한 관련성을 입증하는 무척 흥미로운 현상이다.

2) 얼마 전 온라인 게임에 몰두하던 PC게임방 주인이 사망했다는 한 일간지의 기사는 이 흰쥐 실험을 연상시켜 끔찍하기까지 하다(「과도한 게임즐긴 30대 잇따라 사망」, 「중앙일보」 2000. 5. 19).

중독의 사회문화적 측면

중독의 생리학에는 사회문화적 측면도 존재한다. 중독에 관한 최신 견해의 하나로 '행동의 총체적 변화'라는 현상이 있다. 대표적 마약류의 하나인 코카인은 금단증상이 적어서 한때 그 심각성이 과소평가되었던 적이 있었다. 그러나 코카인이 겉으로는 잘 드러나지 않으나 무척 정교하고 교묘하게 사람의 행동양식 전반을 변화시킨다는 신경생물학적 기전이 학계에 보고되어 주목을 받고 있다. 이는 중독자의 모든 행동이 결국 코카인 섭취를 극대화하기 위한 방향으로 재조직화된다는 것이다. 예를 들어, 사랑하던 연인과 헤어진 후 비탄에 빠져 끊었던 코카인을 마구 사용하는 한 중독자가 있을 때, 실상은 약물사용이 정당화될 수 있는 상황에 빠져들고 싶은 무의식적 욕구가 우선이고, 이를 충족시키기 위해서 연인과의 관계를 교묘한 방식으로 비틀어서라도 결국 헤어지고야 만다는 섬뜩한 이야기이다. 한때 코카인 사용에 비교적 관용적이었던 것도 사실은 값비싼 코카인의 주요 사용계층인 사회지도층 인사들이 자신도 모르는 사이에 법제도와 사회적 공감대 형성에 다양한 영향력을 행사해왔기 때문이라는 견해도 있다. 싸이버중독의 예에서는 아직 이러한 고도의 장애까지는 보고되지 않았지만, 지속적으로 이런저런 핑계를 만들어 인터넷에 머물고자 하는 경향이 있는 독자라면 한번쯤 심각하게 자신의 행동양식과 동기 전반을 평가해볼 일이다.

알코올중독자 자조모임(AA, 혹은 Al-Anon, Alcholics Anonymous)은 1935년 알코올중독으로 파산한 빌 W.(Bill W.)가 스스로의 알코올중독 재발을 막기 위해 보브 박사(Dr. Bob S.)와 함께 오하이오의 에이크론에서 결성한 알코올중독 환자들의 자조그룹으로, 알코올중독의 치료에 있어서 역사상 가장 효과적인 치료모델이다. 현재까지 다양한 알코올중독의 치료법이 개발되어왔지만 상부상조의 정신과 자신의 고통스러운 의학적 경험을 통해 같은 문제를 겪고 있는 다른 사람을 도울 수 있으리라는 사회문화적 맥락에서 결성된 이 모임이 여타의 다양한 약물치료보다 우월한 효과를 보인다는 것은 알코올과 같은 물질중독의 경우에도 매우 강한 사회문화적 배경의 영향을 받고 있음을 증명하는 것이다.

인터넷중독증

요즘은 주요 일간지의 서너 면 정도가 컴퓨터와 인터넷 관련 기사로 채워진다. 1990년대초까지만 해도, 특히 컴퓨터교육 기회가 없었던 중견간부급 사원들간에 '컴맹' 혹은 '컴퓨터 공포증'과 같은 도태불안 증상이 팽배했다. 그러나 1990년대 중반 이후 직관적인 웹환경 및 웹브라우저의 급격한 수용과 함께 인터넷은 공포의 대상이던 컴퓨터를 숭배의 대상으로 바꾸어놓았고 급기야는 인터넷'중독' 증세까지 유발했다. 최근에는 PC방과 스타크래프트 열풍, N세대나 디지털키드들의 종횡무진한 활약상 등이 부각되고, 곧 온 세상이 싸이버화되어버리기라도 할 것 같은 논의들이 무성하니 놀라운 변화가 아닐 수 없다.

인터넷에 중독된 사람들은 마음이 복잡하거나 허전할 때 자기도 모르게 인터넷에 접속하여 시간을 보내면서 마음의 위안을 얻는 의존성과, 웹에 매달려 있는 시간이 자꾸만 길어지고 컴퓨터를 끄고 빠져나오기가 점점 힘들어지며 오래 머물러 있어도 작업효율은 떨어지는 내성 현상을 보인다. 또한 이들은 인터넷을 떠나 있으면 인터넷에 관한 백일몽에 빠지기도 하고, 왠지 초조하고 불안해하며, 인터넷상에서 자기만 빼고 무슨 중요한 일이 일어났을 것 같은 생각에 시달리고, 어떤 전자우편이 와 있을지 몹시 초조해하며 궁금해한다. 마치 알콜중독 환자가 술이 떨어졌을 때 손을 떨거나 극도의 불안 및 초조에 시달리는 것 같은 금단현상이다. 특징적으로 이들은 모니터 앞에 앉아서 인터넷에 연결되는 순간 긴장이 해소되고 금단증상이 사라지는 안도감을 느끼며, 심지어는 쾌감을 느끼기도 한다. 앞서 설명한 바와 같이 금단증상에는 심리적 금단과 신체적 금단의 두 가지가 있는데, 신체적 금단증상이 나타나면 더 심한 중독상태임을 의미한다.

하지만 앞서 나열한 증상 중 몇가지가 나타난다고 인터넷중독증이라고 속단할 필요는 없다. 증상의 정도가 심하고 반복적이며 만성화되어 신체적·심리적·사회적·직업적 장애를 유발하는 경우 비로소 '정신의학적 중독현상'으로 볼 수 있다. 건강을 해치거나(밥 먹고 잠자는 것을 포기함으로써), 직장이나 학업성적이 떨어지고(대부분의 시간을 웹에서 보내서), 주변의 실제 인물(웹상의 아이디가 아닌)들과의 의미있는 관계형성에 지장을 주고, 가족도 애인도 버리고 싸이버스페이스의 '돌아오지 않는 강'을 건너, 급기야는 대인관계 파괴와 가정불화와 무원고립 지경에 이르는 경우가 전문가의 도움이 필요한 정신의학적 중독증이라 할 수 있다.

싸이버스페이스의 확장과 인터넷중독

인터넷중독에 대한 초기 정신의학적 접근

인터넷중독증이라는 새로운 현상의 출현에 대한 초기 해석의 자연스러운 경향은 기존 지식의 틀에 기반한 것이었다. 사회 전반에 광범위하게 번져가는 인터넷 관련 사회현상은 인터넷증후군(Internet Syndrome) 등으로 불리기 시작했고, 인터넷중독자임을 자처한 사람들은 스스로를 웨바홀릭스(webaholics)라 부르고 인터넷상에 모임(webaholics cafe)을 만들었다. 치료적 자조모임을 표방한 곳도 있었으나, 대부분은 담론과 유희, 정보교환 등의 목적이 주류를 이루었다. 1980년대 후반부터 영미 등지에서 인터넷중독에 대한 보고들이 나오기 시작했지만 이를 질병으로 보아야 하는지 사회문화현상으로 보아야 하는지에 대해 의견일치를 보지 못했다. 유병률 등에 대한 통계보고도 연구자에 따라 편차가 크고 진단기준 등에 대한 일관성이 부족하여 신뢰할 만한 자료를 얻기 힘들었다.

미국 뉴욕의 정신과전문의 골드버그(Ivan K. Goldberg) 박사 등은 그의 인터넷중독 후원그룹의 공식 진단기준을 제시하여(이 글 말미의 표 1 참조) 독립된 중독증으로서의 인터넷중독증의 존재를 주장하였고, 미국 피츠버그대학의 영(Kimberly S. Young)은 인터넷중독과 가장 유사한 질환을 '병적 도박'으로 간주하고 미국 정신의학회 진단분류목록(DSM-IV, APA 1994)상의 병적 도박에 대한 기술을 바탕으로 인터넷중독증의 진단기준을 만들고, 496명의 인터넷 사용자와 비사용자를 대상으로 수행한 연구를 통해 '병적 인터넷 사용장애'라는 개념으로 인터넷중독증을 정의하였다(Young 1996). 영은 인터넷중독이 불면, 초조 등의 금단증상을 수반한 진정한 의미의 중독증의 하나라고 지속적으로 주장하고 있다.

비교적 일관성있게 보고되는 인터넷중독자의 정신병리학적 특성은 강박경향, 충동성, 우울증, 저하된 자존감 등이며, 관련된 병발질환으로는 흔히 우울증과 강박관련장애가 지목되고 있다. 하지만 이러한 연구들이 인터넷중독증이 독립된 단일 질환임을 입증하는 것은 아니다. 그리피스(M. Griffiths)는 일련의 증례 분석을 통해 대부분의 보고된 인터넷중독증 사례가 다양한 다른 원인 질환에서 기인한 이차성 증상군이라고 보고하여 그때까지 보고된 유병률이 과대포장되었을 가능성을 시사했다(Griffiths 1999). 물론 이러한 연구가 소수 진정한 의미의 순수한 인터넷중독증의 존재 자체를 부인하는 것은 아니지만, 이른바 인터넷중독 증상으로 알려진 현상들만 가지고 일차적으로 인터넷중독증으로 진단내리는 것에 경종을 울리는 것이다.

국내에서의 연구는 필자가 인터넷중독증에 대한 최초의 체계적인 심리학적 분석을 수행하고(김주한 1996), 이후 현재까지 온라인중독 상담쎈터를 개설해 운영해오고 있으며,[3] 1999년 한국정신병리진단분류학회가 동아일보사 후원으로 11월 11~24일 동안 동아일보 홈페이지를 방문한 987명의 네티즌을 대상으로 수행한 설문조사에서 기존의 외국 연구들과 비교적 일치하는 결과를 얻은 것(류인균 1999) 등을 들 수 있으나, 아직까지 학술적 연구에 인용할 수 있을 정도의 엄밀성과 객관적 평가를 내린 연구는 찾아보기 어렵다.

싸이버스페이스의 확장

정보기술의 보급에 따른 사회의 급속한 정보화로 말미암아 10여년 남짓한 인터넷중독증에 대한 연구는 미처 정리되기도 전에 싸이버스페이스의 무차별적 확장에 압도되고 있으며, 이미 인터넷중독이란 신조어마저 진부한 것이 되어가고 있다.

싸이버스페이스 확장의 첫번째 현상은 싸이버스페이스의 양적인 팽창과 각종 미디어의 대통합으로 나타난다. 양적 팽창은 컨텐츠의 폭증과 대역폭 및 접속속도의 확장, 그리고 인터넷 접속인구의 양적 급증으로 나타난다. 주로 과학 연구분야나 컴퓨터 관련 분야 등의 매우 전문적인 내용들만으로 제한되었던 초창기 인터넷에도 싸이버펑크나, 컬트적 요소, 혹은 무료 소프트웨어의 교환과 같은 중독적 요소가 있었지만, 대중의 중독적 몰입현상을 더욱 자극한 것은 노골적 포르노물과 성적 채팅룸의 폭증이었다. BBC 뉴스는 스탠퍼드대학의 연구를 인용해 인터넷을 사용하는 미국인 가운데 적어도 20만명이 포르노싸이트나 X등급 채팅룸에 중독되어 있다고 보도했다. 한 뉴스싸이트를 방문한 955명을 설문한 결과 1%에 달하는 95명이 싸이버쎅스 중독 증세를 보인다는 보고도 있다. 하지만 싸이버스페이스의 양적 팽창은 단순히 말초신경 자극 수준에 머물지 않고, 사회 각계각층 모든 대중을 불러들이기 위한 다양한 컨텐츠로 확장되어 인간의 정보활동 거의 전반

3) 「인터넷중독자 전자병원 등장」, 「동아일보」 1996. 8. 27, http://plaza1.snu.ac.kr/~psyber.

을 섭렵하고 있다.(야후의 디렉토리 리스트를 보라!) 같은 시기에 여성이나 아동 혹은 각 전문직종 등의 특정 계층이나 관심 분야별 정보의 집중적 체계화도 함께 이루어졌다.

싸이버스페이스의 영역은 단순한 웹페이지와 전자우편에 머물지 않고 모든 미디어의 대통합을 부추기며 이른바 인터넷 가능(internetable)하지 않은 미디어들을 말살해가고 있다. mp3 파일의 개발은 오프라인상의 음반산업 전반을 위협하고, 동영상과 인터넷방송의 출현은 미디어의 총아 텔레비전의 위상마저 위협하고 있다. 포켓몬이나 스타크래프트의 예에서와 같이 비교적 복잡한 전자게임 시장마저도 매니아들을 위한 게시판, 메일링리스트, 커뮤니티 구축 등을 통해 온라인과 급속히 융합되고 있다. 이미 수십개에 달하는 인터넷전화회사들은 지구상에 가장 광범위한 인프라를 갖춘 미디어인 전화를 집어삼킬 기세이고, 새로운 통신미디어의 총아인 무선전화까지 모빌 인터넷의 이름으로 흡수하려 하고 있다. 나아가 가상현실 기법을 이용한 채팅이나 그래픽 머드(MUD)와 같은 새로운 상호작용의 미디어를 끊임없이 창출하는 등, 무차별적으로 벌어지는 싸이버스페이스의 영토확장은 기존의 매체해석의 틀로 싸이버스페이스를 재단하는 것을 불가능한 일로 만들고 있다.

싸이버스페이스 확장의 두번째 현상은 각종 사회현상의 흡인이다. 초창기 과도한 인터넷 사용에 따른 수면부족, 사회적 고립, 대인관계 장애 등의 차원을 넘어서, 싸이버스페이스의 영역은 이미 거의 모든 사회현상과 결합하고 있다. 과도한 인터넷 사용이 이혼이나 실직의 원인이 되었다는 것들은 이미 뉴스거리도 아니다. 싸이버스페이스는 이미 물품구매 예약은 물론 증권거래나 원조교제와 같은 사회현상들과 결합하며 요람에서 무덤까지라는 구호를 실현해가고 있다.

예를 들어보자. 2000년 3월 23일 오전 6시 서울 미즈메디 산부인과 분만실에서 유○○씨(31)는 여자아이를 낳았다. 그 아이가 세상에서 처음 본 것은 엄마의 얼굴이 아닌 VPC-SX500 디지털 카메라였다. 디지털키드의 탄생이다. 아이는 태어난 지 하루 만에 자신의 출생 모습과 울음소리를 담은 자신의 홈페이지를 가진 네티즌이 된 것이다. 1999년 4월 콜로라도주 콜럼바인고교 총기사건의 주모자들이 인터넷을 활용했다는 보도도 있었고, 얼마 전 미국 『내셔널 인콰이어러』(*National Enquirer*)지는 스스로 인터넷을 통해 2년 동안이나 예고해온 살인을 그대로 실행에 옮긴 뉴햄프셔주 한 청년의 엽기적 살인 사건을 보도했다. 그 청년의 홈페이지에는 피살자의 개인 신상정보를 상세히 올려놓았으며, 미리 예정된 살해방법을 아주 구체적으로 기술해놓아 충격을 주었다. 싸이버스페이스의 은밀한 침습이 창출한 새로운 세대는 이제 삶도 죽음도 싸이버 매체와 함께하고 있는 것이다. 인간은 끊임없이 대화를 원하고(Homo Communicus), 대화는 매체를 요한다. 싸이버스페이스는 이미 타인과의 대화뿐 아니라 자기 내면과의 대화라는 근원적 숙명에까지 깊숙이 침투한 것이다.

싸이버스페이스 확장의 세번째 현상은 확장된 싸이버스페이스의 침습에 의한 실제 세계의 변화로 나타난다. 싸이버스페이스의 확장은 이미 사람들의 만남과 헤어짐의 형식을 변화시키고 있다(김주한 1997b, 1997c). 전자우편과 전자결제는 직장에서의 상하관계와 업무처리 방식을 변화시켰다. 무선전화와 PC방의 화상채팅은 역사상 가장 오래된 직업이라는 매춘의 형식뿐 아니라 그 의미마저 변질시키고 있다. 문자학습 이전부터 컴퓨터와 함께 울고 웃으며 자란 디지털키드 세대는 컴퓨터 사용을 그들의 모국어로 받아들이며, 그들의 기호 변화는 산업구조의 변화마저 유발할 가능성이 있다. 다음의 2000년 2월 28일자 『아시안 월스트리트 저널』(*Asian Wall Street Journal*)의 기사는 매우 인상적이다. "한국 청소년들 사이에 스타크래프트 열풍이 불었다. PC방이 1만 5천여개나 생겨 35억 달러의 새로운 시장이 형성되었다. 이 두 가지가 초고속통신망 산업, 포털 써비스, 인터넷중개 산업 등 한국의 인터넷산업 전반의 연쇄적 성장에 핵심적으로 기여했다."

　이러한 싸이버스페이스의 무차별적 팽창과 사회의 급속한 싸이버화는 인터넷중독이라는 현상을 이해하는 데 있어 무척 심각한 문제점을 야기한다. 그것은 초창기 인터넷환경의 중독적 요소가 지금과는 매우 다르다는 점과 그것을 재단하기 위한 사회문화적 맥락 또한 매우 달라졌다는 것이다. 예를 들어 무선전화기를 이용한 모빌 인터넷의 경우, 골드버그 박사의 진단기준(표 1)의 자판 두드리기 행동 자체가 무의미할 뿐 아니라, 심리적으로는 깊이 사로잡혀 있는 경우라 하더라도 지속적 사용이 아닌 단속적 사용이 많아 총 인터넷 사용시간은 짧을 수 있다. 인터넷을 통한 번개 만남에 몰입된 사람의 경우는 '인터넷 관련 행동'과 일상의 사회적 행동의 범위를 명확히 구분지을 수도 없다. 역으로 인터넷으로 모든 일정을 관리하며 mp3 음악을 즐기면서 워드프로세서로 문서작성을 하는 경우, 자신의 모든 정보를 인터넷을 통해 관리하므로 인터넷 없이는 살 수 없지만, 인터넷중독의 마력에 사로잡히지 않고 훌륭한 업무효율을 유지하고 있다면 기존의 판에 박은 재단틀은 무용지물이 되고 마는 것이다.

　그러므로 싸이버스페이스의 확장은 인터넷중독의 문제에, 단순히 인터넷에 접속해서 무엇을 하고 어떤 고통을 받느냐와 같은 단편적인 잣대를 무차별적으로 적용하는 것을 거부한다. 싸이버중독의 문제는 역사상 가장 복잡미묘한 통합매체이며 고도의 상호작용 공간으로서의 싸이버스페이스의 다형성과, 그 속에서 살아가는 사람과 사람, 사람과 기계, 그리고 기계와 기계 간의 상호작용의 근본적 이해를 통한 새로운 해석을 기다리고 있는 것이다.

싸이버중독증

싸이버의 중독성

왜 사람들은 싸이버스페이스에 빠져드는가? 알코올중독이나 전자오락중독 등과 구별되는 특징은 무엇인가? 싸이버의 어떠한 마력이 사람의 내면을 유혹하고 사로잡는가? 정신의학적 분석에서 흥미로운 사실은 싸이버스페이스의 마력이 인간 내면을 유혹하는 거의 모든 요소들을 포괄적으로 갖추고 있다는 점이다. 그것은 유아적 만족에서부터, 공격과 방어, 개체 성장과 정체성, 집단의식과 모성본능, 그리고 구원과 현존재 초월의 본능적 의지와 같은 인간사의 거의 모든 요소들이 무수히 다양한 방법으로 인간의 거의 모든 정신적 요소들과의 결합과 해체를 반복하며 영원히 탄생과 재탄생을 반복한다는 것이다. 그러므로 싸이버중독의 이해를 위해서는 다음과 같은 싸이버세계의 정신적 특성에 대한 접근이 필요하다.

첫째 유희성과 소망충족이다. 싸이버스페이스 여행은 재미있다. 모든 미디어 통합의 장이 싸이버스페이스이다. 그곳에는 영화·연극·음악·미술·오락 등 인간의 마음을 사로잡아온 유희적 요소들이 모두 있고 마법, 죽음, 쎅스와 같은 금단의 요소들도 있다. 그것은 욕구의 무한충족을 의미한다. 흥미로운 점은 불경스럽고 위험하기 짝이 없는 욕망의 무한충족이 현실세계에서와는 달리 극도로 '안전'이 보장된 상태에서 행해진다는 것이다. '하지만 그것은 현실세계에서는 한푼 어치 실제적 가치도 없는 허구적 가치에 불과하다'는 반론은 별로 설득력이 없다. 평생의 여정을 등대처럼 비추어주곤 하는 성경의 한 구절이나, 놀랍도록 신비한 체험으로 끊임없이 탄생과 재탄생을 반복하는 어린 시절 할머니의 옛날이야기 한구절의 가치는 때로 돈으로 환산할 수 없는 소중한 것이기 때문이다. 사회과학적 비평의 칼날은 오히려 정신적 활력의 충전과 무관한 권태롭고 무가치한 말초자극의 정신적 자위행위나, 욕망과 유희적 요소에 사로잡힌 채 피폐해가는 퇴폐적 무기력으로 향해야 할 것이다.

둘째, 친밀성과 신화적 만남의 소망이다. 차가울 것 같은 싸이버스페이스의 체험은 의외로 따뜻하다. 싸이버스페이스에 질문을 올리면, 깨알같은 답신을 보내주는 친절하기 그지없는 수많은 사람들을 만날 수도 있고, 그들과 밤새워 이야기를 나눌 수도 있다. 인종·성별·나이 등은 문제조차 되지 않는다. 문화차별적인 예의범절도 없고 인류공통의 직관적 최소 예절인 네티켓 정도면 충분하다. 사소한 실수는 용납된다. 달리 말하면 네티즌들은 실제의 세계가 더 무미건조하고 냉혹하다고 느낀다. 물론 싸이버스페이스에도 극단적 차별주의자와 사기꾼과 강도들이 득실거리는 정글이 존재한다. 또한 만남의 형식의 진중함은 사라지고 인스턴트식의 경박한 만남이 판을 치기도 한다. 하지만 인간정신의 이 근원적 역동성은 싸이버스페이스의 침습에 따른 새로운 만남의 형식을 포용해가며 스스로의 감정도 함께 진화시키고 있는 것이다(김주한 1997b).

셋째, 포용성이다. 싸이버스페이스는 누구도 거절하지 않는다. 내가 원하면 언제든 넓은 어머니의 품처럼 열려 있다. 비록 접속 속도와 형식의 사회계층간 빈부격차는 존재하지만 모든 네티즌은 싸이버스페이스 안에서 평등하다. 친구와 시간 약속하기도 어려워져만 가는 현대사회의 고독한 한 단면을 보상한다. 정보통신기술의 발달은 사람들이 방밖으로 나갈 필요를 하나씩 제거해감으로써, 오로지 통신기기만을 통해 외부와 접촉하며 방안에 머무는 사회의 누에고치화(cocooning) 현상을 유발했다. 사회의 누에고치화를 통해 인간소외를 촉진해온 정보통신기술의 발달이 싸이버스페이스의 확장을 통해 사람들의 고독을 달래는 가장 포용성 있는 매체로 자리잡아가고 있는 현상은 아이러니컬하기도 하지만 사회의 싸이버화를 한층 더 가속화시키는 중요한 원동력이기도 하다.

넷째, 호기심이다. 싸이버스페이스는 정보의 바다다. 통제되었던 대중의 호기심이 무한히 열린 금단의 정보를 그냥 지나칠 리 없다. 구텐베르크의 금속활자혁명은 성경을 일반 대중에게 보급하는 길을 열어 종교개혁과 거대한 사회변혁을 촉발시켰다. 싸이버스페이스를 향한 인류의 호기심은 분명 새로운 역사변혁의 가능성을 잉태하고 있다.

다섯째, 강박성과 충동성이다. 싸이버스페이스는 무한히 넓다. 동틀 무렵에야 접속을 해제하면서도 미처 다 돌아다녀보지 못한 것이 너무도 께름칙하다. 그곳에서 나만 빼놓고 무슨 일인가 벌어지고 있을 것만 같아 확인하지 않고는 견딜 수가 없다. 꿈속에서도 다시 접속을 시도한다. 새로운 체험을 마스터하고자 하는 인간정신의 근원적 강박충동은 싸이버스페이스에 우리를 묶어두는 중독의 중요한 기전이다. 무한히 넓어 온전히 다 마스터할 수 없는 싸이버스페이스는 '저 모퉁이만 돌아서면' 증후군을 유발한다. 바로 저 모퉁이만 돌아서면 무언가 멋진 일이 있을 것만 같고 그게 마지막인 것 같다. 하지만 그 모퉁이를 돌아서는 순간 또 저쪽에 새로운 모퉁이가 나를 유혹한다. 무한공간의 탐색행동은 간간이 일어나는 멋진 발견을 통해 더욱 강화되는 간헐성 강화(intermittent reinforcement)에 의한 만족기를 거쳐, 결국은 발견의 의미와 감정은 유리된 채 기계적 탐색 행동만이 남아 매너리즘적이고 획일화한 무의미한 방황과 탐색의 시기로 이행한다.

여섯째, 표현욕이다. 왜 모든 사람들이 앞다투어 시간과 비용을 들여가며 자신의 홈페이지를 만드는가? 그것은 자기자신을 드러내고, 사회에 참여하여, 대화하고 부대끼려는 열린 세계에 대한 열망에 다름 아니다.

일곱째, 익명성이다. 화장실의 낙서에서처럼 무한자유를 추구하는 인간본성이 싸이버스페이스에서 그 절정을 이룬다. 이는 저항정신과도 통해 초기 싸이버스페이스에는 유독 반골기질을 가진 이들이 많았고, 평범하던 사람들도 싸이버스페이스에서는 쉽게 무정부주의자로 돌변한다. 싸이버스페이스의 통제불능의 익명성이야말로 싸이버스페이스로 통제와 질서의 권력을 확장하고자 하는 실제 세계의 기득권세력들이 집요하리만큼 개인 식별의 법제화와 암호화된 통신의 불법화를 주장하고 다양한 개인정보 유출 장치를 컴퓨터 운영체제에 심어 네티즌을 통제해야 한다고 웅변하는 근원적 이유이다. 역으로, 해커와 싸이버 무정부주의자들이 집요하게 그러한 요구에 저항하고, 홈페이지에 리본달기 운동을 벌이며, 스스로를 해킹과 암호화 기술로 무장하고자 하는 이유인 것이다. 그러므로 익명성은 단순히 욕망의 배설구 역할을 수행할 뿐만이 아니라, 인류가 수천년을 지속해온 권력과 계급 투쟁의 역사와 맞닿아 있는 것이다.

여덟째, 권력욕이다. 무엇 하나 내 뜻대로 안되는 현실세계와 달리 인터넷에서는 마우스 클릭만으로 가상세계의 통치자가 된다. 독재권력은 그것을 유지하는 것이 아무리 힘들고 위험해도 결코 권력을 놓지 않으려 한다.

아홉째, 그러므로 싸이버스페이스의 유혹은 외디프스 콤플렉스적 저항정신과 권력욕이며 개체 정체성 확립의 신화적 투쟁이다.

열번째, 분열성과 현존재 초월소망이다. 배우가 되는 무의식적 동기는 다양한 존재양식 체험의 소망이다. 싸이버스페이스에서는 다중 인격체험(여러 아이디로 활동)이 가능하고 적극 장려되기까지 한다. '터미네이터2' '지킬과 하이드' '남장여인'이 되는 짜릿한 체험의 근저에는 변신-환생에의 강렬한 소망이 자리하고 있다. 농경사회나 산업사회의 물리적인 제약에 의해 우리들의 자아는 비교적 일관된 형태로 계발되었다. 적어도 현대 산업사회는 분열적이고 복잡한 인간이 대량 증식되는 것을 원치 않는 듯하다. 숙련공이 되어서 한가지 직업을 성실히 수행하기에 이들의 욕구는 너무 복잡하고 변덕스럽기 때문이다. 하지만 항상 새로운 시대의 도래를 예견하는 인간정신의 근원적 에너지는 스스로를 한 시대에 묶어두려 하지 않는다. 이 힘은 항상 스스로를 새롭게 재창조하고자 한다. 그것은 현대 산업사회가 인류사회의 유일한 형식도 아니며, 숙련공으로서의 삶이 우리의 유일한 존재양식인 것도 아니기 때문이다.

열한번째, 신성희구(神性希求)이다. 싸이버스페이스는 무한히 넓고 없는 것이 없으며, 나 이전에 선험적으로 존재하는 미지의 세계다. 방향도 중심도 알 수 없는 미로이다. 내가 어떤 행동을 하든 미동조차 없이 침묵한다. 이러한 무한성은 인간 무의식의 무한한 투사 대상이 되고 무의식적 숭배의 대상으로 추앙된다.

열두번째, 궁극적으로 싸이버스페이스의 마력의 근원은 그것이 인간정신의 근원적 창조력인 환상작업의 매개체라는 점에서 찾아야 할 것이다. 신화를 잃은 현대인에게 싸이버스페이스는 무척 매력적인 무대다. 싸이버스페이스에서는 실제 세계에 존재하는 현실의 물리적 제약이 존재하지 않으므로 인간정신의 신화적 존재가 가능해진다. 나아가 환상동원능력이 부족한 사람들에게도 머드나 가상현실과 같은 다양한 변신도구들을 제공한다. 싸이버스페이스는 바로 변환·재생·불멸과 같은 태고적 냄새가 물씬 풍기는 신화의 세계이다. 먼 옛날에는 신화와 전설이, 농경사회에서는 할머니의 옛날이야기가, 산업사회에서는 소설이나 TV가 수행했던 기능들을 정보화사회에서는 아마도 싸이버스페이스가 맡으려는 듯하다. 다시 말하면, '소꿉장난'이나 '전쟁놀이'의 환상작업을 통해 어린아이들에게 미지의 미래를 준비시켜온 인간정신의 이 근원적 에너지는 지금 싸이버스페이스의 초년병들을 통해 새로운 문명의 미래를 점치기 위한 '가상 씨뮬레이션 게임'에 몰입하고 있는 것이다.

싸이버중독의 특수성

그렇다면 유독 싸이버중독에만 알코올중독이나 고전적인 컴퓨터게임중독과는 다르게 사회문화적 의미를 부여하려는 이유는 무엇인가?

싸이버중독은 물질중독뿐 아니라 성적 강박, 편집증, 권력욕, 금권욕 등의 수많은 중독성 행동들과도 구별되는 특징과 의미를 가지고 있는가? 싸이버중독을 싸이버스페이스의 개개 구성요소인 포르노중독, 게임중독, 채팅중독 등의 단순한 합집합으로 설명하기에 부족한 어떤 문제점이 있는가? 즉 기존의 정신병리학적 중독증 해석의 틀을 넘어선 '싸이버중독'의 사회문화적 개념화는 과연 정당한 것인가?

첫째, 그 중독대상의 광범위함이다. 비록 싸이버스페이스의 침습에 많이 노출되고 자기 통제력이 부족한 청소년과 젊은 층이 더 심각한 문제를 겪곤 하지만, 싸이버중독 현상은 남녀노소를 불문하고 싸이버스페이스에 출현한 모든 직업과 사회계층에 만연한다.

둘째, 그 형식의 다양성이다. 온라인 게임과 채팅과 같이 그 중독성이 무척 강한 부분에서는 그 나름의 독특한 형식이 발견되는 경우도 있지만, 싸이버중독은 규격화하기 불가능한 거의 무한대의 다양한 형식을 연출한다. 더욱이 싸이버스페이스는 그래픽 머드나 3D 채팅의 예와 같이 새로운 상호작용의 미디어를 끊임없이 창출하고 있으므로, 앞으로도 그 복잡성은 기하급수적으로 늘어날 것이다.

셋째, 그 변화무쌍한 병태생리학적 다형성이다. 일반적 중독현상이 정상상태와 확연히 구별되는 극도의 몰입 혹은 편집증세를 보이고 회복도 매우 어려운 반면 싸이버중독은 그 시작과 경과가 매우 모호하거나 경미한 경우가 많으며, 어느정도 마스터리가 이루어지면 저절로 회복되는 경향도 있다. 한가지 중독에서 벗어난 이후에도, 이런저런 다양한 매체형식을 전전하며 중독과 회복을 반복하기도 한다. 싸이버중독은 마치 대중스타나 근육운동에 열광하던 청년이 사랑에 몰두하고, 다시 사회개혁운동이나 권력욕에 몰두하는 것처럼 삶의 일반적 자기실현과정의 방황과 모색의 끝없는 반복처럼 다양한 형상으로 출몰한다.

넷째, 씨스템의 복잡계적 특성의 유지이다. 대부분의 중독현상의 경우, 모든 정신활동이 중독대상에 집중되고 종속되어 극도로 단순·기계화되며(알코올중독자는 계속 술만 마신다), 피드백이 풍부한 건강한 씨스템의 특성인 복잡계적 특성을 잃는다. 단순 게임에 중독된 경우가 아닌 순수한 싸이버중독의 경우 풍부하고 다양한 신경정신계통의 반응성이 잘 유지되는 경우가 많다.

끝으로, 그 중독현상의 긍정적 측면이다. 사회가 아무리 그 변혁을 반복한다 하여도 현재의 알코올중독이 사회적으로 유용한 행동이 될 가능성은 없어 보인다. 하지만 싸이버중독의 개개 현상들은 부분적으로 새로운 매체에 대한 탐색과 마스터리 과정을 가짐으로써 그것에 병적으로 사로잡히지 않는 한 긍정적이고 적응적인 측면이 존재한다는 것이다.[4]

싸이버중독을 광범위한 사회문화현상으로 개념화해야 한다는 주장은 개개인의 심각한 고통을 치료할 필요가 전혀 없다거나, 싸이버중독이 적극 장려해야 할 현상이라고 주장하는 것이 결코 아니다. 그것은 오히려 복잡한 사회문화현상의 하나로서의 싸이버중독과, 기존의 단순한 정신병리학적 현상으로서의 중독병리가 싸이버중독의 모습을 쓰고 출현한 경우의 구분선을 명료히함으로서, 적절한 조언과 협조가 필요할 때와 적극적으로 입원과 치료를 필요로 할 때를 명확히 구분하기 위한 것이다. 그것은 '싸이버중독증은 모두 신종 정신질환'이라고 과잉 일반화하여 침대보다 긴 사람은 다리를 잘라 침대에 맞추고, 짧은 사람은 다리를 잡아늘여 침대에 맞추었다는 한 신화와 같은 어리석음에 경종을 울리고, 복잡한 현대사회에서 싸이버중독증의 의미를 바로잡아보고자 하는 노력인 것이다.

4) 싸이버중독의 적응성에 대한 사회적 합의가 이미 이루어져 있음은 오늘날 연일 지면을 채우고 있는 컴퓨터와 인터넷 관련 기사를 통해 짐작할 수 있다. 현대인의 가장 대표적인 기호품인 술과 담배도 대중매체를 통한 광고와 판매가 엄격히 통제되고 있음에 비교해보면, 알코올중독과 싸이버중독의 사회적 의미가 다르다는 것에 대한 사회적 합의가 이미 형성되어 있음을 어느정도 알 수 있다.

싸이버중독과 싸이버리즘

사상으로서의 싸이버리즘[5]에 대한 심층적 논의는 싸이버중독을 다루는 본고의 범위를 넘어선다. 하지만 가상현실기술과 인공두뇌학으로 전우주를 싸이보그화하여 인류를 자연으로부터 완전히 격리시키는 싸이버화야말로 가장 설득력있는 인류문명의 숙명적 미래라는 싸이버리스트(cyberist)들의 주장에 대한 이해야말로, 사회의 싸이버화와 싸이버중독 현상을 개개의 정신병리에 집착하지 않고 좀더 광범위한 사회문화적 현상으로 파악하는 행위를 뒷받침하는 것이다. 설령 완전한 싸이버리즘의 공상적 환경까지는 아니라도, 적어도 우리가 살고 있는 환경의 어느정도의 싸이버화는 진행될 것이 명백하기 때문이다. 싸이버리즘이 인류문명의 피할 수 없는 숙명이라면 싸이버중독을 삶 자체에 대한 중독과 구별해내는 것은 불가능해진다. 대자연에서의 인류의 삶이 지각된 만물(萬物, matter)에 대한 투사(projection)과정이라면 싸이버화된 환경에서의 삶은 지각된 매트릭스(matrix)에 대한 투사과정일 것이기 때문이다.

두 발은 항상 땅에

중독은 목적지향적 행동에 대한 변화를 수반한다. 사회생활에는 흔히 일정한 목적이 있고 거기에 도달하기 위한 수단이 있다. 중독의 대상은 어떤 목적을 위한 수단이었던 경우가 많다. 사람들은 사교 목적으로 술을 배우기도 하고, 사회개혁을 실현하기 위해 정치권력에 도전하기도 한다. 가정의 행복을 지키기 위해 열심히 일에 매달리기도 하고, 컴퓨터를 배울 목적으로 인터넷을 사용하기도 한다. 아이러니컬하게도, 중독의 마력에 사로잡힌 사람들은 '수단'에 불과했던 술과 권력

5) "싸이버리즘은 일종의 기술결정론으로서 현대와 미래의 모든 고도기술들을 통합하여 우리의 모든 환경을 사람의 필요에 지능적으로 반응하게 만듦으로써 환경에 고도로 인격화된 생명을 부여하고자 하는 기술사상이다. 모든 환경을 「터미네이터 2」에서 보이는 액체금속처럼 부드럽고도 견고하며 지능적으로 반응하는 정밀하고 거대한 유기체로 만드는 것이다. 그리하여, 당신이 피곤하면 바닥은 의자가 되고, 넘어지기라도 할라치면 모퉁이는 부드럽게 당신의 무릎을 피해 물러나서 조금도 다치지 않게 하는 새로운 세상을 만드는 것이다. 당신의 의식을 RAM에 다운로드시키고 잠들 수도 있는 과학기술로서 사람과 우주가 일체가 되는 진정으로 싸이버적인 이상향이다. 혹자는 싸이버리즘을 허무맹랑한 공상과학소설에 불과하다고 폄하할 것이다. 그러나 디지털혁명은 이미 시작되었다. 인류가 화폐를 발명한 이후 가상의 가치는 실제의 가치를 능가하기 시작했고, 전화를 발명한 이후로 우리에게 너무나도 친숙해져버린 이 가상의 대화는 그 대화의 상대방이 지구 반대편에 있다는 공간적 거리감을 너무나도 부드럽게 마비시켜버렸다. 싸이버리스트들의 꿈은 이미 도처에서 이루어져가고 있다. 가상기술을 통해 자연과 사람 모두가 기계화되어서 실내로 옮겨왔다. 싸이버리스트의 공격은 이미 시작되었다."(김주한 1997a, 202면)

을 숭배하게 되고, 일이나 인터넷 접속과 클릭 그 자체에 갇혀버린다.

과거에는 통제능력 상실과 낙인을 의미하여 기피되던 '중독'이란 단어가, 최근에는 더이상 부정적 느낌만 전하지는 않게 되었다. 인터넷의 보급과 더불어 정신적 고통도 자연스럽게 공개하고 토론할 수 있는 개방적 분위기가 조성되는 것에 힘입어, '싸이버중독'은 이미 현대사회를 상징하는 화두가 되었고, 사랑도 중독, 일도 중독, 심지어 인생을 살아가는 것 자체도 결국 '중독의 힘' 아니냐며 "아직도 중독 안되셨어요?" 하고 자신있게 되묻는 젊은이들도 늘어가고 있다. 중요한 점은 이 허무주의적 담론이 역설적으로 우리 자신의 삶의 의미를 되묻고 있다는 것이다. 신화와 삶의 목표를 잃고 방황하는 현대인들에게, "한두 가지 중독된 것조차 없고서야 어찌 살아가시겠느냐?"며 뜨겁게 반문하는 것이기도 하고, 어쩌면 "무료하고 허무한 인생을 꾸역꾸역 살아가느니, 사랑이든 일이든 깊이 중독되어 도취된 듯 진하게 살아보겠다"는 외침이기도 한 것이다.

그렇다면 싸이버중독의 해법은 의외로 단순한 우리의 일상에 있는 것이다. 그것은 우선 주객이 전도된 목적과 수단을 바로잡는 것이고, 무언가에 중독되지 않고서도 기쁘고 보람있게 살아갈 수 있도록 스스로의 인생에 주인이 되는 것이다. 마법의 포로로 사로잡히기 이전에 내가 걸어왔던 삶은 어떤 모습이었는가를 되돌아본다면, 너무도 쉽게 진정 내가 원했던 것은 무엇이고, 내가 사랑한 것은 무엇이고, 내게 정말 중요했던 것들이 무엇이었는지, 그 본래의 모습들이 선명하게 드러나기 시작할 것이다. 이러한 내면으로의 여행은 당신의 균형잡힌 판단력과 정신적 활력을 회복시켜 현실세계에서 서로의 얼굴을 마주하고 어울려 이야기하는 기쁨을 되찾아줄 것이다.

휘청거리는 현대인은 무언가에 중독되기를 진정 소망하는지도 모른다. 역으로 신화를 잃은 현대인들에게, "내가 왜 하찮은 기계덩어리에 중독되어버리는가?" 하고 자문해보게 하는 것은, 자신이 하고 있는 일들과 자신의 삶의 여정에 대한 매우 의미있는 깨달음을 던져준다. 놀랍게도 그것은 내 일상의 주인은 누구이며, 내가 가고 있는 길이 어느 방향을 향한 것인가와 같은 소중한 것들이다.

〈표 1〉 인터넷중독증의 진단기준[6]

동일한 12개월 동안에 다음의 항목 중 적어도 세 가지 이상을 만족시키는 인터넷 사용에서의 비순응적인 행동유형을 보여 임상적으로 유의한 장애 혹은 고통을 유발하는 경우.

1. 내성(다음 중 한 항목에라도 해당하는 경우로 정의한다).
    1. 더 많은 시간을 인터넷에서 소모해야 만족을 얻을 수 있는 경우.
    2. 인터넷상에서 지속적으로 같은 시간을 소모해도 그 효율은 현저히 저하되는 경우.
2. 금단(다음 중 한 항목에라도 해당하는 경우로 정의한다).
    1. 특징적인 금단증상.
        1. 장기간의 심한 인터넷 사용을 중지하거나 감소시킨 경우.
        2. 항목(1) 이후 수일에서 한달 사이에 다음 중 두 항목 이상을 만족시키는 경우.
            1. 정신운동초조(psychomotor agitation).
            2. 불안(anxiety).
            3. 인터넷에서 무슨 일이 일어나고 있을 것 같은 강박적인 사고.
            4. 인터넷에 대한 환상 혹은 백일몽 작용(과도한 상상).
            5. 손가락의 수의적 혹은 불수의적 자판 두드리기 운동.
        3. 항목(2)의 증상들이 사회적, 직업적, 혹은 다른 기능상의 중요한 영역에서 장애 혹은 고통을 유발하는 경우.
        4. 금단증상의 해소를 위해 인터넷 혹은 유사한 통신망을 사용하는 행동.
    2. 계획했던 것보다 인터넷 사용의 빈도 및 사용시간이 더 길어지는 경우.
    3. 인터넷 사용을 중지하거나 줄이고자 하는 지속적인 욕구, 혹은 성공하지 못하는 노력.
    4. 상당량의 시간을 인터넷 관련 행동에 소모함(예, 인터넷 서적구입, 새 웹브라우저의 사용시도, 인터넷 관련 상품판매의 검색, 다운받은 파일들의 정리).
    5. 중요한 사회, 직업, 혹은 여가 활동이 인터넷 사용을 위해 포기되거나 감소됨.
    6. 인터넷 사용에 의해 유발 혹은 악화된 지속적이거나 반복적인 신체적, 사회적, 직업적, 혹은 심리적 문제를 소유하고 있음을 자각하고 있음에도 불구하고 지속되는 인터넷 사용.

6) http://plaza1.snu.ac.kr/~psyber/iad.htm.

참고문헌

김주한 (1996)「인터넷 신드롬」,「과학동아」9호.

_____(1997a)「사이버리즘과 공주병」,「인터넷」1호, http://www.infoage. co.kr/internetmag/9701/netdoctor.html.

_____(1997b)「사이버 공간의 만남과 헤어짐」,「인터넷」7호, http://www.cybermedicine.org/juhan/mannam.asp.

_____(1997c)「사이버 영화 접속」,「인터넷」11호, http://plaza1. snu.ac.kr/~psyber/contact.htm.

류인균 (1999)「한국정신병리진단분류학회 사이버중독연구팀」, 한국정신병리 진단분류학회 추계학술대회.

홍성욱 (1999)「사이버스페이스의 재편과 21세기의 전망」,「생산력과 문화로 서의 과학기술」문학과지성사.

American Psychiatric Association. (1994) *Diagnostic and Statistical Manual of Mental Disorders*. Fourth Edition (DSM–IV).

Griffiths, M. (1999) "'Internet Addiction': Fact or fiction?" *Psychologist* 12.

Shannon, C. E. (1948) "A Mathematical Theory of Communication." *The Bell System Technical Journal* 27.

Shapira, N. A., T. D. Goldsmith, P. E. Jr. Keck, U. M. Khosla and McElroy, S. L. (2000) "Psychiatric Features of Individuals with Problematic Internet Use." *J Affect Disord* 57.

Wiener, N. (1948)「사이버네틱스: 동물과 기계에서의 제어와 통신」.

Young, K. S. (1996) "Internet addiction: the emergence of a new clinical disorder." *CyberPsychology and Behavior* 1 (Paper presented at the 104th annual meeting of the American Psychological Association, Toronto, Canada, August 15, 1996).

01011010101011000101010101010101010101101111010101011010101010110011010101101010101010
11010110101010101101000010101011111010101011011010101010101111010101010110010101101

인터넷혁명, 그 열림과 닫힘의 실천적 의미

홍 성 욱

우리에게 정보통신혁명은 무엇인가?

'정보통신기술이 세상을 바꾸고 있다'는 조금은 진부한 얘기를 놓고 우리는 세 가지 서로 다른 질문을 던질 수 있다.

정말로?
어떻게?
그래서?

첫번째 질문에 대한 진지한 대답을 모색하는 것은 정보사회가 풍요롭고 평등하며 자유로운 장밋빛 낙원일 것이라는 이데올로기에 대한 비판적 해독제로서 의미가 있다. 이른바 정보와 지식이 그 자체로 진보적이고 만인에게 유익하다는 낙관적 정보사회론은 그 근거가 무척 취약하다. 우선 정보사회도 이윤을 창조하는 생산활동과 자본축적이 근간을 이루는 변함없는 자본주의사회이기 때문이다. 또한 우리가 사는 사회에서 정보는 생산을 위한 도구뿐만 아니라 통제를 위한 수단으로도 사용되기 때문이다. 정보사회는 지금까지 상품생산의 영역에서 어느정도 제외되었던 정보와 지식을 경제적 재화로 포섭하고, 정보기술을 활용해서 시장을 전지구적으로 확산함으로써 기존의 부익부 빈익빈을 심화하고 있다. 정보부자와 정보빈자 사이의 간극은 전지구적으로도, 한 국가 내에서도, 비슷한 직종 내에서도 점점 더 벌어지고 있다. 산업혁명이 막 시작될 무렵에는 가장 잘사는 나라와 가장 못사는 나라 간에 5배 정도 부의 격차가 있었지만, 지금은 400배 이상 차이가 나는 실정이다. 이렇게 자본주의의 메커니즘에 초점을 맞추면 정보사회와 산업사회의 근본적 차이, 혹은 제3의 물결과 제2의 물결의 근본적 차이는 상당부분 사라지고, 이 둘의 차이만 강조하면서 정보사회가 마치 자본주의를 극복한 새로운 사회라고 내세우는 이론들의 이데올로기적 성격이 더욱 분명하게 드러난다.[1]

그렇지만 여기에 머무는 것은 뭔가 개운치 않다. 자본주의 자체는 크게 달라지지 않았을지라도, 우리는 삶의 구석구석에서 다양한 변화를 피부로 느끼며 살고 있기 때문이다. 일단 2,30년 전과 비교해볼 때, 농업과 육체노동 이외의 새로운 산업분야에 종사하는 노동자들이 증가했음이 확연하게 눈에 띈다. 이들 중 일부는 지식의 생산·유통·소비를 직접 담당하는 '지식노동자'이고, 그렇지 않은 경우라도 컴퓨터를 사용해서 자동차 디자인을 하는 등 정보를 생산이나 써비스를 촉진하기 위해 이용하는 사람들이다. 정보통신기술의 영향은 노동계급의 구성을 변화시키는 데만 국한되지 않는다. 직장에 도입된 정보통신 네트워크는 새로운 능력과 업무를 중요하게 부각시키면서 조직과 인간관계를 바꾸고 있다. 벤처기업과 직접 관련이 없는 사람들도 코스닥의 주가에 희비가 엇갈리며, 다음·알라딘·야후코리아·아이러브스쿨 등 닷컴(.com) CEO들의 성공 스토리는 이미 많은 젊은이들에게 꿈의 신화가 되었다. 일상생활에서도 컴퓨터 네트워크가 열어준 싸이버세상은 우리의 현실세상을 자꾸 먹어들어오고 있다. 싸이버 재산이 매매되고 이를 갈취하기 위해 서로 주먹다짐을 하는 극단적인 경우가 아니더라도, 편지에 우표를 붙여 우체통에 넣는 대신 전자우편과 온라인 카드를 선호하는 예에서도 우리는 싸이버세상과 현실세상의 경계가 새

[1] 이 책에 실린 프랭크 웹스터의 「정보, 자본주의, 불확실성」을 보라.

롭게 그어지고 있음을 본다. 싸이버세상에는 수많은 게임·친목·취미·학술 공동체들이 있으며, '무림'이라고 할 만한 격론장도 여럿 있다. 사람들은 가상공동체에서 낯선 타인과 친구가 되고, 이들의 경험을 공유하면서 즐거워하고 분노하고 때론 눈물을 흘리기도 한다.

지금 우리에게 주어진 과제는 이 변화들을 체계적으로 이해하고 그 상호관계를 밝힘으로써, 바람직한 변화를 선택할 수 있는 이론적·실천적 힘을 얻는 것이다. 즉 정보기술이 세상을 '어떻게' 바꾸는가라는 두번째 질문과, '그래서' 우리는 무엇을 할 수 있는가라는 세번째 질문에 대한 답을 진지하게 모색해야 한다는 것이다. 특히 '기술 그 자체가 혁명이자 해방'이라는 기술결정론을 거부하는 사람들은 '기술이 어떻게 혁명과 해방의 조건을 만드는 데 기여할 수 있는가'를 규명하는 데 더 노력을 기울여야 한다. 이 책에 실린 11개의 글은 이런 문제의식을 공유하면서 네트 안팎에서 가능한 다양한 실천의 가능성을 모색했다. 이 마지막 장에서는 지금까지의 논의에 바탕해서 이제 우리에게 남은 이론적·실천적 작업들을 점검하고, 정보기술혁명을 사회진보와 공명(共鳴)하는 방향으로 사용할 수 있는 방법을 타진해보도록 하자.

정보통신 기술의 세 가지 특성과 그 영향

우리의 목적을 위한 출발점은 정보통신기술의 특성과 영향을 명확하게 이해하는 것이다. 컴퓨터와 인터넷을 포함한 정보통신기술의 영향은 다음과 같은 세 가지 차원에서 고찰해볼 수 있다.

정보기술은 정보를 만들어낸다
컴퓨터와 같은 정보기술은 계산이나 데이터 처리 같은 인간의 정신노동의 일부를 대체함으로써 더 효과적이고 신속하게 업무를 처리할 수 있게 해주었다. 역사적으로 봐도 컴퓨터는 갑자기 늘어난 데이터를 처리하고, 사람이 할 경우 하염없이 시간이 걸리는 계산을 가능하게 하기 위해서 만들어졌다.[2] 1950년대 이후 컴퓨터는 작업장의 기계와 결합해서 미리 정해진 프로그램에 따라 기계를 작동시켰다. 이 결합을 통해 기계는 이전의 산업화 시기와는 비교할 수 없을 정도로 정교하고 유연한 작업을 수행할 수 있게 되었다. 1960년대 이후에는 사무실에 컴퓨터가 도입되어 사람이 하던 회계와 데이터 처리를 대체했다. 공장과 사무실의 '자동화'는 컴퓨터가 이뤄낸 것이었다. 정보기술은 이렇게 인간의 정신적·육체적 노동을 대체하는 특성을 가지고 있다. 정보기술이 대체하는 분야에서는 보통 탈숙련화와 실업이 유발된다.

그러나 인간의 정신적·육체적 노동을 대체하는 것이 정보기술의 전부는 아니다. 주보프(Shoshana Zuboff)가 흥미있게 지적했듯이, 정보기술은 자동화하는 과정에서 새로운 '정보를 만들어내는' (informate) 특성을 가지고 있다(Zuboff 1984). 우리는 컴퓨터를 사용한 뒤에 예전에는 쉽게 하던 작업이 더 복잡해졌다는 불평을 종종 듣는다. 자꾸 새로운 프로그램을 배워야 하고, 컴퓨터를 업그레이드해야 하고, 나아가 이를 전문으로 하는 새로운 사람을 고용해야 하는 등, 일이 더 많아졌다는 얘기다. 이런 불평을 곰곰이 살펴보면, 기존의 일이 복잡해졌다기보다 새로운 일들이 계속 생기고 있음을 알 수 있다. 가장 간단한 문서 작성의 경우에도 예전 같으면 하지 않을 일들(예컨대 덧말을 넣거나, 쪽 모양을 이리저리 바꾸거나, 그림을 넣거나, 다단 문서를 만드는 등)을 하기 때문에 일이 늘어난 것이다. 과학기술 연구에 컴퓨터가 도입된 과정을 보면, 컴퓨터가 단지 기존의 계산을 쉽게 해준 것이 아니라, 예전에는 생각도 못했던 계산이나 모델링을 가능하게 함으로써 아예 새로운 학문분야를 세우는 데 종종 결정적인 촉매 역할을 했음을 알 수 있다. 정보통신기술은 복잡한 데이터를 처리하고 공정을 통제하기 위해 발달했지만, 이렇게 발달한 기술이 세상을 더 복잡하

2) 이 책의 홍성욱 「인터넷은 열린 세상을 만들어낼 것인가?」 참조.

게 만드는 결과를 가져오는 것이다. 부분적으로 이러한 특성 때문에 정보통신기술이 생산성에 얼마나 기여했는가는 잘 잡히지 않고 있다.

공장이나 사무실에 컴퓨터가 도입되고 자동화가 진행되면서 이 과정에서 숙련노동이 탈숙련화되고 직장을 잃는 사람이 생기는 반면에, 정보기술이 새롭게 생산해내는 정보를 이해하고 처리하기 위한 새로운 고용 또한 창출된다. 2차산업이 컴퓨터화되면서 이에 종사하는 사람이 줄고, 써비스산업과 지식산업에 종사하는 사람들이 늘어나는 산업구조가 이러한 변화에 기인한다. 그렇다면 없어지는 직장과 새롭게 만들어지는 직장 중 어느 것이 더 많은가? 정보기술이 가장 먼저 발달한 미국의 경우, 경제학자 사이에서는 경제발전과 고용의 측면에서 볼 때 장기적으로 손실보다 이득이 크다는 주장이 더 큰 설득력을 얻고 있다.[3] 그렇지만 한국의 경우 정보기술이 작업장에 도입되면서 숙련노동이 어떤 변화를 겪으며, 그 과정에서 누가 피해를 보고 누가 반사적 이익을 얻는가에 대한 문제는 더 많은 경험적 연구를 필요로 한다. 특히 국가적 차원에서 정보기술이 발달하면서 사라지는 직업과 새롭게 생기는 직업의 득실이 어떻게 되는가도 엄밀하게 따져볼 필요가 있다.

정보기술은 네트워크를 활성화한다

지금 인터넷혁명이라 불리는 변화는 개인용 컴퓨터가 서로 연결되면서 나타난 최근의 현상이다. 그러나 정보를 처리하는 정보기술과 통신기술은 이미 19세기에 나타났다. 정보통신기술의 역사를 '제어혁명'(control revolution)의 관점에서 연구한 베니거(James Beniger)는 1840년대 철도씨스템이 복잡해지면서 안전에 대한 필요가 관료적이고 합리적인 조직체계를 만들었고, 이와 동시에 전신·우편국 같은 통신기술의 발달과 보급을 낳았으며, 이는 다시 제품의 유통·생산·소비에 차례로 영향을 미쳤다고 주장했다(Beniger 1986). 이 관점에 따르면, 정보사회는 이미 19세기 말엽에 그 기반이 만들어진 것이다. 웹스

3) 이 책의 양신규 「지식정보기반 신경제와 벤처기업」 참조.

터(Frank Webster)와 로빈스(Kevin Robins)도 정보기술이 복잡하고 규모가 큰 관료제·다국적기업·현대국가의 감시체제를 가능케 한 기술이라고 지적하면서, 그 기원을 20세기 초엽 테일러(Frederick Taylor)의 과학적 경영에서 찾고 있다(Webster and Robins 1989).

그렇지만 간과해서 안될 것은 정보통신기술 자체가 질적 변화를 겪었다는 것이다. 1970년을 기준으로 볼 때, 그 이전의 정보통신기술은 냉전을 위한 핵무기·관료제·통제를 위해 주로 사용되었지만, 1970년대 이후 PC와 다양한 네트워크의 점진적인 보급은 정보통신기술을 닫힌 세상에서 좀더 열린 세상으로 밀어낸 중요한 요인이었다. 더 많은 사람이 사용할 수 있게 된 정보통신기술은 수직적인 관료제뿐만 아니라 수평적인 네트워크 형태의 인간관계와 조직을 가능하게 했다. 우리가 '연줄'이라고 부르는 것도 네트워크 형태의 인간관계나 조직이며, 이런 의미에서 네트워크는 사실 '전근대적인' 것이라 할 만큼 오래된 것이다. 네트워크 형태의 조직은 명시된 법이나 규칙보다 비공식적 규범, 개인적인 신뢰나 기대에 의존하기 때문에 정파주의나 지역연고주의와 같은 폐혜를 낳기도 하며, 이런 이유 때문에 근대사회가 발전하면서 비판을 받았다. 수평적이고 느슨한 조직의 또다른 문제는 정보를 공유하거나, 업무를 분담해서 한가지 작업을 하기가 쉽지 않다는 것이다. 사람이 10명만 돼도 일을 총괄하는 책임자와 서열을 세우는 편이 작업을 하기에 훨씬 용이하다는 사실을 쉽게 알 수 있다.

그렇지만 컴퓨터 네트워킹 같은 정보통신기술의 발전은 네트워크 형태의 조직에서도 효과적인 정보 전달과 공유를 기술적으로 가능하게 함으로써 이러한 조직형태를 전면에 부상시키고 있다. 실제로 정보통신기술을 잘 사용하면 네트워크 형태의 조직이 정보를 효율적으로 공유하고 합리적 결정을 내리는 데 있어 위계적 조직보다 유리할 수 있다. 우리 주변의 가장 간단한 예로, 전자우편을 이용한 메일링리스트(mailing list)나 인터넷 게시판을 통한 숙의는 위계적인 조직에는 적합하지 않다. 역으로 위계적인 조직이 이런 네트워크를 사용할 때는 그 이점을 충분히 활용하지 못하는 경우가 흔하다. 인터넷과 같은 컴퓨터 네트워크가 이미 중요해진 세상 속에서 일을 효율적으로 수행하기 위해서는 조직구조나 인간관계 역시 국지적인 네트워크의 형태를 띠는 것이 점점 더 유리해진다. 이러한 이유로 가정과 직장, 경제활동과 정치적 권력, 문화의 영역에서 수평적이고 평등하며 유연한 네트워킹과 파트너십의 원칙이 위계적 조직구조를 신속하게 대체하고 있다.

정보기술은 경험세계를 변화시킨다

우리의 경험은 사회적·자연적 환경과 소통하고 부딪치며 형성된다. 기술은 자연적 환경을 사회적 환경으로 바꾸는 한가지 중요한 힘이다. 18세기 이래 교통·통신 기술은 시공간에 대한 우리의 경험을 바꾸었다. 19세기 후반에 실용화된 전기기술은 밤낮이라는 자연적 환경을 인공적 환경으로 바꿈으로써, 우리의 경험에 중대한 변화를 불러일으켰다. 정보통신기술이 중요한 이유는 이것이 생산·소비·권력의 관계만 바꾸는 것이 아니라, 바로 우리가 보고 느끼는 경험 그 자체를 새롭게 구성한다는 데 있다.

사람들은 컴퓨터를 들여다보면서 빙그레 웃고 분노하고 심지어 엉엉 울기도 하는데, 이는 컴퓨터 네트워크를 통해 만들어진 '가상 커뮤니티'(virtual community)가 사람들의 경험을 풍부하게 하고 이를 형성한다는 사실을 잘 보여준다. 싸이버스페이스에서 일어나는 수많은 일들은 현실세계와 다양한 접점을 만들면서, 현실세계의 중요한 일부가 되었다. 까스뗄스가 지적했듯이, 이러한 의미에서 싸이버스페이스는 '가상현실'(virtual reality)이라기보다 '현실인 가상세계'(real virtuality)이다(Castells 2000). 특히 도시의 바쁜 삶 속에서 공동체를 잃어버린 현대인에게 싸이버 공동체는 심리적 안정마저 제공한다.[4]

가상세계와 현실세계는 전적으로 분리되어 있지는 않다. 싸이버세

<hr />

4) 이 책의 이건 「싸이버스페이스의 열린 공동체」를 참조.

상의 질서도 법, 시장, 기술적 구조, 규범 등에 의해 지배를 받으며, 싸이버 공동체에서의 권력관계도 현실세상에서의 그것을 어느정도 반영한다. 그렇지만 가상세계에서의 경험이 현실세계에서의 경험을 판박이하는 것은 아니다. 가상세계에서 우리는 육체와 시공간의 제약이라는 현실세계의 한계를 뛰어넘어 다양한 경험을 할 수 있다. 나이와 시공간이라는 한계를 넘어 친구를 사귈 수 있고, 자신이 되고 싶었던 자신의 이미지를 만들 수도 있으며, 성(gender)을 바꿀 수도 있다. 현실세계에서는 소극적인 사람이 가상현실에서는 적극적인 성격을 가지는 경우도 흔하다. 이러한 새로운 경험은 우리의 가치와 신념 체계에 변화를 가져오며, 변화된 가치와 신념 체계는 다시 세상에 대한 더 풍부하고 새로운 경험의 기회를 제공한다. 싸이버세상과 현실세상의 이러한 상호작용은 새로운 개성, 유연한 정체성, 전자매체를 통해 소통할 수 있는 능력을 가진 사람들을 만들어내는 새로운 조건을 형성한다.

이 세 요소들의 상호 영향

지식과 정보의 생산·소비·유통에서의 변화, 네트워크 형태의 조직의 부상, 경험의 변화라는 세 가지 변화가 '정보혁명' '정보기술혁명' '컴퓨터혁명' '인터넷혁명' '네트워크혁명' 등의 다양한 이름으로 불리는 사회·기술적 변화의 핵심이다. 조금 거시적으로 보았을 때, '세계화'란 현상의 기저에 존재하는 범세계 금융자본('미친 돈'이라 불리는 투기자본)의 이동은 정보통신기술의 발달로 인해 명백한 차액거래(arbitrage)가 거의 불가능해진 기술적 기반 위에서 만들어진 것이다. 이것말고도 정보통신기술은 생산에 유용한 지식의 범위를 넓히고, 이러한 지식을 생산하는 협동연구를 범세계 규모로 확산했다. 정보통신기술은 새로운 정보와 지식을 만들어내고 이러한 정보와 지식을 효과적으로 공유하고 유통시키는 기술적 수단을 제공했다.

이러한 거시적인 변화는 기업체와 같은 조직의 구조에 영향을 미친다. 컴퓨터 네트워크를 활용해서 창조적인 지식을 만드는 것은 위계적 조직에서보다 수평적인 네트워크 형태의 조직에 더 유리하며, 따라서 이는 네트워크 형태의 조직을 부각시키는 중요한 힘이 된다. 씰리콘밸리가 혁신적일 수 있었던 것이, 회사들 사이의 치열한 경쟁과 경쟁사에 근무하는 엔지니어들 사이의 비공식적인 협조네트워크가 조화를 이루었기 때문이라는 연구결과가 보여주듯이, 네트워크 형태의 조직에서는 구성원들 사이의 신뢰와 상호협력 능력이 강조된다. 이 새로운 조직에 걸맞는 인간형은, 정보혁명시대의 '상호의존'의 의미를 이해하고, 변화하는 기술을 스스로 학습하고, 업무에 따라 조직을 유연하게 이동하면서 파트너십을 개발할 수 있는 능력을 가진 사람이다. 싸이버 세상에서의 다양한 경험은 이러한 유연한 정체성의 개발을 도와준다. 이 새로운 경험들은 적극적 자기 학습의 필요성을 인식시키고, 우리 자신이 스스로와 가족에 대해 생각하는 방식을 바꾸면서 라이프스타일을 변화시킬 수 있기 때문이다.

이러한 변화들은 20세기 마지막 25년을 통해 뚜렷한 사회적 흐름으로 등장했고 1990년대에 인터넷이 보편화되면서 빠른 속도로 가속화되었다. 이 변화는 미국이나 영국과 같은 정보선진국에만 국한된 현상이 아니다. 정보선진국의 대열에 빠르게 진입하려고 애쓰고 있는 한국의 경우에도 변화의 다양한 조짐이 발견되고 있으며, 이는 가까운 미래에 훨씬 더 분명한 형태로 드러날 것이다.

네트워크혁명의 열림과 닫힘 그리고 그 실천적 의미

정보기술이 열어줄 미래가 장밋빛인가 아닌가만을 놓고 논쟁하는 것은 소모적이다. 미래의 사회는 현재의 기술만이 아니라 기술을 둘러싸고 갈등관계에 있는 사회세력들 사이의 역학관계에 의해서도 그려지기 때문이다. 그렇지만 지금 일어나는 변화의 힘을 무시하고 변화를 거꾸로 돌리려 한다면 이 역시 성공할 수 없다. 따라서 우리에게 의미 있고 진보적인 실천은 바람직한 변화와 그렇지 않은 것을 골라내서 변화의 물줄기를, 창의성을 고양하고 참여를 촉진하면서, 동시에 새로운 사회적인 평등을 가져올 수 있는 방향으로 틀어주는 것이다. 인터넷혁명의 열려 있는 특성을 살리고 닫힌 부분의 부정적 영향을 최소화하는 유연한 전략이 필요하다는 것이다.

정보기술에는 분명히 '열린' 측면이 존재한다. 정보와 지식의 생산과 유통이 수월해지면서 정보와 지식의 소유나 통제를 바탕으로 한 '권위'는 더이상 유지되기 힘들게 되었다. '권위'의 붕괴는 가정과 학교에서, 전문가집단과 대중 간의 관계에서, 직장에서, 정치권력의 영역에서 광범위하게 진행되고 있다. 또한 정보기술이 촉진하는 수평적 네트워크는 위계적 명령-수행을 특징으로 삼는 근대적 관료조직 체계에 비해 분명히 더 열려 있다. 가정과 직장, 경제활동과 정치적 권력, 문화의 영역에서 수평적이고 평등하며 유연한 네트워킹과 파트너십의 원칙이 수직적 위계를 신속하게 대체하고 있음도 볼 수 있다. 가상세계에서의 경험에도 시공간의 제약이라는 '닫힌' 세계의 한계를 극복해서 다양한 경험을 할 수 있다는 열린 측면이 있다. 실제 세상과 달리 육체의 질곡으로부터 상대적으로 열려 있는 싸이버스페이스에서 여성들은 여성적인 글쓰기를 시도할 수도 있고, 자신의 쎅슈얼러티를 적극적으로 느껴볼 수도 있다.[5]

그렇지만 정보기술의 어둡고 '닫힌' 측면도 직시해야 한다. 정보기술은 정보를 쉽게 수집하여 효율적으로 사람을 감시하고 통제하는 '정보 파놉티콘'(information panopticon) 혹은 '전자 파놉티콘' (electronic panopticon)을 가능케 한다(홍성욱 2001). 또 정보와 지식이 직접적인 경제적 재화가 됨으로써 지적 소유권이 확장되고 이것이 정보와 지식의 독점을 가속화함으로써 권력과 빈부격차를 심화시켜

5) 이 책의 달나라딸세포 「여성과 싸이버스페이스, 그 열림과 닫힘의 변증법」 참조.

현재의 지배구조를 강화하기도 한다. 특히 네트워크사회에서 정보와 지식의 가치는 네트워크의 마디(node)의 제곱에 비례해서 커지기 때문에, 정보와 지식을 만들어 소유하거나 이에 쉽게 접근할 수 있는 개인·그룹·국가와 그렇지 않은 개인·그룹·국가 간의 사회경제적 격차는 더욱 크게 벌어지게 된다. 시장이 커질수록 승자는 적어지고 이들에게 돌아가는 보상은 커진다. 정보혁명을 일찍 시작한 미국에서 계층 간의 상대적 빈부격차가 그 이전보다 더 벌어졌고, 같은 시기에 선진국과 후진국 사이의 빈부격차가 더 커졌다는 사실이 이를 보여준다.[6] 마지막으로 싸이버세상은 그 열린 측면에도 불구하고 익명의 가면 뒤에서 합리적 소통 자체를 무의미하게 만드는 폭력을 양산하기도 한다. 한 사람의 익명 '도배족'이 수십명이 사용하는 합리적인 소통의 장을 엉망으로 만들 수 있는 '공유지의 비극'(tragedy of the common)이 쉽게 일어날 수 있는 곳이 바로 싸이버스페이스이다. 정보기술은 우리 세상을 '닫힌' 것으로 만들려고 하는 사람들에게도 만만치 않은 힘을 제공하는 것이다. 인터넷중독도 가상세계의 매력 뒤에 예상치 못한 위험이 도사리고 있음을 잘 보여주는 인터넷혁명의 어두운 그림자이다.[7]

더 어려운 문제는 정보기술의 '닫힌' 측면이 '열린' 측면과 떼기 힘들 정도로 붙어 있다는 것이다. 기업의 노동자감시에 관한 미국의 연구들을 보면, 노동자들은 전자감시 때문에 더 많은 스트레스를 받기도 하지만 한편으로는 중간관리자의 주관적이고 애매모호한 평가보다 차라리 전자기기에 근거한 투명하고 객관적인 정보에 입각한 작업평가를 더 선호하기도 한다(Botan 1996; Zuboff 1984). 정보기술은 관청이 주민을 감시하고 통제하는 파놉티콘으로도 쓰이지만, 주민이 권력기관의 업무를 감시하는 '역파놉티콘'(reverse panopticon)으로도 사용될 수 있다. 권력을 가진 자가 매체를 통해 민중을 통제하기도 하지만, 권력이 언론매체 때문에 투명해지는 과정도 진행되는 것이다. 마찬가지로 산업구조의 변화과정에서 육체노동자나 중간관리자가 절망과 실직

6) 이 책의 강미은 「인터넷시대의 정보격차」 참조. 양신규의 글도 정보격차의 배경을 이해하는 데 유용하다.
7) 달나라딸세포의 글에서 군가산점 논쟁에 대한 부분과 김주한 「싸이버중독과 인터넷 심리」를 참조.

의 아픔을 겪기도 하지만, 동시에 지식과 정보를 다루는 수많은 직종이 생기기도 한다. 도전적이고 야심에 찬 젊은이들은 이러한 기회를 이용해서 성공하겠다는 꿈을 가질 수 있으며, 이들의 경쟁은 궁극적으로 학벌이나 '집안'보다 지식과 아이디어를 높게 사는 바람직한 경제와 사회구조를 만드는 데 일조할 수 있다.

따라서 정보기술을 '열린' 것으로 만들면서 이것이 수반하는 '닫힘'을 극복하는 일은, 정보기술혁명의 무분별한 찬양이나 감정적 거부를 넘어선 복잡하고 정교한 인식을 필요로 한다. 정교하고 실천적인 인식의 심화를 위해서 필수적인 것은 정보통신혁명의 정치경제적·사회문화적 영향을 연구하는 연구자들과 노동·지역·여성·교육·환경·시민 운동에 종사하는 실천가들 사이의 상호작용이다. 상호작용을 통해 정보통신기술이 사회적 실천의 영역에서 지금 어떻게 이용되어 무엇을 바꾸고 있으며, 또 앞으로 미래에 어떤 진보적인 방향으로 사용될 수 있는가라는 정치적 지형에 대해 좀더 미시적인 이해를 얻을 수 있기 때문이다. 이러한 구체적이고 현실적인 지식 없이 싸이버 민주주의나 벤처기업에 대한 피상적인 지표만 가지고 네트워크혁명의 미래를 점치는 것은 공허한 논의에 그치기 십상이다.

지식인들과 실천가들의 상호작용 역시 정보통신기술을 효과적으로 이용함으로써 촉진될 수 있음은 물론이다. 지금 한국에는 수많은 인터넷 웹싸이트가 있지만, 이른바 지식인들이 적극적으로 참여하는 웹싸이트는 무척 드물고(신문컬럼을 본뜬 싸이트는 몇개 있지만), 더욱이 지식인들과 다양한 사회운동에 종사하는 사람들을 매개하는 싸이트는 가물에 콩 나듯이 적은 형편이다. 이러한 이론과 실천의 상호침투야말로 지금 우리에게 가장 절실한 것이다.[8]

여기서는 몇가지 원론 수준의 원칙을 제시하는 데 만족할 수밖에 없다. 정보기술혁명의 흐름을 바람직한 방향으로 틀기 위해 무엇보다 중요한 원칙은 정보공개의 원칙이다. 작업장에서 수집된 정보가 감시

8) 이러한 시도가 없었던 것은 아니다. 1994년 나우누리 통신공간에 만들어진 '21세기 프론티어'는 바로 이러한 지식의 교류와 상호작용을 표방하던 진보적 싸이버공동체였다. 이건의 글에서 결론 참조.

의 도구로 쓰이는가, 아니면 조직의 투명성을 고양하는 수단으로 쓰이는가는 그 정보가 구성원 모두에게 얼마나 열려 있는가와 밀접한 연관이 있다. 정보공개는 파놉티콘을 역파놉티콘으로 만드는 힘이다. 정보공개는 정보공유와도 밀접히 관련된다. 네트워크는 정보를 유통시키는 수단으로서보다 정보를 공유하는 수단으로서 더 유용하다. 정보기술혁명을 주도하는 자본이 정보와 지식을 사유화하고 있기 때문에 이를 견제하기 위한 열린 대안으로 '자유소프트웨어운동'과 '소스 공개운동'의 의미가 그 어느 때보다 커지고 있다.[9] 특히 최근의 냅스터나 그누텔라 같은 소프트웨어는 인터넷에서 정보의 전송 개념을 '써버-클라이언트'(server to client)에서 'P2P'(peer to peer)로 바꾸면서, 디지털 지적 재산권에 심각한 도전장을 내고 있다. 친구들끼리 mp3 음악파일을 공유하기 위해 시작한 이 작은 시도는 이제 지적 재산권이라는 지식기반 사회의 가장 중요한 뿌리를 건드리는 아킬레스건이 되었다. 네트 안에서 시작한 운동이 네트 밖으로도 분출된 것이다.[10] 앞으로 이론가들과 실천가들이 고민할 문제는 이 새로운 기술적 잠재력을 충분히 활용해서 다국적 대자본의 정보독점을 막으면서 더 많은 사람들의 창조적이고 혁신적인 지적 활동을 고양하는 법적·기술적·경제적 인쎈티브 씨스템을 만들어내고 정착시키는 것이다. 이러한 노력은 정보를 사적인 이윤추구의 도구나 상품으로서가 아니라, 더 많은 사람이 창조적이고 혁신적으로 일할 수 있는 자원으로 간주하며, 이를 위해 형평(equity), 접근(access), 효율(efficiency)을 동시에 고려하는 정책을 지향한다(Frow 1996).

우리가 관심을 기울여야 할 또다른 문제는 '정보격차' 혹은 '디지털 격차'에 대한 것이다. 정보기술이 낳는 사회경제적 가능성을 고양하고 그 양극화 현상을 극복하기 위해서는 '디지털 세상에서 소외된' 사람들을 네트워크로 유인하는 혁신적인 교육과 사회복지 정책이 요구된다. 이를 위해서는 저소득층 밀집지역이나 컴퓨터 보유율이 낮은 지역

9) 이 책의 로렌스 레식 「무엇이 네트를 규제하는가?」; 홍성태 「정보공유운동을 위하여」 참조.
10) 백욱인 「네트의 사회운동」 참조.

의 공공장소에 공공 컴퓨터와 인터넷을 배치하는 일이 중요하다. 이는 학교에서, 그리고 대중을 상대로 한 교육에 의해 보완되어야 한다. 컴퓨터의 사용을 가로막는 것은 기술적이고 경제적인 요인만이 아니라 사회적인 요인도 있기 때문이다.[11] 작업장의 정보화로 인한 탈숙련과 실업에 대한 대안을 세우는 것도 정부와 사회운동 세력이 힘을 합쳐서 할 일이다. 특히 전통적인 기술의 경우에는 기술변화의 속도가 느려서 새로운 세대의 노동자들이 새로운 기술을 익히면 되었지만, 요즘과 같은 빠른 기술변화의 시대에는 평생학습 씨스템을 잘 갖추는 것이 개인은 물론 사회 전체에도 무척 중요해진다.[12]

이 평생학습 씨스템은 변화하는 기술의 내용을 이해하는 기술교육에만 그치지 않는다. 무엇보다도 대학과 같은 고등교육 씨스템이 재편되어야 하며, 네트워크혁명이 가져오는 '상호의존'의 증대의 의미 및 이 변화의 시대를 창조적이고 주체적으로 살 수 있는 역량의 교육이 그 핵심을 이뤄야 한다. 제프 멀건(Geoff Mulgan)은 이를 정부의 역할에 국한해 생각했지만, 이는 사실 정부와 시민사회 모두의 역할이다.

> 우리의 일차적인 책임은 상호의존이라는 새로운 현상과 더불어 사는 법을 발견하는 것이지 이를 부정하는 것이 아니다. 정부의 입장에서 볼 때 이는 급격한 방향전환을 의미한다. 정부가 국방이나 경제에 이전처럼 주권을 행사하지 못하는 지금, 정부가 시민들에게 해줄 수 있는 최상의 써비스는 그들을 더 강하고, 더 책임감있게 만들며, 의사결정 능력을 키우고, 그들이 사는 세상을 더 잘 이해할 수 있도록 해주는 것이다. 좁은 의미로 해석했을 때 이것은, 취업을 가능케 하는 숙련과, 강인하고 유연하며 창조적이고 잘 적응하는 습관, 다양한 언어와 기계를 다룰 줄 아는 능력을 키워주는 것이다. 좀더 넓은 의미로는, 사람들로 하여금 자기자신과 타인을 돌보도록 도와주고, 살면서 필요한 다양한 기술과 함께, 예전의 교육이 높이 쳤던 '분석적 지성'이 아닌 '감성적 지성'을 가질 수 있게 도와주는 것

11) 강미은의 글 참조.
12) 양신규의 글 결론을 참조.

이다. 또 연계된 세상은 우리가 다른 사람에게 미치는 영향에 대해 더 생각하게 하고 단순히 기계적으로 옳고 그른 것을 판단하는 것을 뛰어넘는 '도덕적 유창함'(moral fluency)을 요구한다는 의미에서, 도덕적인 차원을 수반한다. 이러한 도덕적이고 실제적인 이유 때문에, 우리는 세상을 단선적인 관계가 아니라 복잡한 체계로, 기계가 아닌 생태적 씨스템으로 이해해야 한다.[13]

결론: 코뮌에서 열린 네트워크로

인터넷혁명 시대의 실천에는 두 가지 다른 방식이 있다. 하나는 네트에서 분리된 '코뮌'(commune)을 만들어, 네트의 논리와 힘이 아닌 다른 논리와 힘이 지배하는 공동체를 만드는 것이다. 코뮌은 지금과 같은 불확실성의 시대에 심리적 안정감과 확실성을 제공하기도 한다. 하지만 네트워크혁명 시기의 코뮌은 종교적 근본주의자들이나 극단적 민족주의자들이 취하는 보수적인 방법이다. 이는 변화하는 세상에 대해 울타리를 둘러치는 것에 불과하다. 이런 코뮌은 다른 커뮤니티에 적대적이기 십상이고, 창의성과 실험에 반대함으로써 네트워크혁명 시대에 필수적인 새로운 지식 창조에 나쁜 환경을 제공한다.

또다른 방식은 열려 있는 대안적 네트워크를 만듦으로써 네트워크가 제공하는 이점과 기회를 살리고 동시에 자본의 네트워크를 견제하는 것이다. 인터넷을 통해 불붙은 싸빠띠스따 멕시코반군 지지운동, MAI(다자간투자협정, Multilateral Agreement on Investment)에 대한 범세계적 반대운동 등은 네트워크의 이점을 살려서 자본시장의 전횡과 무분별한 팽창에 제동을 가한 예이다. 시민운동·환경운동·페미니즘의 크고 작은 네트워크들은 이러한 대안적 네트워크의 맹아이다. 이러한 네트워크는 상호의존성이 증대되는 경향을 인정하면서 동시에

13) 이 책의 제프 멀건 「서로 연결된 세상에서 어떻게 살 것인가?」, 225면.

292

사회의 양극화 및 자본의 이윤만을 위한 네트워크의 확장과 이를 가능케 하는 기술적 디자인과 법적 제도에 반대한다. 이러한 네트워크는 현실세상과는 무관하게 싸이버에만 존재하는 커뮤니티가 아니라, 현실세상의 운동을 보완하고 여기 필요한 지식과 노하우를 공유하고 새롭게 만들어내는 열린 커뮤니티이다. 지금은 이러한 대안적 네트워크를 만들어가고, 이를 통해 구체적인 사회적 프로그램과 정책적 대안을 제시하는 것이 우리에게 주어진 현실적이고 진보적인 실천이다. 이를 위한 첫걸음은 이미 내딛었지만, 그 주행이 힘을 얻기 위해서는 이론가들과 실천가들의 생산적인 상호교류가 뒷받침되어야 한다. 이는 이 책의 결론으로 다시 한번 강조할 필요가 있다.

참고문헌

홍성욱 (2001) 「인터넷혁명 시대의 파놉티콘, 그 의미와 한계」 (근간).

Beniger, James. (1986) *The Control Revolution: Technological and Economic Origins of the Information Society*. Cambridge: Cambridge University Press.

Botan, Carl. (1996) "Communication Work and Electronic Surveillance: A Model for Predicting Panoptic Effects." *Communication Monographs* 63.

Castells, Manuel. (2000) "Materials for an Exploratory Theory of the Network Society." *British Journal of Sociology* 51.

Frow, John. (1996) "Information as Gift and Commodity." *New Left Review* 219.

Webster, Frank and Kevin Robins. (1989) "Plan and Control: Towards a Cultural History of the Information Society." *Theory and Society* 18.

Zuboff, Shoshana. (1984) *In the Age of the Smart Machine*. New York: Basic Books.

홍성욱은 서울대에서 과학사 박사학위(1994)를 받고 이후 터론토대학 교수로 과학기술사를 연구하고 있다. 1993~94년에 전자우편을 통해 친구들과 논쟁하면서 인터넷에 접했고, 1997년 '21세기 프론티어'에 가입하면서 싸이버 공동체에 눈을 떴다. 1998년에는 통신에쎄이를 모아 『잡종, 새로운 문화읽기』를 내기도 했다. 국내에서는 『남성의 과학을 넘어서』를 공동 편집했고 『생산력과 문화로서의 과학기술』을 썼다. *Wireless: From Marconi's Black-Box to the Audion*이라는 무선전신의 역사에 대한 저서가 2001년 가을에 MIT 출판부에서 출간될 예정이다. 인터넷혁명과 관련해서 '지식과 정보의 역사'를 살펴보고 있으며, '근대 과학기술과 근대성'이라는 문제에 대해서도 생각하고 있다. 2000년에 터론토대학 종신교수가 됐다.

백욱인은 서울대 사회학과에서 석사학위와 박사학위를 받았다. 지금은 서울산업대 인문자연학과 교수로 있다. 네그로폰테의 『디지털이다』(*Being Digital*)를 번역하였고 최근에 네트문명 비평지 『구운몽』을 펴냈다. '네트사회학'(http://soback.kornet21.net/~wipaik)이라는 홈페이지를 운영하고 있으며, 새로운 매체를 잘 활용할 수 있는 방법에 대해 고민중이다. 저서로는 『디지털이 세상을 바꾼다』(1998)가 있다.

강미은은 연세대 영문과를 졸업하고 경향신문사 기자로 일했다. 미국 오하이오주립대학에서 저널리즘으로 석사학위를 받았으며, 미시간대학에서 커뮤니케이션 박사학위를 받았다. 미시간대학 사회조사연구소(Institute for Social Research)에서 연구원으로 일했고, 이후 미국 클리블랜드주립대학 신문방송학과에서 교수를 역임했다. 현재는 숙명여대 언론정보학부 교수로 있다. 인터넷과 정치커뮤니케이션 관련 논문을 많이 썼으며, 저서로는 『여론조사 뒤집기』(1997)가 있다. 현재 2001년 출판예정으로 또다른 저서 『인터넷시대의 여론과 언론』(가제)을 집필중이다.

김주한은 서울대 의대를 졸업한 후 우울증과 치매를 진료해온 정신과전문의이다. 1982년 애플 컴퓨터와의 첫 만남으로 컴퓨터에 푹 빠진 그는 의학 박사학위도 '뇌 영상 분석방법론' 연구로 받았고, 1996년 국내 최초의 온라인 인터넷중독증센터

(http://plaza1.snu.ac.kr/~psyber/)를 열었다. 그의 관심은 항상 사람과 과학기술의 상호작용이다. 그는 컴퓨터가 미래의학을 바꾸어놓으리라는 믿음으로, 1997년 도미해서 하버드대학 의대 임상의료정보학쎈터 연구전임의로 근무하며 MIT에서 의료정보학의 학위과정을 밟았다. 현재는 하버드대학 의대 칠드런즈병원에서 생명의료정보학 교수로 정보기술과 생명을 주제로 교육과 연구에 전념하고 있다. 그의 메씨지는 단순하다. "우리가 기술을 발달시키고, 그 기술이 다시 우리를 변화시키고 있는 겁니다." 주요 저서 및 역서로 『보건의료정보학』 『임상의료정보학 입문』 『싸이버닥터: 컴퓨터문화와 미래의료』 등이 있다.

달나라딸세포는 기존의 질서에 수긍하길 거부하는 젊은 여성들을 위한 웹진(http://dalara.jinbo.net)이며 동시에 웹진 '달나라딸세포'를 만드는 사람들의 모임이다. 어떤 이들은 달나라딸세포를 국내 최초의 페미니즘 웹진(1998년 7월 중순경 창간)이라고도 하고, 그래서 싸이버페미니즘을 공부하는 데 도움이 된다고도 한다. 또 어떤 이들은 '달딸'을 초엘리뜨 여자들의 잘난 척 하는 곳이라고도 생각하지만, 실상 '달딸'은 조국의 자본주의적 발전에 아무런 도움도 주려고 하지 않는 젊은 여자들이 모여 불평불만을 일삼는 수다떨기 공동체이며, 거기서 나오는 걸러지지 않은 이야기들의 집합체이다.

양신규는 서울대 물리학과를 졸업하고, (주)SKC 정보시스템부 과장을 역임했으며, 미국 MIT에서 MBA와 정보기술경제학 박사학위를 받았다. 지금은 뉴욕대학 경영대 교수로 정보기술을 가르치고 정보기술경제학을 연구하고 있다. 구체적인 연구분야는 정보기술과 인터넷이 기업과 경제현상에 미치는 영향을 측정하고 평가하는 일이다. 연구논문들을 미국의 정보기술학회와 경제학계에 발표해오고 있으며, 연구논문들이 *Wall Street Journal, The Economist, Fortune*지 등에 인용되고, 미연방은행과 미하원 정보기술인력위원회의 정책자료로 인용되는 등 영향력있는 연구활동을 하고 있다. 취미는 테니스와 맨하탄 거리의 사람들 구경하는 일이다.

이건은 서울대 수학과를 나와 하버드대학에서 사회학으로 박사학위를 받았다. 주된 관심분야는 경제사회학, 사회통계, 정보사회학이다. 정보사회에 대한 세부 관심분야는 싸이버스페이스의 공간성과 싸이버 공동체이다. 관련 저술로는 『네트워크트렌드』(공저)와 『정보사회의 이해』(공저) 등이 있고, 논문은 「전자정보공간의 사회학: 정보사회에 대한 사회학적 접근의 모색」과 「정보공간의 질서: PC통신의 대화방을 중심으로」 등이 있다. 현재 싸이버스페이스의 공간성과 공동체성의 개념적 정립을 위한 연구에 몰두하고 있으며, 이를 토대로 싸이버스페이스에서 발생하는 사회현상에 대한 경험적 연구를 계획하고 있다.

홍성태는 서울대 사회학과에서 1993년 8월에 환경사회학으로 석사학위를, 1999년 8월에 정보사회학으로 박사학위를 받았다. 『군신과 현대사회』(김진균과 공저, 1996), 『사이버사회의 문화와 정치』(2000), 『위험사회를 넘어서』(2000) 등의 책을 쓰고, 『사이버공간 사이버문화』(1996), 『사이보그 사이버컬처』(1997)를 엮고, 『위험사회』(1997) 등을 옮겼다. 현재 서울의 용산 미군기지를 문화생태공간으로 만드는 일과 인터넷을 자율적인 소통매체로 만드는 일에 적극 참여하고 있다.

로렌스 레식(Lawrence Lessig)은 펜실베니아대학에서 경제학을 공부한 뒤, 영국 케임브리지대학에서 철학으로 석사학위를, 그리고 예일대학에서 법학 박사학위를 받고(1989) 이후 시카고대학과 하버드대학 법대 교수를 역임했다. 지금은 스탠퍼드대학 법대 교수로 재직중이다. 그는 "Reading the Constitution in Cyberspace" "The Zones of Cyberspace" "The Architecture of Privacy" 등 인터넷의 기술적 구조와 법률 사이의 상호관계를 규명하는 중요한 논문들을 썼고, *Code, and Other Laws of Cyberspace* (1999)를 펴냈다. 지금은 공개 코드의 중요성을 역설하는 *Open Code, Open Culture*와 싸이버 공동체의 규범에 대한 연구인 *Norms in Cyberspace*를 집필중이다.

레식의 글을 옮긴 윤웅기는 「사이버현상이 법에 미치는 영향에 관한 기초적 연구」 (1998)로 연세대 법학과에서 석사학위를 받고, 지금 강원도에서 군법무관으로 근무중이다. 그동안 정보저작권과 도메인 네임, 온라인 게임 분야에 관해 법적 자문을 해왔으며, 사법연수원 전자거래법학회 고문, 법률정보 솔 인터넷법 공동운영 등을 맡고 있다. 「암흑의 마법에서 정의의 칼로: 머드게임을 중심으로 본 가상사회의 규범」(1999)이라는 논문으로 사법연수문학상을 수상하기도 했다. 현재는 가상사회의 입법 및 분쟁해결 씨스템에 대해 연구하고 있다.

제프 멀건(Geoff Mulgan)은 옥스퍼드대학을 졸업하고 MIT의 하크니스 펠로우를 거쳐 정책자문의 일을 계속 하고 있다. 그는 싱크탱크 디모스(Demos)의 공동 설립자로 초대 소장을 역임했으며, 블레어정부의 영향력있는 정책브레인으로 활동했고 자문위원회의 의장을 맡고 있다. 그는 1995년 좌파 정당의 정책의 전면개혁을 주장하는 *Politics in an Antipolitical Age*를 썼고, 1997년에 인터넷혁명의 정치·사회적 영향을 진단하고 정책적인 대안을 모색하는 *Connexity*를 저술했다. 지금은 런던대학의 객원교수로 있다.

프랭크 웹스터(Frank Webster)는 영국 더햄대학에서 학부와 석사를 마치고 런던 정경대학에서 박사학위를 받았다(1978). 1990년부터 옥스퍼드 브룩스대학 교수를 역임했고, 1999년부터 버밍엄대학에 교수로 재직중이다. 그의 주요 관심은 정보영역의 변화이고, 이는 기술이 대학교육에 미치는 영향으로부터 사진이나 데이터의 흐름에 이르는 광범위한 주제를 포함하고 있다. 웹스터의 연구는 정보사회의 미래에 대한 낙관론에 대한 비판과 경고를 담고 있는 것들이 많다. 그는 *Theories of the Information Society* (1985)를 썼고, 케빈 로빈스(Kevin Robins)와 함께 *Information Technology: A Luddite Analysis* (1986), *The Technical Fix: Computers, Industry, and Education* (1989), *Times of Technoculture: From the Information Society to Virtual Life* (1999)를 저술했다.